産業心理職の
コンピテンシー

その習得，高め方の実践的・専門的方法

種市康太郎

小林由佳

高原龍二

島津美由紀

編著

川島書店

は　じ　め　に

　本書は，日本産業ストレス学会産業心理職委員会における活動から生まれた
教科書です。委員会では「産業心理職のコンピテンシー」について調査，検討
を行って54のコンピテンシーについてその特徴を明らかにしてきました（詳
しくは「心理専門職のコンピテンシー：概説」を参照）。しかし，それぞれの
コンピテンシーに関する内容に関する詳細な説明や，コンピテンシーを身につ
けるためにすべきこと，学ぶのに必要な文献などの情報についてはまだ十分に
提供されている状況とは言えません。こうした現状を踏まえて，本書では産
業・労働分野に入って間もない公認心理師，臨床心理士などの心理職およびこ
れらの心理職を目指す大学院生・学部生，さらに産業・労働分野の心理職に関
係する専門職者を対象として，コンピテンシーの習得の仕方，高め方について
の実践的・専門的ノウハウを提供すべく企画されました。

　本書は54のコンピテンシーを漏れなく説明しています。まず，全体像を見
渡すために概説をお読み下さい。Aの個人領域，Bの組織領域，Cの研究領域
の順で書かれていますが，概説をお読みいただいた後は，読者が興味・関心の
ある領域・項目から順に読み進めていただいて良いと思います。また，各項目
のはじめに関連する項目について記載し，概説にはコンピテンシー・マップが
ありますので，それらの記述を参考にして順に読み進めていただければ，より
深く理解できるだろうと思います。

　項目内容の多くは実践的な内容について述べていますので，日頃の実践で培
われた知恵と工夫が詰まっていると思います。また，その多くは各執筆者が実
践を重ねる中での苦労の結果であると思いますので，そのような背景にも思い
を至らせていただけるとありがたいです。

　54のコンピテンシーのうち，ほとんどの項目を委員の先生にご執筆いただ
きました。一部は委員以外の先生に依頼した項目もあります。それぞれの先生

方には締切まであまり時間のない中でご執筆いただきました。また，紙幅にも制限があったため，項目によっては泣く泣く内容を一部削ったり，まとめ直したりした部分もありました。最終的には，いずれの項目もわかりやすく，かつ，要を得た記述に仕上がっていると思います。

　編集は個人領域を小林 由佳，組織領域を島津 美由紀，研究領域を高原 龍二が担当し，私，種市 康太郎が全体の調整を行うという分担で進めました。3名の各領域の編者が執筆者への連絡，記述内容の統一について積極的にリードし，予定通りに刊行に至ることができました。コロナ禍以降はオンライン会議が増えましたが，この本の出版を進めるにあたってはオンラインでの話し合いが非常に有効でした。

　編者らは，産業分野で働く心理職がもっと増えて欲しいと願っています。そのために，この教科書が，この分野を志す大学院生・学生にとって道しるべのような役割を果たせたら良いと思っています。また，このような教科書を執筆する大勢の心理職が所属する委員会のネットワークに今度は読者の皆さんが加わって，次世代の産業心理職をリードする役割を担って欲しいと思っています。

　この企画は，もともとは「産業心理職のコンピテンシー」を具体的にしよう，という心理職委員会メンバー内の活動から始まりました。コンピテンシー調査実施の時には，日本産業ストレス学会前理事長の川上 憲人先生の力強い応援の言葉と，的確なアドバイスがありました。そのような後押しがなければ，このような企画は途中で立ち消えになっていたかもしれません。また，現理事長の堤 明純先生，常任理事の先生方には出版についてご賛同いただきました。ここに記して深く御礼申し上げます。

　最後に，前々から企画についてお話ししていた川島書店の杉 秀明様には，さまざまなご提案とご助言をいただきました。根気強くお付き合い下さり，ありがとうございました。

　　2023 年 11 月

　　　　　　　　　　　　　　　　　　編者を代表して　種市 康太郎

目　　次

B　組織対応領域のコンピテンシー

C　研究領域のコンピテンシー

vi

心理専門職のコンピテンシー：概説

1. コンピテンシーとは

　心理専門職は何を知っておく必要があり，どのような能力を磨く必要があるのだろうか。どうすればその能力を磨くことができるのだろうか。

　専門職の要件あるいは優れた行動の共通特性を表現するために，1980年代から北米を中心として「コンピテンシー（competency）」の整理が進められてきた（Schaffer et al., 2013）。日本においては，2017年の公認心理師の誕生に際してコンピテンシーを明確にする必要性が高まり，複数の関連団体でコンピテンシーを検討する作業部会が誕生している。

　このコンピテンシーという概念は，活用範囲の広さから定義に若干の幅があるが，米国の臨床心理学者 Kaslow et al.（2004）の整理によると，専門職が実践活動を行い，良い結果を残すために必要な知識，技能，態度の複合体，と集約される（図1）。また，観察，測定，習得が可能であり，実践的で柔軟であることが特徴である（Kaslow, 2004）。

図1　コンピテンシーの一般概念

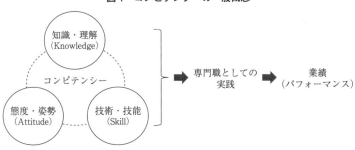

　日本の公認心理師制度は，米国の専門委員会がこの定義を基に提唱した立方体モデル（cube model: Rodolfa et al., 2005）の枠組みを採用している。立方体モデルとは，コンピテンシーを基盤，機能，職業的発達の3軸で捉えたものである。基盤コンピテンシーは，①専門家としての姿勢[注]，②反省的実践，③科学的知識と方法，④相談（治療）関係構築，⑤倫理・法的基準と政策，⑥個人・文化的ダイバーシティ，⑦多職種協働，で構成され，主に態度や価値観，基本的な行動規範を含む。機能コンピテンシーは，①心理的アセスメント，②介入，③コンサルテーション，④研究と評価，⑤スーパービジョンと教育，⑥管理と運営，⑦アドボカシー[注]，で構成され，技能的側面を多く含む。職業的発達は，博士課程教育，博士課程中のインターンシップと研修，博士課程修了後のスーパービジョン，就職後の研修，継続的なコンピテンシー，の5段階を示している。この枠組みをもとに，職業的発達の各段階において習得すべきコンピテンシーを設定し，評価を行うことができる。

2. コンピテンシーの活用

　コンピテンシーを明らかにする目的は主に2点ある。1つ目は，専門職として必要かつ十分な基準を持つ必須要件を設け，その習得有無を評価することにより，資格認定と品質保証を行うためである。先述の立方体モデルと改良版（Rodolfa et al., 2013）は，この活動の一環として開発されたものである。

　2つ目の目的は，専門職に望まれる要件を抽出し，養成プログラムを設計して教育することにより，専門職の能力開発と育成を行うためである。養成プログラムの履修を資格認定の要件とする場合など，2つの目的には重なる部分もあるが，導き出されるコンピテンシーは対象範囲や達成の難易度が異なる。例えば，専門職の資格認定においては一貫性と一律性を保つため最低限の必須要件が設定されるが，能力開発を目的とする場合，望ましい行動を幅広く設定することが可能である。

　能力開発の観点から専門職のコンピテンシーを明らかにすることは，教育の質の向上，自己啓発の促進，利用者のニーズとの合致の点から特に有効である。

注）公認心理師制度において Rodolfa et al.（2005）の立方体モデルに追加された概念。

教育の質の向上に関しては，望ましいコンピテンシーが明確になることで，高い目標設定と養成カリキュラムを構築できる。習熟度による効果測定は学習内容や指導方法の改善にも貢献する。また，自己啓発においては，自己評価あるいは他者評価によってコンピテンシーを評価することで，得意領域をさらに伸ばしたり，習熟度の低い側面を強化したりするための自己学習計画を立てることができる。内省と学習のサイクルを促すことで，各自のキャリア構築にもつながる。そして，各専門分野において最適化されたコンピテンシーを設定することで，より利用者のニーズに応える能力を高めることができる。

　このように，コンピテンシーに基づく能力開発の有効性は幅広く挙げられるが，各コンピテンシーを習得するタイミングや方法は，個々人の専門性やキャリアパスによって異なり，画一的に設定することが難しい。そのため，習得の機会を柔軟に設定することが求められる。

3．産業・労働分野の心理職とコンピテンシー

　心理職の活動の中でも，産業・労働分野は他分野と比べて特異な点が多い。健康な人を含む働く人すべてが支援の対象であり，個人と組織両方への予防的アプローチが求められる。心理的問題のみでなく，業務遂行上の問題の解決と適応支援を行うため，関係者との連携や環境調整を通したケースワークが必須の技術となる。背景にある組織の論理を理解し，社内ルールや国の関連法規に則った対応も求められる。さらに，キャリアとメンタルヘルスは深い関係があり，それらの視点を持つことも必要である。このように，産業・労働分野では，個人間，個人と組織，組織間の関係性の中で生じる様々な影響を考慮し，仮説を持ちながら，働く人の健康と幸せに貢献する働きかけを行うことから，心理職に求められるコンピテンシーは多様である。

　一方，心理職も一枚岩ではない。すでに活動している心理職の中でも得意領域や守備範囲には違いがあり，人数も多くない上，関連する資格は複数ある（公認心理師，臨床心理士，産業カウンセラー，キャリア・コンサルタントなど）。他の専門領域で訓練を受けた専門職が，十分な訓練を受けずに産業・労働分野に参入することもある。契約先部門（人事，健康管理・安全衛生，経営，健康保険組合など）によって期待される役割は異なり，かつ即戦力が求められ

るが，心理職が十分に応えられないミスマッチも生じている。産業・労働分野の心理職の質と量の担保は大きな課題であるが，解決の進まない背景には訓練機会や学習情報の少なさがある。大学院実習においては，実習先機関のビジネスの機密情報に触れない範囲での関わりにならざるを得ず，それらを一般的な情報に置き換えて補完できるほどに十分な経験を持つ教員は多くない。現場に出てからも，非常勤の実践では部分的な関わりとなることが多く，職務上の成長につながる完結性を持った学びが得られにくい。心理職が養成課程で受けた基本的な訓練や教育を産業・労働分野で発揮するためには，特異性に対応したコンピテンシーの明確化と習得機会の整備が必要である。

4. 産業・労働分野のコンピテンシーと活用

　産業・労働分野の心理職に求められるコンピテンシーは，臨床心理士が実務にあたる前および実務経験3年以内に身につけるべき項目（坂井ら，2015），実務経験3年以上の心理職に求められる項目とその難易度（小林ら，2020）が検証されている。

　小林ら（2020）は，フォーカスグループインタビューとデルファイ法による調査を用いて3領域（個人対応領域，組織対応領域，研究領域）で合計54項目のコンピテンシーを抽出した。各領域の特徴を以下に挙げる。

・個人対応領域：心理職が最初に訓練を受ける領域であり，必須コンピテンシーが多い。また，ケースマネジメントや連携，コンサルテーションなど，周囲への働きかけが必要となる項目が多いのも特徴といえる。
・組織対応領域：産業・労働分野特有の知識と技術が多く，他分野で訓練を受けてから参入する心理職には特に学習と技能習得の機会が必要となる。特に，関係部署との連携や交渉，対策提案や職場環境改善の技術を高めるためには実地経験できる環境に身を置くことが必要である。
・研究領域：日々の臨床実践において効果のある手法を用いること，ならびに研究的な姿勢を持って実践にあたることは心理職の価値の源泉となるが，個々の力量のばらつきが大きい。技能を高めるための研修受講機会や研鑽のためのコミュニティの充実が期待される。

　各コンピテンシーは，エントリーレベル，専門家レベル，指導者レベルの3段階の難易度に推定されている。エントリーレベルの項目は，産業・労働分野で活動するすべての心理職が習得することが望ましい基礎的なコンピテンシー項目である（図2の二重線囲みで示す）。一方，発展的な習得度を示す専門家レベルと指導者レベルは必須項目ではない。各自が技術を高めたい領域において，専門レベルの向上を目指すことが想定されている。

　これらのコンピテンシーを活用するために評価ツールの開発が進んでいる。日本産業ストレス学会産業心理職委員会では，コンピテンシーを用いた自記式調査票を開発し，図3のようにコンピテンシープロフィールを可視化する工夫を行なっている。基礎的なコンピテンシーは習得した上で，専門レベルのプロフィールを確認することで，自身の特徴を把握し，次の学習計画を立てることができる。複数の専門職間でプロフィールの違いを元に議論することで，コンピテンシーを高めるために必要な経験や学び方についての理解を深めることもできるだろう。

5. 本書の使い方

　本書は，日本産業ストレス学会産業心理職委員会で開発された産業・労働分野の心理職のコンピテンシー（小林ら，2020）の内容を解説し，読者のスキル向上に役立ててもらうことをねらいとしている。コンピテンシーの習得によりできるようになることの解説や，習得するための助言も掲載され，さらに学びを深めるための文献が紹介されている章もある。また，全体像の体系的な理解のため，関連するコンピテンシーが示されているほか，キーワードからコンピテンシーをたどることができるように本書の末尾にキーワード索引を掲載している。読者の皆様には，今後強化したいコンピテンシーの理解に役立てるのはもちろん，自身の臨床活動の質をより高めるための振り返りにも活用して頂きたい。

6

図2　各領域のコンピテンシー

A　個人対応領域

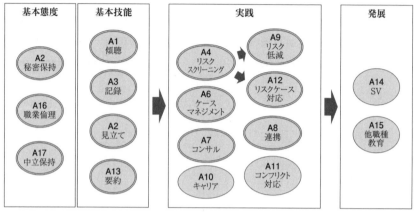

※二重枠項目は基礎的なコンピテンシー

B　組織対応領域

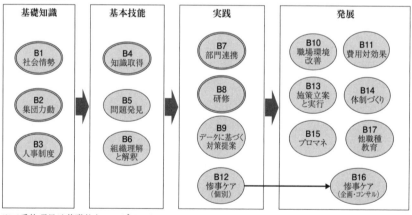

※二重枠項目は基礎的なコンピテンシー

C　研究領域

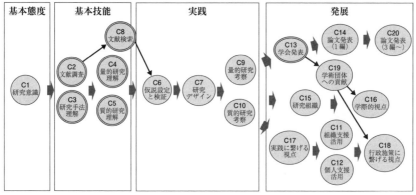

※二重枠項目は基礎的なコンピテンシー

図3　コンピテンシー評価の想定

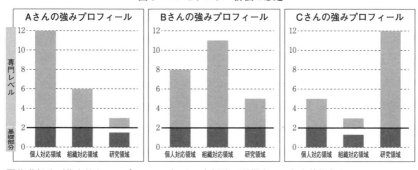

■基礎部分（基本的なコンピテンシー）は，全領域で習得することを前提としている。
■専門レベルは，専門家としての強みを示す。※3領域全てが高いことを目標として設計された
　ものではない。

〔小林　由佳〕

8

〔引用文献〕

Kaslow, N. J., Borden, K. A., Collins, F. L., Forrest, L., Illfelder-Kaye, J., Nelson, P. D., Rallo, J. S., Vasquez, M. J., & Willmuth, M. E. (2004). Competencies conference: Future directions in education and credentialing in professional psychology. *Journal of Clinical Psychology, 60* (7), 699-712.

Kaslow, N. J. (2004). Competencies in professional psychology. *American Psychologist, 59* (8), 774-781.

小林 由佳・島津 明人・市川 佳居・大庭 さよ・島津 美由紀・高原 龍二・種市 康太郎 (2020). 産業領域で心理専門職に求められるコンピテンシーの抽出と難易度の推定：デルファイ法による検討　産業ストレス研究, *27* (2), 251-262.

Rodolfa, E., Bent, R., Eisman, E., Nelson, P., Rehm, L., & Ritchie, P. (2005). A cube model for competency development: Implications for psychology educators and regulators. *Professional Psychology: Research and Practice, 36* (4), 347-354.

Rodolfa, E., Greenberg, S., Hunsley, J., Smith-Zoeller, M., Cox, D., Sammons, M., Caro, C., & Spivak, H. (2013). A competency model for the practice of psychology. *Training and Education in Professional Psychology, 7* (2), 71-83.

坂井 一史・深瀬 砂織・三浦 有紀・種市 康太郎 (2015). 産業領域で働く臨床心理士のコア・コンピテンシーとキャリア・パスの検討　心理臨床学研究, *33* (1), 15-25.

Schaffer, J. B., Rodolfa, E. R., Hatcher, R. L., & Fouad, N. A. (2013). Professional psychology competency initiatives: Reflections, contrasts, and recommendations for the next steps. *Training and Education in Professional Psychology, 7* (2), 92-98.

A

個人対応領域のコンピテンシー

A1　カウンセリングの基本的態度をもって傾聴ができること

共感的理解，無条件の肯定的関心，自己一致を含む人間尊重の態度を持ち，相手に寄り添い話を聴くことができる

キーワード：人間尊重の態度，傾聴，無知の姿勢，対話
関連する他のコンピテンシー：少なくとも A 領域の全て

　カウンセリングの基本的態度や関わり方として，人間尊重の態度（共感的理解・無条件の肯定的関心・自己一致）や傾聴が重視されることは，カウンセリングを勉強したことのある読者にとって，何度も耳目に触れてきたものであろう。言うまでもなく，産業心理職が担う役割の一つである相談業務（カウンセリングやコンサルテーション）においても，これらの実践は重要視されている。

　しかし「心理職は単に話を聴くだけ」という批判や「カウンセリングでは，質問をしたり，自分の考えを伝えたりしてはいけない」という誤解がいまも散見される。これらは，カウンセリングの基本的態度が誤って理解され，現場に適さない形で実践されていることが一因であろう。

　また近年，心理支援の文脈において対話が重視されている。産業心理職の実践領域においても同様であり，字義通りの「傾聴」以外の関わりや，その基盤となる態度・姿勢が重要となる。そこで本章では，コンピテンシー A1 をロジャーズ（Rogers, C. R.）のクライエント中心療法の理論に留まらないものと解釈し，産業・労働分野における相談業務に求められる基本的な姿勢・関わり方について，その一端を概説していく。

基本的態度①：人間尊重の態度と傾聴

　共感的理解，無条件の肯定的関心，自己一致はロジャーズが創始した「クライエント中心療法」の中心概念である。カウンセラーのサポーティブな対人関係における基本的態度であり，クライエントの変化が起こるための必要十分条件とされている。これらを統合して人間尊重の態度という。

　共感的理解は，心理職がクライエントと同じ気持ちを共有することと言える。クライエントが自分自身を理解するのと同じように，心理職がクライエントの

気持ちを内面から理解しようとし，それを示そうと努力を続ける姿勢や態度，と言い換えられる。人事評価などの社会的評価基準や，精神医学的な診断名，臨床心理学の理論や専門知識にクライエントを当てはめて，客観的に理解したりアセスメントしたりする姿勢とは大きく異なる。

　無条件の肯定的関心とは，「受容的態度」「クライエントをあるがままに認める態度」「無条件の肯定的配慮」と言換えられる。クライエントの行動や発言についてではなく，クライエントの存在自体を尊重していることが伝わるような，心理職の姿勢である。クライエントの業務に関する高い能力や業績，問題解決に向けた積極的な行動や報告にのみ強い関心を向けるのではない。一人の存在としてのクライエントそのもの，そしてクライエントのどのような側面にも，肯定的に関わろうとするのである。

　自己一致は，自分自身の中に矛盾がないことである。純粋性（genuineness）とも呼ばれる。自分自身の態度や行動としての経験と，「自分がイメージしている自分」としての自己（自己概念）が一致している（もしくは一致している範囲が大きい）状態である。カウンセリング場面においてこの状態にある心理職は，クライエントの話す内容について何か感じることがあれば，そのことを隠したり否定したりせずに知覚することとなり，必要であればそれらを丁寧に表明することも起こり得る（Thorne, 1992；佐々木, 2006）。共感的理解と無条件の肯定的関心をもってクライエントと関わることを，心理職が大きな矛盾なく実践できることが求められる，と解釈できる。

　カウンセリングにおいて，このような3条件をもって傾聴がなされるのだと考えれば，上述の「心理職は単に話を聴くだけ」が大きな誤解や間違いであることは明白である。クライエントにとっては，カウンセラーの丁寧に聴こうとする姿勢に触れ，「この人は私を尊重してくれる」「この人は私を理解してくれる」と感じることができる状態で会話が展開されることになる。

　ところで，産業・労働分野においては，立場や役割，責任の異なる複数の関係者と協働して支援を進める場面が多い。支援の方向性や，その在り方に関する考え方にも，関係者間で不一致がみられることは少なくない。管理監督者や人事担当者からの指示により来談した場合などには，心理職が目指そうとする問題解決に対して，クライエント本人が積極的に関与する姿勢を示さない場面

も起こり得る。

　このような実際の現場状況を想定すると，人間尊重の態度（基本的態度の3条件）が常に万全の状態で実践されることは，どこか現実離れした理想像のようにも見えてくる。そもそも完全な無条件の肯定的関心や自己一致はない（佐々木，2006）のだと考えれば，むしろ心理職に必要となるのは，そのような実践に努めようとする真摯な姿勢であると考えられよう。

基本的態度②：無知の姿勢と治療的会話

　無知の姿勢（not-knowing）とは，「旺盛で純粋な好奇心がその振舞いから伝わってくるような態度ないしスタンス」のことである（Anderson & Goolishian, 1992）。「知らない」という姿勢でクライエントと関わるのである。

　心理職がこの姿勢で実践するとき，クライエントの話したことをもっと知りたいという態度が示され，心理職はたえずクライエントから「教えてもらう」立場で，そのストーリーに真剣に耳を傾けることとなる。そうすることで，心理職がクライエントの理解し経験していることを重要視していることが伝わり，クライエントと心理職の協働的な関係が構築されていくのである。このような対話的な視点に立ったコミュニケーションを，治療的会話という。心理職側の専門的な理論体系や知識にクライエントを当てはめようとすることや，特定の回答を意図したマニュアル的な質問をおこなうこととは大きく異なる。

　業務に従事する以上，心理職は専門家としての知見や能力を発揮し，その役割を果たすことが求められる。その意味において，心理職が取りうる周囲との関係性やコミュニケーションの在り方も規定され，制限されることになる。無知の姿勢による治療的会話は，この在り方を拡げ（松浦・前場，2018），心理職が関係者と柔軟に協働する一助となるであろう。

✛ 身につけるとできること：

　産業・労働分野の心理職に求められるコンピテンシー A1 として①共感的理解，無条件の肯定的関心，自己一致とそれに基づいた傾聴，そして②無知の姿勢と治療的会話について概観した。これらは労働者個人とのカウンセリングに限らず，関係者とのコンサルテーションや協働・連携における関わり方・コミ

ュニケーションの在り方の基本となり得る。日常業務から非常時対応まで，個人や組織と関わっていくうえで基盤となる重要なコンピテンシーであると言える。

　また，エビデンスに基づいた実践をおこなう際にも，対象者や関係者と協働的に意思決定を進めていくことが重視される。このような場においても，対話的な関わりは欠かすことのできないものである。

✛ 身につけるために：

　このコンピテンシーを身につけるためには，日々の研鑽を積み重ねていくことが必要である。実践的な経験を重ねながら，勉強会・研修会に参加したり指導を受けたりするなど，可能な限りの取り組みの継続が求められる。

　「（知識として）知っている」ことと，それらを「実践できている」ことは必ずしも一致しない。また「基本的」という言葉は本来，「ものごとの中心となる」「根本にかかわる」という意味であるが，日常的には「簡単な」「容易な」との意味合いを持つ語として誤用されることも珍しくない。

　これまでの経験や実績に慢心することなく，「自分は基本的な態度をもって実践することができているか？」と常に自身の活動を反省的に捉え続ける姿勢が必要であろう。そのような真摯な姿勢を維持し続けること自体が，このコンピテンシーの獲得・発展につながるのではないか。

✛ さらなる学びのために：

佐々木 正宏（2005）．クライエント中心のカウンセリング　駿河台出版社

久能 徹・末武 康弘・保坂 亨・諸富 祥彦（2006）．改訂 ロジャーズを読む　岩崎学術出版社

Anderson, H.（1997）. *Conversation, Language, and Possibilities: A Postmodern Approach to Therapy*. Basic Books.（アンダーソン, H.　野村 直樹・青木 義子・吉川 悟（訳）（2019）．新装版 会話・言語・そして可能性　金剛出版）

McNamee, S., & Gergen, K. J.（Eds.）.（1992）. *Therapy as Social Construction*. Sage Publications, Inc.（マクナミー, S.・ガーゲン, K. J.　野口 裕二・野村 直樹（訳）（2014）．ナラティヴ・セラピー：社会構成主義の実践　遠見書房）

〔松浦 真澄〕

A2　秘密保持の説明

相談者および相談内容に関する情報の守秘と取扱いについて相談者に説明できる

キーワード：秘密保持，多職種連携，集団守秘義務，インフォームド・コンセント
関連する他のコンピテンシー：A16

1．心理職の秘密保持

　心理職はクライエントおよび相談内容に関する情報について，その内容の守秘と取扱いについて慎重でなければならない。また，秘密保持のあり方について，相談者に説明できる必要がある。とくに公認心理師においては，「公認心理師は，正当な理由がなく，その業務に関して知り得た人の秘密を漏らしてはならない。公認心理師でなくなった後においても，同様とする（公認心理師法第41条）」と秘密保持が義務づけられており，本規定に違反した者は，1年以下の懲役又は30万円以下の罰金に処する（同法第46条）」と罰則が定められている。

　このように心理職は支援を要する個人に対する秘密保持が課せられており，大学院等における教育の場でも，その指導は徹底されている。なぜならば，心理に関する支援の場では，他者に知られたくないセンシティブな内容が扱われることが多く，その内容を守秘しなければ相談者の信用を得ることができないからである。一方で，公認心理師の業務には「心理に関する支援を要する者の関係者に対し，その相談に応じ，助言，指導その他の援助を行うこと（同号第2条3項）」ことが職務として規定されており，多職種連携にあたって情報共有が求められる場合がある。産業・労働分野においては，医師等の有資格専門職以外に人事・労務担当者，上司・同僚などの職場関係者と連携する場合も多い。実務において，相手が非専門職だからといって全ての内容を守秘するわけにはいかない。職場関係者と有効な支援を行うには，"バランスの取れた秘密保持"を意識しておく姿勢が求められる。

　また，秘密保持は例外状況が存在する（表1）。産業・労働分野においては，支援を要する個人の利益だけに注目していると，所属組織の不利益に及ぶ可能

表 1　秘密保持例外状況（金沢, 2018, 2023）

1. 明確で差し迫った生命の危険があり，攻撃される相手が特定されている場合
2. 自殺等，自分自身に対して深刻な危害を加えるおそれのある緊急事態
3. 虐待が疑われる場合
4. そのクライエントのケア等に直接かかわっている専門家同士で話し合う場合（相談室内のケース・カンファレンス等）
5. 法による定めがある場合
6. 医療保険による支払いが行われる場合
7. クライエントが，自分自身の精神状態や心理的な問題に関連する訴えを裁判等によって提起した場合
8. クライエントにより明示的な意思決定がある場合

性があることから，例外状況を充分に把握した包括的な秘密保持が求められる。

2. 個人情報と組織情報

　個人情報は最優先すべき守秘事項のひとつである。その中でも，公開されることで不利益を被らないよう，その取扱いに特に配慮すべき情報を要配慮個人情報という。その事項は「本人の人種，信条，社会的身分，病歴，犯罪の経歴，犯罪により被害を被った事実その他本人に対する不当な差別，偏見その他の不利益が生じないようにその取扱いに特に配慮を要するもの（個人情報保護法第2条3項）」と規定されている。その中には診療情報や健康診断結果等の健康情報も含まれており，個人の心理支援においては，その多くが要配慮事項に該当することもあり，細心の注意を払う必要がある。

　とくに産業・労働分野においては，個人情報のみならず，所属組織の顧客，財務，研究内容など組織の機密情報が関与することがある。万が一，クライエントから語られた組織情報を漏洩してしまった場合，組織内の規定に基づく懲戒や損害賠償の対象となることがある。また，内容によっては風評被害や多額の損失につながることもあり，組織に与える影響は計り知れない。産業・労働分野に従事する心理職は，目の前のクライエントだけでなく，自身の言動が所

属組織の社会的信用に影響を及ぼす可能性があるということを自覚しておかねばならない。

　なお，産業・労働分野の事例は相談内容に組織情報が含まれることがあるため，外部の学会や事例検討会等で事例を発表することが難しい。もし所属機関外で事例を発表する機会が得られた場合，心理職同士の研鑽機会であっても，個人情報に加えて組織情報が伝わらないように改編するなど，事例発表における秘密保持にも留意しておくことが求められる。

3. 実務における秘密保持

　相談者および相談内容の秘密保持は，心理職としての基本姿勢であり，徹底する必要がある。ここで産業・労働分野の実務で留意しておきたい点について，ハード面とソフト面に分類して解説する。

　ハード面とは，所属組織の秘密保持や情報管理に関するルール等の枠組みのことである。心理職の職責としての秘密保持の原則だけでなく，所属組織独自の情報管理規定やセキュリティポリシーについて確認しておきたい。心理職も組織の一員であるため，所属先のルールを把握しながら支援に励む必要がある。また，産業保健スタッフ，人事・労務担当者との連携に関して，その方法や情報共有内容を設定しておくことが望ましい。関係者間の秘密保持においては，集団守秘義務の考え方が参考になる。集団守秘義務は，「必要と判断した情報交換はしっかり行い，共有した情報はチーム内で秘密を守る（長谷川，2001）」と定義されている。これは，スクールカウンセラーが相談内容の守秘と教職員連携という葛藤の中で発展してきた支援のあり方であるが，コミュニティを支援するという点で産業・労働分野においても有効である。

　ソフト面は個々の事例における秘密保持の内容のことである。支援を進めるにあたって，心理職はクライエントへ秘密保持に関するインフォームド・コンセント（説明と同意）を行うことが求められる。秘密保持は心理職の支援において最大限配慮すべき事項ではあるが，実務面ではその内容を関係者間で共有しなければならない。そのためにも，クライエントから情報共有に対する許可を得ておくことが望ましい。「誰に」「何を」「どこまで」「どのように」情報を共有するか，協議しておくとよい。また，クライエントが開示に難色を示す場

合，開示することのメリットとデメリットを整理することで開示を許可してもらえることも少なくない。いずれにしても，クライエントの最善の利益を考えながら，事例ごとの実情に沿った秘密保持を検討していく姿勢が求められる。

✚ **身につけるとできること：**

　秘密保持について理解することは心理職の必須事項である。秘密が守られる保証があるからこそ，クライエントはありのままを語ることができる。とくに産業・労働分野においては，雇用や評価につながる心理的苦悩が語られることもあるため，語られた内容に対する秘密保持はクライエントの人生を守ることにもつながる。また，多職種間で情報を共有しなければならない場合，クライエントの同意を得て内容を開示することで，良い支援につなげることができる。誠実に同意を得る姿勢そのものが，クライエントからの厚い信頼を得ることにもつながる。

✚ **身につけるとできること：**

　法や規則があるから秘密保持に徹するのではなく，クライエントの尊厳と利益を考えて相談内容を守秘する心がまえを有しておきたい。基本的な信頼関係が構築されれば，「この人であれば情報開示を任せられる」と関係者への情報共有を認めてもらいやすくなる。また，"バランスのとれた秘密保持"を可能とするため，心理職の支援対象が多岐にわたるということを意識しておきたい。クライエントの上司，産業保健スタッフ，人事・労務担当者も支援の対象である。あらゆる関係者に気配りをすることで，バランス感覚が養われていくであろう。

✚ **さらなる学びのために：**

金沢 吉展（2023）．臨床心理学の倫理をまなぶ　東京大学出版会

〔**坊 隆史**〕

A3　個人対応内容について，必要な情報の記録
必要な情報を簡潔にまとめ面談記録を作成することができる

キーワード：情報共有，連携，品質保証，説明責任，SOAP，POMR
関連する他のコンピテンシー：A5，A8，A13

　ケースの記録は，対人援助において必須のプロセスのひとつである。本章では，ケース記録の目的，記録が果たす機能を解説したうえで，産業・労働分野で活用しやすい記録の方法を紹介する。

1．ケース記録を残す目的

　ケース対応のプロセスは基本的にクライエントと対応者の限られた関係の中で進められる。その経過や専門的な判断を書きとめ，残しておくことの目的は，単にケースの進行補助や備忘録のためだけでなく，専門職が対応の品質保証を行い，説明責任を遂行するところにある。

　対人援助職には，高い品質で専門技術を提供することが求められる。どのような支援をおこなったのか，何を根拠に判断してその支援方法を選択したのか，それによりどのような支援の効果がみられたのか，これらを自ら証明する必要がある。この証明は，自分に対してではなく，クライエントおよび協働してケースに対応する関係者に理解してもらうためのものである。また，産業保健チームで対応する際の情報共有と連携においても，記録が重要なツールとなる。支援が必要となる課題点やケースの経過を，関係者が端的に，そして遅延なく共有することは，チームとしての対応の品質を保つために必要なことである。

　ケース対応の過程で，心理職は難しい専門的判断を求められることもある。希死念慮や他害の疑い，安全の保証されない環境，症状悪化につながる事象など，その時々の状況を把握し，見立て，対応方針を立てることが求められる。そして，その状況において自らの判断基準と選択した対応が適切であったことを説明する責任を負う。産業領域では，自殺事例などにおいて企業が安全配慮義務を履行したかを問われたり，クライエントから記録の開示を求められたりすることがある。クライエントや関係者，所属機関，裁判所や行政機関に対し

て，対応の根拠を説明する必要がいつ生じても対応できるよう，公正でタイムリーな記録作成が求められる。

2. 記録が果たす機能

　チームとしての対応の品質向上に関していえば，記録を元にして関係者間で情報共有や意見交換を行うことで，より多角的かつ統合的な見立てや支援計画を立てることができる。さらに，実行に移す際も，チーム内での連携や対応依頼が円滑となることで支援の実行性や継続性の面に機能したり，対応の記録を振り返ることで，チームの学びにつながったりすることが品質向上に寄与すると考えられる。

　心理職自身においては，記録作成は技術の向上に有効である。面談の内容を振り返り，整理すること自体がケースを客観的に見直す機会となることに加え，これまでの判断と経過のつながりをたどることで，自身の見立てや対応計画の偏り，情報の見落とし，配慮が不足した点などに気づくことができる。実践と内省の繰り返しにおいて，記録は重要な情報源となる。

3. 記録の方法

　産業・労働分野の記録の目的と機能を踏まえて，本項目では，記録の方法として POMR（Problem Oriented Medical Record：問題指向型診療録）を紹介する。POMR は POS（Problem Oriented System：問題指向型方式）に沿ってカルテを記載する方法であり，基礎データ，Problem list，Action list，Progress note（経過記録）の4つのパートから構成される（Weed, 1969）。以下に，その記載形式である SOAP について解説する。

　SOAP 形式とは，収集した基本情報を主観的事実（Subject），客観的事実（Object）に区別しながら記録し，情報から推測される評価（Assessment）と今後の計画（Plan）を記載する方法である。SOAP に分けることで，状況，見立てと対応が構造化され，第三者でも理解しやすいというメリットがある。

　・主観的事実（Subject）：クライエント本人が語った内容から得られた情報。
　　例）この1か月半十分に眠れた感じがしない，昼間は頭が働かず，上司からも冷たくあしらわれる

図1　POMR による記録 （小林, 2015）

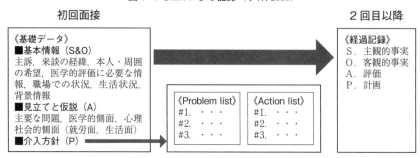

初回面接

《基礎データ》
■基本情報 （S&O）
主訴, 来談の経緯, 本人・周囲の希望, 医学的評価に必要な情報, 職場での状況, 生活状況, 背景情報
■見立てと仮説 （A）
主要な問題, 医学的側面, 心理社会的側面 （就労面, 生活面）
■介入方針 （P）

《Problem list》
#1. ・・・
#2. ・・・
#3. ・・・

《Action list》
#1. ・・・
#2. ・・・
#3. ・・・

2 回目以降

《経過記録》
S. 主観的事実
O. 客観的事実
A. 評価
P. 計画

・客観的事実 （Object）：面接対応者が観察した事実, 診断や検査結果, データなどの情報。

　例） 目の下にクマが出ている, 常に落ち着かず視線を動かす, 早口, 受け答えが困難, 「抑うつ状態」の診断など

・評価 （Assessment）：S, O から推測される見立て。印象や主観的な感想ではなく, 判断の根拠を具体的に表現する。臨床的に必要かつ説明責任を果たすのに十分な内容を記載する。

・計画 （Plan）：評価と介入方針に基づく計画。支援の側面と介入の側面を意識すると整理しやすい。

　面接の初回でケースフォーミュレーションを行う際に, Problem list と Action list を作成しておくとよい。Problem list は方針と対応させ, 優先順位の高いものから挙げていく。留意点は以下の通りである。

・1つの項目に記載する問題は一つとする （複数の問題を混在させない）

・対応者の主観的な憶測ではなく, 事実として把握された問題を記載する

・医学的問題, 就労面の問題, 生活面の問題など多角的に検討する

　次に, 各 Problem list を解決するための計画を Action list として作成する。現状の改善に結びつく対応, 問題解決への意欲を高める対応, 適応しやすい対応, といった観点から整理するとよい。留意点は以下である。

・行動レベルで具体的に記載する

・サポート資源を活用する

・ケースワークの観点も含める （専門機関への紹介, 関係者への支援要請,

環境調整など）

4. 留意点

記録を作成する際は，第三者に読まれることを前提に，公正な表現であること，わかりやすく具体的な表現をすること，必要十分な内容に留めること，に留意したい。

誤解を生むような表現，複数の解釈が生じる表現，クライエントに対する誹謗中傷になる表現は避けるべきである。問題解決のために必要な情報か，説明責任を果たせる内容かを常に意識する必要がある。事実であっても，必然性のない情報もある。文学的記述は必要なく，事実を端的に記載したい。また，修正する場合は，修正した内容がわかるよう履歴を残し，修正者と修正日を記載しておく。クライエント以外の情報についても注意が必要である。上司からの相談などは，記録を分ける必要がある。

✛ **身につけるとできること：**

ケースを適切に記録する力は，ケース対応を計画的・効率的に進め，関係者と連携をとる際の基礎となる。記録をつけることを通して日々の実践を内省し，質の向上に努めることで，ケース対応の技術向上につながる。

✛ **身につけるために：**

日々の面接できちんと記録を作成し，見直して内省し，次の面接に活かす。協働している他専門職からのフィードバックを求めたり，事例検討に参加したりすることも有効である。

✛ **さらなる学びのために：**

川上 憲人・難波 克行・小林 由佳（編），東京大学職場のメンタルヘルス研究会（2021）.
　　職場のメンタルヘルス不調：困難事例への対応力がぐんぐん上がる SOAP 記録術
　　誠信書房

八木 亜希子（2012）．相談援助職の記録の書き方—短時間で適切な内容を表現するテク
　　ニック　中央法規出版

〔小林 由佳〕

A4 リスクスクリーニング
対応事例で起こり得るリスクを抽出できる

キーワード：自殺の危険因子，業務起因性，労働災害，守秘義務の例外
関連する他のコンピテンシー：A2，A5，A9，A14

　クライエントおよび関係者の生命の安全を守ることは心理職の最も需要な役割のひとつである。リスクスクリーニングとは，狭義では自傷他害など個人の生命に関するものを指すが，産業・労働分野においては広義のリスク，すなわち個人の状態と職場や周囲の環境との関係性において発生する危険に関するものも含まれる。この章では，リスクを広義と狭義にわけて，適切にスクリーニングし，その後の介入に迅速につなげるスキルを章で紹介する。

1. 自傷他害に関するリスクスクリーニング
　1）クライエントが自殺について言及した場合や，悩みや病状が深刻だと心理職が感じた場合，自殺遂行の可能性と致死性の把握のために下記を確認する。
・自殺念慮：死にたい気持ちやその強さ。クライエントは非常に追い詰められた状態にあっても「大丈夫です」と答えることがあるので，言葉だけでなく表情や前後の会話などから注意深く観察する。
・自殺念慮の出現及び持続性：死にたい気持ちが出現する頻度や持続性，強さの変化なども確認する。長く持続して消失しない状態も危険だが，「通勤途中にホームに入って来る電車を見ていたらフラフラと吸い込まれそうになった」など，突然出現し，その衝動をコントロールできない状態も非常に危険である。
・計画の具体性：自殺を遂行する時期や場所，手段などを確認する。飛び降りや電車への飛び込みなどは致死率が高い。また「ロープを購入した」など手段の確保についても確認する。自殺について誰かに予告したか，遺書や死後の準備をしているかなどもリスクの高さを判断するために重要な質問である。
　2）自殺に繋がりやすい因子（危険因子）について確認することで，自殺のリスクの高さや介入方法の検討に有効な情報を得られる。自殺の主要な危険因子には以下のものある。

・過去の自殺企図，自傷行為歴：自殺企図歴は最も強い危険因子である。一度自殺を思いとどまったら大丈夫，自傷行為を繰り返す人は本気で死ぬつもりがない，というのは誤った認識である。

・喪失体験：大切な人や存在を失った経験。特に自死の場合は要注意である。

・過去の苦痛な体験：虐待やいじめ，家庭内暴力などの経験から自分の命や身体の安全に対して無頓着になる傾向がみられる。

・職業，経済，生活上の問題：失業，借金などの経済的問題，介護など生活の困窮や将来への不安など。

・精神疾患：うつ病意外にも双極性障害や躁状態における衝動性の高さや統合失調症，パーソナリティ障害，依存症なども自殺のリスクを高める。

・身体疾患：難治性の病気や認知症など進行性の病気による将来への不安や絶望は自殺のリスクを高める。

・ソーシャルサポートの欠如

・自殺の手段へのアクセスの容易さ：電車への飛び込みを考えている人が電車通勤をしいるなど，手段にアクセスしやすい状況ではリスクが高まる。

・自殺に繋がる心理状態：強い不安，焦燥感，絶望感，攻撃性，衝動性など。

・成育歴・家族歴

・アルコール・薬物：アルコールや薬物の使用により判断力の喪失や，衝動性の高まりにより自殺のリスクが高まる。

・LGBTQ などの生きづらさの問題：人間関係のトラブルや孤立，将来への強い不安を感じやすい。

2. 他害リスクのスクリーニング

　相談者が他の誰かを傷つけたい，殺したいと語ることもある。他害のリスクを判断するポイントは以下のとおりである。

・対象となる相手：特定の個人や集団などターゲットが特定されている。

・計画の具体性：相手を襲う日時や場所などが特定されている。

・方法と致死性：「凶器を買った」など方法が確保されており，その方法が致死的である。

・未遂歴：これまでにも行動に移したことがある。

3. リスクスクリーニングの進め方

　クライエントから自傷他害について語られた時，強い緊張や責任の重さを感じるのは自然な反応である。その際の心理職の言動によってクライエントが安心してリスクを回避するための支援につながることもあれば，話したことを後悔し，支援を拒否して相談が途絶えることもある。自分の動揺と向き合いながら落ち着いて相談者を受け入れようと努める態度が心理職には求められる。そのためにスーパービジョンなどを通して，強い緊張や不安を感じた時に自分が取りやすい態度について自覚できるように研鑽を積むことが大切である。

　①自殺の話題をそらそうとする。

　②無理に元気づけや励ましをする。

　③自分の責任回避のために，クライエントの「大丈夫です」という発言や，支援を拒絶する行動を受け入れてしまう。

　④責任の重さから逃れるために職場との連携や産業医・医療機関への紹介を強引に勧める。または自分だけで何とかしようと抱え込む。

　このような言動を取っていないかセルフモニタリングしつつ，辛い気持ちを話してくれたことに関してクライエントに感謝を伝え，辛さに共感しながらリスクスクリーニングを進める。さらに緊急度の高さとリスク回避行動（相談者の命を守るための行動や連携先の選定）を検討する。

4. 産業領域に特有なリスク

　産業・労働分野における心理臨床ではクライエントと企業・組織という環境との相互関係から見立てを行う必要がある。リスクスクリーニングにおいても同様である。個人と環境との関係は，環境⇒個人，個人⇒環境の2方向に分けられ，因果関係によって，企業・組織の介入度合いや対処行動が決まる。

　1) 環境から個人への影響。クライエントの不調の背景に過重労働やハラスメント，リストラなど，仕事内容や職場環境の要因が関係している，すなわち業務起因性がある場合。その場合，労働災害に発展する可能性があり，企業・組織にはリスク回避に関する責任と，積極的な介入が求められる。

　2) 個人から環境への影響。産業・労働分野の心理職には，クライエント業務遂行に関係する人たちの安全も守る役割がある。クライエントがてんかんの

発作やナルコレプシーなど突然の意識障害を伴う疾患にり患している場合や精神疾患の治療薬によって強い眠気があるような場合は，自傷他害の意向は無いが意図せず第三者を危険に晒す可能性もある。例えばそのような状態のクライエントが，鉄道やバスなどの運転手をしている場合や危険な機械操作や薬品を扱うような業務に従事しているといった場合には，自身だけでなく周囲の人を巻き込んだ事故を起こす恐れもある。そのような事故を未然に防止するため職場への情報開示や連携を検討する必要がある。

5. 守秘義務とリスクスクリーニング，リスク回避のための行動との関係性

リスクがあることが明らかになった場合には関係者と連携し，リスク回避に努める。その場合，守秘義務を超えて関係者に情報開示をする必要が生じる。緊急事態に陥ってからクライエントに情報開示の同意を取るのは難しいため，相談の開始時に守秘義務とその例外について伝え，合意を得ておくことが望ましい。

✚ **身につけるとできること：**

リスクスクリーニングを適切に行うことで，クライエントの自傷他害を未然に防ぐことが出来る。さらにクライエントが引き起こす事故などのリスクを予想し，企業・組織が適切にリスク回避の介入できるようなコンサルテーションをすることで職場の安全と，企業・組織を守ることができる。

✚ **身につけるために：**

リスクスクリーニングを丁寧に行い，経験を重ね，スーパービジョンを通して自身の対処の傾向を振り返り，研鑽を積んでいくことは有効な方法である。

✚ **さらなる学びのために：**

中央労働災害防止協会（2007）．改訂 職場における自殺の予防と対応

日本精神神経学会精神保健に関する委員会（編）（2013）．日常臨床における自殺予防の手引き．精神神経学雑誌，*115*（3），付録

三浦 由美子・磯崎 富士雄・斎藤 壮士（2021）．産業・組織カウンセリング実践の手引き 基礎から応用への全8章 遠見書房

〔三浦 由美子〕

A5　個人の見立て
対応事例の問題とその背景を見立てることができる

キーワード：見立て，情報収集，アセスメント
関連する他のコンピテンシー：A3，A4，A6 ～ A15

　情報収集，見立て，介入方針の策定，介入計画の実行と評価，といった一連
のアセスメントプロセスの中で，本コンピテンシーにおいては，産業心理臨床
の特徴を踏まえた適切な情報収集とケースの見立てをできることが目標となる。

1. 産業心理臨床における見立ての特徴
　1）法律や組織の理解が前提となること
　労働基準法や労働安全衛生法によって規定される労働者の健康確保のための
ルール，休復職制度のように就業規則などで規定される社内ルール，さらに業
種や従業員規模による特有の課題，組織風土による規範意識などの特有の背景
情報は把握しておく必要がある。
　2）組織への見立ても行うこと
　問題の理解のために背景要因を見立てることは心理臨床の基本であるが，特
に産業・労働分野では，関係者や職場環境を含む職場組織を見立て，必要時に
ケースマネジメントを行うことが求められる。キーパーソンとなる関係者（上
司や人事，医療機関）は誰か，各キーパーソンは何に問題を感じていて，何を
期待しているのか，問題解決のために誰にどのように動いてもらうことが必要
なのか，問題を維持している環境要因は何で，どのような悪循環があるのか，
といった点を見立てる。
　3）迅速さが求められること
　産業心理臨床は基本的に職務遂行と並行して行うため，見立てと方針策定に
は迅速さが求められる。クライエントの問題行動に対して周囲が困っている場
合などは特に，1 回の面談をもとに関係者へのコンサルテーションを求められ
ることが多い。また，周囲から薦められて来談するなどクライエントのモチベ
ーションが低いケースや，医療機関への紹介の必要性の判断が必要なケースな

ども，迅速に対応を判断しないとタイミングを逸してしまう。短時間で精度の高い見立てを行うために，日頃の活動から組織に関する基本的な情報を収集し，組織とそこで働く人たちへの理解を深めておく姿勢も必要である。

2. 情報の収集

クライエントの困りごと・主訴，関心事，希望を傾聴しながら問題を把握していく上で，産業心理臨床で押さえておきたい観点を医学的（生物学的）側面，心理的側面，社会的側面に分けて挙げていく（表1参照）。

まず背景に医学的な問題が疑われる場合は，症状，精神状態，既往歴・家族歴などを確認する。特に対人上のトラブルの背景にアルコール，発達特性，軽躁状態などが存在することが多いことに留意する。

心理的側面からは，本人がどのように状況を認識し，問題と感じ，どのような経緯で，何を求めて相談しているか，に意識を向け，不明確なところは丁寧に紐解いていく。昇進などのキャリアステージの変化，異動や職務内容の変化により，それまで適応に有効だった対処方略が機能しなくなることも多い。問題の生じる場面における本人の行動や周囲の人の反応などから，適応できている点とそうでない点という観点からの情報も有効である。

表1　見立てのための情報

医学的側面	症状（精神・身体）とその程度，期間，きっかけ，変化／精神状態（外見，行動・態度，話し方，気分・感情，思考過程と内容，認知力）／既往歴・家族歴／アルコール・薬物・たばこの使用歴／従前の精神的健康度／運動習慣など
心理的側面	問題のとらえ方／思考パターン／価値観／こだわり／回避行動のパターン／感情コントロール方略／感情処理の水準／知的水準／洞察力／知覚など
社会的側面（就労面）	業務内容，業務量とその変化／就労属性（勤務年数・所属歴，職位，昇進）／就労環境（職場の状況，人員構成，勤務形態）／業務遂行状況（超過勤務，勤怠，機能低下の有無），業務遂行力（以前の適応状況や評価），職場のサポート機能（職場の人間関係）など
社会的側面（生活面）	生活環境（家族構成，生活場所，社会経済状態）／生活状況（食事，睡眠，異性関係，余暇）／最近のライフイベント／家族やその他のサポート機能など

※一度に全てを把握する必要はなく，適宜必要な情報を収集する。

　社会的側面は，就労面と生活面に分けて把握するとよい。これらの情報を整理していくと，情報のずれや矛盾点から本人の職場の中での様子や問題の全体像が見えてくることがある。業務内容は変わらないのに急に超過勤務が増えている，上司との関係は良好なのに相談できていない，といった状況から，本人の業務遂行力や対処行動，職場の人間関係の特徴が浮かびあがる場合などである。また，例えば元来の精神的健康度の高さ，現実検討力や対処力，職場の人間関係でうまくいっている点など，問題点だけでなく，対応の資源となるような良い点もあわせて確認していく。

　関係者からの紹介である場合，できれば事前に紹介者と話をする時間を設け，紹介の理由や紹介者の困りごと，関係者の本人の処遇への期待を聞き取れると良い。来談理由についての本人の認識と紹介者の意向とのズレがないかの確認も必要である。紹介者が本人の仕事ぶりを知る立場にある人（上司など）であれば，本人の最近の勤務状況と以前の業務遂行力，会社での同僚や友人との関係なども聞き取る。業務遂行状況の変化は本人の状態を知るための指標となるほか，回復目標の基準を以前の業務遂行力で想定することもできる。本人との面談を開始した後に関係者から話を聞く場合は，本人の了承を得た上で行う。

　家族からの情報が得られる場合は，本人の日常の様子や家族の関係性，家族の心配事などを把握することができる。また，ケースマネジメントにおいて家族内キーパーソンと連携をとることが有効なケースもある。

3. ケースの見立て

　ケースを見立てる際は，上に挙げた3側面について，場合により心理検査の結果を含めて情報を整理し，主要な問題とその深刻度，問題の成り立ちと維持要因を推測していく。問題が深刻かつ緊急性のある場合（自傷他害のリスク，急速な症状悪化，虐待やDVなど）は迅速に関係者と連携に行う。

　医学的側面への見立ては，今後の対応や転帰の見通しを立てるために必要な評価を生物学的観点から行うものである。この見立てをもとに，医療との連携の必要性や休業の判断の必要性の有無も検討しながら，連携や紹介をしていく。

　心理的側面，社会的側面においては，本人の状況理解や特性と実際の環境との兼ね合いから，問題の大きさや深刻度，影響の範囲，背景要因などに関する

理解を深め，問題の本質や所在，意味，維持要因の仮説を立てていく。例えば，同僚との関係が悪くて業務に必要な相談ができず，パフォーマンスが落ちて超過勤務が続いている場合，本人の対人関係構築力，職務への習熟度，精神状態，職場の繁忙度，人員構成，指揮命令ルート，業務の管理体制，指示と評価者，同僚のパーソナリティ，同僚とのこれまでの関係，職場のサポート意識，家族との関係，職場外のライフイベントの有無など，様々な要因が関わる可能性がある。この問題において何が本質であり，その問題は何によって続いているのか，そして問題解決のためにどこを変えていくことができるのか，どの資源が活用できそうか，といったことへの推測を加えていく。この仮説をもとに，取るべき対応と優先順位，今後の見通しなどを検討していく。

　これらの見立ては，心理職が一方的に組み立てるのではなく，クライエントとのやりとりの中で確認し修正していく。対応方針と計画についても，クライエントに提案し，柔軟に修正していくことが大切である

✚ 身につけるとできること：

　ケースやその背景を見立てる力は，対応方針の策定やケースマネジメント，他職種との連携やコンサルテーションを行う際の基礎となるものである。このコンピテンシーはケース対応における根幹であり，産業・労働分野の心理職として個人と関わる際に必須のものである。

✚ 身につけるために：

　情報収集と見立てのプロセスを丁寧に行い，ケース数を重ねていくこと，そして事例検討やスーパービジョンにより他者からのフィードバックを得ながら振り返ることが，このコンピテンシーを身につけるために有効な方法である。

✚ さらなる学びのために：

小瀬古 伸幸（2019）. 精神疾患をもつ人を，病院でない所で支援するときにまず読む本 "横綱級"困難ケースにしないための技と型　医学書院
下山 晴彦（2018）. 臨床心理アセスメント入門　金剛出版
竹内 健児（2021）. 100 のワークで学ぶカウンセリングの見立てと方針　創元社

〔**小林 由佳**〕

A6　適切な社会資源につなぐこと（ケースマネジメント）

対象者が問題解決に必要な社会資源を利用できるよう紹介や情報提供ができる

キーワード：ケースマネジメント，援助要請，エンパワメント，動機づけ面接
関連する他のコンピテンシー：A4，A5，A7 ～ A9，A11 ～ A17

　アセスメントによって明らかとなった問題やニーズに対して，その解決に役立つ社会資源の情報提供や紹介ができることが目標となる。また，単に情報提供や紹介を行うだけでなく，クライエントがそれらの資源を効果的に利用できるようエンパワメントするという視点を持ち，必要な心理支援を行うことが望ましい。以下に本コンピテンシーを構成する要素を解説する。

1. 問題やニーズに応じた有効社会資源の探索と提案

1）医学的な問題やニーズがある場合

　心理支援の場面では精神科医療が必要なケースが多いため，地域の精神科医療資源について幅広く且つ詳細に把握しておくことが望ましい。幅広さの観点では，クライエントの自宅や職場近郊など通いやすい医療機関を，いくつか情報提供できることが理想である。精神保健福祉センターや保健所などの行政機関，医師会，精神科診療所協会などが地域の医療機関リストを公表している場合があるため，情報源として把握しておく。詳細さの観点では，医療機関ごとの専門性が把握できていると良い。例えば医師が産業医活動を行なっており就業者の支援に明るい，リワークを実施している，発達障害を専門的に診療しているといった医療機関を把握できていると役立つ場面がある。なお，クライエントが受診に前向きでない場合，産業医面談を通じた受診勧奨が奏効する場合もある。また，精神保健福祉センターや保健所には精神疾患に関する相談窓口が設置されている。その他，クライエントにかかりつけ医があれば，そこから精神科医療機関に紹介してもらえる場合もある。精神科医療機関に繋ぐためにステップが必要な場合，まずは産業医面談や行政相談窓口，かかりつけ医受診に繋ぐことも考慮する。

2) 職場での環境調整が必要と考えられる場合

　安全配慮義務上の懸念がある場合を含め，現在の就業環境で仕事を継続することが望ましくない場合は人事・労務管理上の対応が必要となる。その際に協力を得るべき職場内関係者も，ここでは社会資源の1つとして扱う。労務管理（労働時間や業務分担など）や人事管理（配置や人間関係の調整など）は管理者の意思決定が必要であるため，権限を有すキーパーソンの把握が求められる。それは直属の上司や人事労務担当者であることが多いが，組織の規模や体制によるためケースごとに明らかにしなくてはならない。心理職が内情を把握できる立場であれば候補者の提案も可能であるが，そうでない場合は本人を通じて把握していく。キーパーソンは，本人が自ら支援を求めていく対象としてだけでなく，心理職が連携したりコンサルテーションをしたりしていく相手にもなり得る。その可能性も見越し，対象者の意見を汲み取りつつ候補を検討する。

3) 家族等の私的人間関係に問題やニーズがある場合

　クライエントが抱える問題やニーズとして，家族の病気や介護，子どもの養育上の困難，あるいは虐待やドメスティック・バイオレンスなどが明らかになることがある。その場合，必要に応じて専門の相談窓口やサービスの利用に繋げることを検討する。ここで候補になり得る社会資源は，心理職にとって馴染みのある機関やサービスであることが多い。例をあげると，子どもの養育上の困難であればスクールカウンセラーや児童相談所等，家族の認知症ケアであれば地域包括支援センターや認知症疾患医療センターなどである。各トピックに対応する社会資源を列挙するのは紙面の都合上難しく，制度や名称が変更されることもあるため，ここで網羅的に解説することは控えるが，端的に言えば産業・労働分野以外の社会資源について，最新の状況を把握しておくことが必要である。1)にあげた精神保健福祉，あるいは児童福祉や高齢者福祉，男女共同参画推進等の領域における，公的相談支援やサービスの全体像を理解しておく。その上で，自身が活動する地域において利用可能なものを把握しておくこと，必要に応じて他地域の情報を調べる手順を把握しておくことが望ましい。

2. 社会資源の利用可能性の検討（バリアのアセスメント）

　情報提供や提案は，クライエントが社会資源に繋がるための十分条件ではな

い。そのため，クライエントとの対話のなかで利用の実現可能性を精査し，利用を妨げるバリアを明らかにする必要がある。その際，外的バリアと内的バリアの両面を捉えることが望ましい。外的バリアは，立地や開設時間，予約やコンタクトが取れるかなどである。クライエントの生活状況と照らし合わせて，利用を妨げるバリアは何か，継続的に利用しやすいものはどれかを検討していく。この作業は裏を返すと，どんな条件が整えば，その資源が利用可能になるかを検討することでもある。一方，利用を妨げる要因は，クライエントの体調や動機づけ，ソーシャルスキルなどの内的バリアであることもある。例えばクライエントが「時間が取れない」と話す場合，相談することや支援を受けることへの心理的抵抗が反映されていることもある。内的バリアはアセスメントプロセスの中で把握できることもあるが，社会資源の利用を提案した段階で浮かび上がってくることも多い。内的バリアについても，どのような関わりを行えば解消できるか検討する。また，複数の社会資源の利用が検討される場合，その順序も考慮しなくてはならない。例えば，家族の介護に関する専門相談の利用を考えているクライエントに抑うつ症状が見られる場合，まず優先すべきは本人の受診である。この例のように，社会資源を効果的に利用するためには，他の支援を先に得ておく方が望ましい場合がある。逆に言えば，ある社会資源よる効果的な支援が，さらに他の社会資源の活用を促すエンパワメントになるということである。心理職による心理支援もそうあらねばならない。

3. 社会資源を利用するために必要な手続きの整理と実行援

　方針が定まったら，バリアを解消し，クライエントを社会資源に繋げるための具体的手続きを整理していく。必要な手続きは心理職が行うべきものと，クライエント本人が行うべきものに分けて考えることが望ましい。ここで注意すべきことは，心理職がどこまで具体的な手続きを担うかという点である。例えば，職場内の人事労務担当者に相談することを目標にしたとき，心理職の立場から具体的な後押しができる場合がある。本人の同意を取った上で，あらかじめ人事労務担当者と連携し問題を共有しておくことや，人事労務担当者から声をかけてもらうように依頼しておくなどである。このとき心理職は，クライエントがバリアを超えるために必要な手続きの一部を肩代わりしていることにな

る。これが適切な支援か否かは状況によって異なる。クライエントの体調やソーシャルスキル等を考慮し，心理職が具体的手続きを積極的に担っていくことが望ましい場合もある。一方，長期的な目線に立ったとき，クライエントが自ら援助要請をしたり問題解決をしたりできることも重要であり，そのことをエンパワメントしていくという視点も忘れてはならない。アセスメントした内容を踏まえ，目下目指している社会資源への接続を支援するだけでなく，クライエントのセルフケア行動の獲得と拡大を視野に入れ支援していく。その際に役立つものとしては，動機づけ面接があげられる。心理職の側が，「援助の必要性を認識してもらいたい」「援助に繋げたい」と強く感じている時ほど拙速なアプローチになり，かえってクライエントの抵抗を生んでしまうことがある。主体的な自己決定を支援する動機づけ面接は，そのような事態を避けながら社会資源の利用を促すために有効なアプローチの１つである。

✚　**身につけるとできること：**

　就労者が抱える困難は心理支援だけで解決することが難しいものも多い。適切なケースマネジメントができるようになると，クライエントを取り巻く支援のネットワークを拡大，強化することに寄与できる。また，クライエントが自らの問題解決のために情報収集や援助要請をする力を後押しすることができる。

✚　**身につけるために：**

　常に外部資源の活用を選択肢に置き，心理相談においてクライエントを抱え込むことがないよう注意する。ケースを重ね事例検討やスーパービジョンによるフィードバックを得ることが何より重要だが，地域の社会資源を調査しておくなど，実践経験以外に準備できることもある。地域の支援機関や支援者が主催する研修会等に参加してネットワークを構築していくことも推奨される。

✚　**さらなる学びのために：**

水野　治久（監修）木村　真人・飯田　敏晴・永井　智・本田　真（編）（2019）．事例から学ぶ　心理職としての援助要請の視点　「助けて」と言えない人へのカウンセリング　金子書房

須藤　昌寛（2019）．福祉現場で役立つ動機づけ面接入門　中央法規出版

〔楠　無我〕

A7　関係者（人事や上司）に対する基本的なコンサルテーション
問題解決のために必要な対応を関係者に助言することができる

キーワード：コンサルテーション，上司への支援，助言，連携
関連する他のコンピテンシー：A4〜A6，A8，A9，A11〜A13，A16，A17

　コンサルテーションとは，援助が必要な人への直接支援ではなく，実際に援助を行う他領域の専門家を心理職が支援していく行為のことである。コンサルテーションを行う人をコンサルタント，受ける人をコンサルティと呼ぶ。産業・労働分野では，従業員に対しての直接支援だけでなく，人事や上司に対してコンサルテーションを行い，問題解決を支援する機会が多い。

　コンサルテーションにおいては，解決の主体はコンサルティである。私たち（心理職）はコンサルティ（人事や上司等）と問題に関する心理的な視点を共有し，多角的な理解を促すことで，解決に向けた方針を一緒に検討していくことが求められる。

1.　コンサルテーションの進め方
　職場でメンタルヘルス不調者や休職者が発生した際に，人事や上司は「どう対応したら良いか」という困り感を抱えやすい。それらの対応方法や留意点等について心理職に助言を求める形でコンサルテーションは進んでいく。心理職は従業員自身と直接かかわらずに，コンサルテーションだけで支援を進める場合もあれば，従業員とのカウンセリングの後に，人事や上司に報告や情報共有という形式でコンサルテーションを実施する，というような同時進行で行う場合もある。いずれの場合においても，発生しているケースの全体像を俯瞰しながら，巻き起こっている問題と，周囲の状況を見立てていくことが重要となる。

　また，以下の点を意識しながらコンサルテーションを進めていく。
　① 相手の専門性を尊重すること
　コンサルタントとコンサルティとは専門性は異なるが，対等な立場である。そのため指導的・教育的な関わりではなく，相互に問題の理解を深め，対応方針を検討していく作業となる。産業・労働分野であれば，コンサルティとなる

人事や上司は，その会社組織の専門家であり，人事・経営的な視点を有して日々活動している人物である。それら相手の専門性を排除，侵害することなく，協働的に関わる姿勢が重要となる。

　② コンサルティや対象者のおかれている状況を理解する

　コンサルテーションに当たっては，コンサルティや対象者のおかれている状況について，ある程度事前に理解していることが望ましい。会社の経営方針や社内風土，人事制度，当該職場での長時間労働者の状況や，ストレスチェック結果などの情報が事前に把握できると，職場で起こっている状況が理解しやすくなるだろう。また，発生している問題に対して，コンサルティがどこまで対応していくことが可能なのかを見立てておくことも大事だと思われる。コンサルティの所属，役職，業務範囲や権限，現在の忙しさなどによってはコンサルティ1人で対応することが難しい場合も考えられる。そのためコンサルティ自身の取り巻く状況や，リソースについても考慮し，どのように解決を進めていくかを一緒に検討していく必要がある。

　③ リスクを共有すること

　産業・労働分野では，支援のいたるところで"リスク回避"が先行する。他の章でもリスクに関する解説がなされているが，コンサルテーションにおいてもリスクの見立てとその共有が重要である。法令順守や安全配慮に関する事項，虐待やハラスメントに関する事項，自死リスクなどを想定し，コンサルティと見立てを共有することが求められる。またそれら予測されたリスクを回避するために，どのような対処が必要となるか，検討していくことも望まれる。

　④ 分かりやすく伝えること

　見立てや方針を共有する際には，相手に分かりやすい言葉で伝える工夫が必要である。例えば"認知の歪み"や"パニック症状"などの心理用語は誤解を与えやすい。"認知"は「認知症」，"パニック"は「頭が真っ白になる」といったイメージと混同されやすく，正しく伝わらない可能性が高い。そのため一般的な用語にかみ砕いて説明することを，日頃から意識しておかなければならない。また対応方針についても，相手の理解を確認しながら，具体的な内容に落とし込んで説明しなければ，誤った支援に繋がる可能性があるため，注意が必要である。

2. コンサルテーションの実践

　ここでは上司に対するコンサルテーションを想定として，上司のタイプ別に筆者が大事だと思う対応のポイントを記載していく。

　① メンタルヘルス不調者を辞めさせようとする上司

　メンタルヘルス不調に陥った従業員を扱いにくい部下として，辞めさせようと動く上司がいる。心理職に『どうやったら，辞めさせられるか』とストレートに助言を求めてくる場合もある。その場合には，従業員の解雇が法的に容易ではないこと，安全配慮義務，合理的配慮義務などの法的要求があるため，それらの視点に立った支援を行うことが求められていることを説明している。上司という立場上，当該労働者に対して必要な支援を行わなければならない点を理解いただき，対応方法を検討するよう介入している。このような上司は，メンタルヘルス不調や精神疾患に対する偏見を持っていることもあり，精神疾患の特徴や心理的な見立てを伝え，正しい理解を促すことが効果的である。

　② メンタルヘルス不調者に過剰支援を行い，抱え込みすぎる上司

　中には不調者を心配するあまり，特別待遇をしてまで抱えようとする上司もいる。一見，不調者対応に熱心な上司に見えるが，度が過ぎると，本人のパフォーマンス回復を阻害するばかりか，周囲の不満を強め職場全体のパフォーマンス低下に繋がる。このような場合には，一般的な支援の範囲を説明し，支援の目標はあくまで「働く」ことであることを再認識してもらっている。つまり配慮をし過ぎないことが肝要であることを伝えている。多くの場合，「病気だから」とつい援助をしがちになるが，職場で何が問題になっているのかを整理し，事例性を軸に支援方法を検討してくことを勧めている。このような場合，背景に上司の「対応方法がわからない」「訴えられたくない」との不安から，過剰支援につながる場合もあるため，コンサルテーションや人事との連携を通じて，上司に安心感を与えることが効果的な場合もある。

　③ 心理職に対応を丸投げしてくる上司

　コンサルテーションを行うにあたり，上司自身にモチベーションが低く，心理職に対応を丸投げしようとする上司もいる。その場合，管理職と心理職の立場・役割の違いを明確にしていく必要がある。上司の役割については，ラインケアや安全配慮義務等の視点から説明を行い，上司自身に対応の責任があるこ

とを理解いただいている。また心理職の役割は，業務上の指導や教育を行うことではなく，あくまで本人の行動変容を支援する立場であることを伝え，それぞれの立場で支援を行う必要があることを，共通認識として持ってもらう。このような上司の場合，上司自身が多忙で余裕がないという背景も多いため，さらに上の上司も交えてコンサルテーションを行ったり，人事や保健師にも参加いただいたりするなど，1人で奮闘するものではないことを理解してもらうことも大事である。

✣ **身につけるとできること：**

　コンサルテーションを繰り返していくと，心理職が介在しなくても，人事や上司が心理的な視点をもって，不調者対応を行えるようになる。コンサルテーションが目の前の課題解決を行うだけでなく，人事や上司の心理教育となり，課題の予防，不調者の早期対応に繋がる活動であると考えている。

✣ **身につけるために：**

　基本的なコンサルテーションの概念は，コミュニティ心理学の分野でのキー概念とされている。コミュニティ心理学の文献での学びが役立つだろう。また困難事例への対応については，法制度や労務管理の知識も必要な場面も多く，訴訟リスクなども考慮し判例等をもとに，関係者と対応を検討することもある。心理の視点に加え，それらの視点から見立てが共有されることで，従業員と会社の双方にとって有益な支援ができると考えている。

✣ **さらなる学びのために：**

植村 勝彦・高畠 克子・箕口 雅博・原 裕視・久田 満（2006）．よくわかるコミュニティ心理学　ミネルヴァ書房

森本 英樹・向井 蘭（2020）．ケースでわかる［実践型］職場のメンタルヘルス対応マニュアル　中央経済社

山本 和郎（1986）．コミュニティ心理学―地域臨床の理論と実際―　東京大学出版会

〔清原 直彦〕

A8　関係者との適切な連携
対応事例の関係者に対し，必要な情報共有，相談，紹介，助言ができる

キーワード：多職種連携，協働，インフォームド・コンセント，個人情報保護
関連する他のコンピテンシー：A3，A4，A5，A6，A7，A9，A11，A12，A15

　公認心理師法第42条には，関係者との連携を保たなければならない旨が規定されており，産業・労働分野においても連携は必須である。連携先としては，社内では産業医，保健師や看護師，人事や上司，社外では主治医や家族があげられる。効果的な連携のためには，関係者間で連携の目的が共有され，その実現に向けてそれぞれの専門性に基づく役割が遂行されること，すなわち協働が重要となる。産業・労働分野における連携について，関係者の役割，連携のプロセス，情報の取り扱いの順に解説する。

1．関係者の役割
　産業医：常時雇用される従業員が50人以上の事業場ごとに産業医を選任しなければならないこと，および産業医の職務が労働安全衛生法に規定されている。産業医は職場環境や職務の特性を理解している専門家として，また従業員と事業主の間の中立的な立場から，休復職や合理的配慮の検討など，労働者の健康状態と職場環境・作業との適応を検討・促進することが役割といえる。
　看護職（保健師・看護師）：健診結果の有所見者などに対する保健指導を始めとして，多岐に渡る看護職の職務の中でも相談対応は主要な職務の1つといえる。心理職が配置されている場合，心理職がメンタルヘルス，看護職が身体面に関する相談を担当するなど役割分担されることが多い。
　上司：安全配慮義務の履行者であり，従業員の安全や心身の健康を害すると予測される勤務状況等が認められる場合には，それを回避するための具体的な措置を進める役割を担っている。また労務の提供という観点も重要であり，遅刻や欠勤，生産性の低下といった仕事上問題となっている物事，いわゆる事例性への着目も上司には求められる。事例性が窺われる際には，メンタルヘルス不調等が背景にあるのか，いわゆる疾病性の判断を産業医等に仰ぐことになる。

さらに従業員の職場での様子について客観的な情報を持つ上司は，貴重な情報源でもある。

　人事：休復職や配属など，従業員に対する辞令の発令を担う。また上司が事例性を察知した際に行う労務管理などの対応を，就業規則といった人事規定に沿って進めるよう後押しする役割を担っている。また連携の際には，関係者からの情報の取りまとめや関係者間の調整役にもなる。

　主治医：診断と治療を進める役割である。主治医との連携は，公認心理師法第42条2項にも規定されており，主治医の指示を受けなければならない場合がある。その際の方法として，例えば産業・労働分野においては，心理的な面談の実施許可や指示の有無・内容について，従業員を介した口頭での確認や，情報提供書など文書の取り交わしが行われることもある。

2.　連携のプロセス

　心理職の立ち位置として，組織内と組織外（EAP等）に大別できるが，まず前者を想定した連携のプロセスを整理する。

　1）組織内の産業保健体制や実態の把握

　各関係者が配置され，期待される役割や機能を果たしているかどうかは，会社組織・事業場によって異なり，実態の把握が重要である。例えば，産業医がメンタルヘルスの専門医ではない場合，メンタルヘルス不調を呈する従業員への配慮の実際について，誰がその検討プロセスに参加しているか，主治医と職場との連携の際には誰が窓口になっているか等である。当該組織の実態や事例に応じて，連携時に召集する関係者は異なることがある為，留意が必要である。

　2）連携目的の明確化

　連携の目的として，従業員の健康管理や安全配慮の観点とともに，労務提供や生産性という点も忘れてはならない。従業員の役割は労働契約に基づき労務を提供することであり，そのために従業員自ら健康管理を行う必要がある。職場としても健康管理を支援していくが，健康管理がゴールではなく，労務提供や生産性とのバランスを保つことが重要である。例えば，通院しながら就業を続けていた従業員とのカウンセリングにおいて，パフォーマンスが徐々に低下していることを察知した場合には，産業医や人事にも連携し，環境調整の余地

があるか，もしくは一度休職して回復に専念してもらった方が良いのか検討するといった事例が挙げられる。そして当該組織における関係者の役割の実際を念頭に，誰にどのような対応を依頼・紹介するための連携であるのか，あるいは情報共有や相談を意図した連携であるのかを明確にしたうえで，関係者の招集を進めると良いだろう。

3）従業員へ連携目的と開示内容の説明，同意取得

産業・労働分野における連携においても，インフォームド・コンセントは必須である。連携に際して不安を抱く従業員は少なくはなく，その理由としては，上司や同僚からの偏見やキャリアへの悪影響を恐れている為である。そのため，連携の目的，期待される結果，誰にどのような内容を，いつ伝えるのかを説明し，同意を得た上で連携を進めることは基本的かつ重要な点である。必要になったタイミングで連携について説明するのではなく，初回の面談導入時に秘密保持の説明と合わせて，連携が起こり得ることも説明しておくと良いだろう。

4）情報連携

連携の目的や位置付けを明確にして，その根拠となる見立てや心理的支援の経過等を専門用語に頼らずわかりやすく伝えること，関係者各自の役割遂行や意思決定のために必要な情報を整理して伝えることが重要である。また連携の場は客観的な情報が得られる機会でもあり，人事や上司からの情報は，本人が訴える主観的な情報とは相違する部分があるかもしれない。そのような際には，新たな情報も踏まえて見立てや見通しを修正する臨機応変な対応が求められる。そして関係者各自の持つ情報を総合して，事例の対応方針と方針に応じた各自の役割をすり合わせるように努める。もし役割の遂行に不安を持つ者がいる場合には，個別にコンサルテーションを行い，他職種の役割を肩代わりする者が生じないよう注意が必要である。

以上，組織内の心理職を想定した連携プロセスを整理したが，組織外の心理職の場合も基本的には同様である。ただし連携の守備範囲は，企業との契約内容により様々である。委託される相談業務等において，自傷他害といった緊急性の高い事例のみを連携することもあれば，連携を行わない契約もあるだろう。組織外心理職として関与する場合，契約内容に含まれる連携を進めるために必要な担当者の連絡先等の情報は，事前に入手する必要がある。

3. 情報の取り扱い，およびメンタルヘルスに関する個人情報保護への配慮

　従業員のメンタルヘルスに関する情報は健康情報として扱われ，個人情報保護法において規定される要配慮個人情報に該当し，適切に保護されなければならない。なぜなら従業員本人の意に反して不適正な取扱いがされた場合，不利益な取扱いを受ける恐れがある為である。一方でメンタルヘルス不調を呈する従業員への対応に当たり，上司や同僚の理解と協力を得るため，当該情報を適切に活用することが必要な場合もある。インフォームド・コンセントおよび組織内の健康情報の取り扱い規定の遵守が求められる。

✛ **身につけるとできること：**

　連携時に得た情報から，的確な見立てや支援方針の策定が可能となる。また環境調整等の多面的な支援にも繋がり，早期の問題解決が期待できる。さらに連携によって関係者や組織とのネットワークが構築・強化され，新たな事例の早期連携や，職場環境改善の導入等，効果的な協働が可能となる。

✛ **身につけるために：**

　関係者の役割理解とともに，当該組織において心理職自身に期待される役割の理解も重要である。心理職に期待される役割は何か，関係者とよくコミュニケーションをとり，認識を統一しておくことが前提となる。また，組織内外で事例検討を行うことも有効と考えられる。

✛ **さらなる学びのために：**

中村　純・新開　隆弘（監修）産業医科大学精神医学教室（編）（2012）．事例に学ぶ職場のメンタルヘルス―産業医・精神科医のレポート―　中災防新書
公益社団法人日本公認心理師協会（2020）．公認心理師法第42条の運用に関する連携の考え方　公益社団法人日本公認心理師協会　Retrieved May 27, 2023, from https://jacpp.or.jp/document/pdf/law_opinion.pdf
厚生労働省（2015）．職場における心の健康づくり―労働者の心の健康の保持増進のための指針―　厚生労働省　Retrieved May 27, 2023, from https://www.mhlw.go.jp/file/06-Seisakujouhou-11300000-Roudoukijunkyokuanzeneiseibu/0000153859.pdf
堀江　正知（2000）．産業医や他部署との連携　日本産業カウンセリング学会（監修）産業カウンセリングハンドブック（pp.595-600）　金子書房

〔高橋　愛貴子〕

A9　リスク低減のための行動

対応事例のリスク低減に必要な対処を判断し，行動に移すことができる

キーワード：リスク，事例性，対応記録
関連する他のコンピテンシー：A3，A5，A8

　対応事例の再発，問題行動，関係悪化，訴訟などのリスクを低減させるために必要な対処を判断し，行動に移すことが目標となる。日頃からリスクを意識し，予防することを念頭に置いて事例対応することが求められる。本章では事例対応におけるリスクを予防・低減するために行うべき事を挙げる。

1. 手続きの確立と適正な履行

　メンタルヘルス不調者が発生したときに，どのような制度があり適用できるのか，また，どのような手続きで対応するのかなどを事前に明確にし，労働者にも周知しておく。そうでないと対応が場当たり的となり，統一性のない判断になってしまう。一定の方針やルールを整備し，その枠組みの中で判断していくことが肝要であり，このことがメンタルヘルス不調者対応の不適切性によるリスクを低減することにつながる。

　1）休復職に関する規定等実務的なルールやフローの整備

　メンタルヘルス不調者対応では，特に休復職に関わるトラブルが多く，リスクが高いので，実務的な休復職のルールに不備がないか確認しておく。例えば同一の疾病により再休職に至った場合の休職期間を通算する規定に不備があり，1日でも復職して働けば休職期間がリセットされるような規定を悪用して，休職―復職を延々と繰り返し対応に苦慮する例がある。また，休職中，治療への専念義務があるにもかかわらず，海外旅行や飲み会に行くなどの問題行動を起こし，それが同僚などに知られて当該事例に対するネガティブな感情を助長し，復職の際の受け入れが困難になるなどの例もあるので，休復職の手引きを公開しておく。規定類の整備は人事を中心に産業保健スタッフや法律専門家が連携して行う。

2）公平・公正な規定類・ルールの運用

できる限り例外を認めないようにする。情に流されたり主観で対応したりするのでなく，どの労働者に対しても公平・公正にルールを適用する。例外を認めると，なし崩し的にルールが守られなくなり，ルール外の無理な要求をされたりするなどトラブルを招くことになる。

2. メンタルヘルス体制やリソースの確認

1）メンタルヘルス不調者を支援するリソース

心理職だけで対応する体制は抱え込みとなりリスクが大きい。事業場内連携で対応するのが原則である。これはリスク回避のためでもあるが，心理職が対応に困って相談したいという場合にも有効である。

2）キーパーソンの見極め

トラブルになりそうな事例の場合，本人は事業場側に信頼できる人がいるのか，また，例えば休職中に電話やメールなどで連絡がつかないような場合に，家族などで話ができる人がいるのかなどを把握しておく。実際にトラブルになったときに，対話による問題解決の糸口になる。

3. メンタルヘルス不調者の全体像の把握

1）メンタルヘルス不調要因の業務上外の確認

メンタルヘルス不調は本人の個体要因だけではなく，仕事のストレス要因，サポート要因，家庭要因などが複合的に絡み合って発症する。そのため，プライバシーに配慮しながら，疾病性だけでなく，それと並行してメンタルヘルス不調に至った経緯や要因に関する情報を集め，ストーリーとして読み解いていく。そうすることで事例の全体像がわかり，適切な対応につながる。

その際に長時間労働やパワハラなどが予想される場合は労災認定の可能性が高いため，人事に残業時間の確認を行うことや，職場での仕事の状況や人間関係について上司や同僚などから話しを聞き，問題となるようなことがなかったかを確認し，記録しておく。この際，業務上と判断される可能性が高い場合は，本人から労災申請と安全配慮義務違反に基づく損害賠償請求が行われ長期間の深刻なトラブルに発展する可能性がある。事前にリスクが高い状況にあること

を認識して対応を行い，紛争予防を図ることが重要である。メンタルヘルス不調の発症要因を業務上と判断するのは労働基準監督署であるが，そのリスクを見積もることは重要である。

2）事例性への対応

例えば，設計の仕事を担当している労働者が，ミスが多く，上司から「何度言ってもわからない奴だ」「使えないな，ホントに」などと毎日のように叱責され，同僚も呆れて本人には関わらなくなって孤立し，やり直しのために1人で長時間残業をするが仕事が片付かず，深夜に帰宅して寝るだけという生活を繰り返すうちに，うつ状態に陥り出勤できなくなった，というストーリーの事例で考えてみる。この事例の疾病性である「うつ状態」は医療機関につないで治療を開始すれば改善するであろう。「うつ状態」という疾病性問題の解決は主治医の責任でなされることになる。しかし，「ミスの多さ，上司から連日叱責，職場で孤立，長時間残業」等の事例性問題まで主治医が解決してくれるわけではない。これらの事例性問題は職場で解決することが求められる。職場でメンタルヘルス事例が発生した場合，心理職は医療機関に繋ぎ，診断がつき治療が開始されると，疾病性問題に対応して一件落着という気持ちになることがある。しかし，事例性の緩和・職務や職場への適応を支援しない限り，職場での問題は解決しないし，再発が繰り返されることになる。事例性問題の解決が長引くほど，本人の適応レベルが低下し，職場での状況が悪化するので，ますます再発のリスクが高くなる。事例性問題の解決を図ることが重要である。

4. 記録をつける

メンタルヘルス不調者対応において対応記録を適切に残しておくことの重要性はいうまでもない。事例への適切な対応にとっての必要性だけでなく，労災申請の行政手続きや安全配慮義務違反を争点とする裁判手続きの中で証拠として開示する必要もあることを忘れてはならない。健康情報にかかる個人情報の取り扱いには守秘義務が厳しく求められる一方，安全配慮義務の履行の観点からその情報の活用も求められる。心理職が守秘義務を根拠に健康情報を開示しないために，人事や管理監督者が心理職の収集した健康情報や対応内容を知らずに事例に対応し，二度手間となったり，整合性のない発言をして不信感を持

たれたり，といったことが起こりうる。心理職の対応も人事や管理監督者の対応も区別なく事業場としての対応となるため，最悪な事態としては，事業場として安全配慮義務が適正に履行できず，安全配慮義務違反を争点とする裁判に発展するようなことが起こる可能性がある。

　対応記録を付ける際の留意点であるが，心理職は事例の語りを中心に聴くため，記録は分量が多くなりがちである。膨大な分量の対応記録は連携する他の専門職が見た際に，必要とする情報がどこにあるかわかりにくいため，収集した情報を整理し，簡潔に記録として残す。また，本人の主観的情報なのか，客観的情報なのか，関係者のうち主治医が言ったことなのか，看護職の言ったことなのか等，誰の発言なのかについて明確にしておく。さらに，面談の冒頭で秘密を厳守する旨を伝えるが，併せて事業場内連携のために，対応内容について関係者と共有することを前提として，本人に情報共有する対象者の範囲と情報共有する内容の範囲について同意を取り，その旨を対応記録に残しておくことが必要である。もちろん，第三者と情報共有する前後にはその旨を事例本人に伝えることを忘れてはならない。

✚　身につけるとできること：

　事例対応におけるリスクの低減を適切に行えるようになることで，メンタルヘルス不調者対応の不適切性による事例本人への不利益を回避し，さらに組織を守ることができるようになる。また，心理職自身のトラブルも回避することができる。

✚　身につけるために：

　事例対応の際には，事例本人・心理職自身・事業場に生じるリスクを常に意識し，事業場内連携で対応することが何より重要である。

✚　さらなる学びのために：

森本 英樹・向井 蘭（2020）．ケースでわかる［実践型］職場のメンタルヘルス対応マニュアル　中央経済社

〔長見 まき子〕

A10　キャリアに関する相談対応

キャリア開発や職業選択に関して相談者の成長を促すかかわりを持つことができる

キーワード：キャリア形成支援，経営・雇用環境，キャリア理論，キャリアコンサルタント資格，労働関係法令
関連する他のコンピテンシー：A1 〜 A7，A13，A14，A16，A17，B1，B3

1.　キャリア形成支援の必要性を理解する

　まず career の定義について木村周（2019）は，「人生を通じた自己発達の過程の中の，働くことを通じて得られる人間的成長や自己実現」として定義している。もっとも広義にとらえれば，働くことを中心としながらも生涯にわたるライフ全体を領域にしている。

　「キャリア形成」の原語は career development。この訳語を「キャリア開発」とする場合は，組織からの視点で従業員を人的経営資源とみなして生産性を上げるために能力開発を行なうという意味が強く，「人材開発」にも近い。一方「キャリア発達」とする場合は，個人の内的な視点から，青年期から成人期，老年期に至る生涯発達心理学に視点がおかれ，個人の内面的なキャリア成長を重視する。その両方を含んだ訳語として主に行政が使うのが「キャリア形成」である。近年の少子高齢化，グローバル化，IT・AI 革新などの影響で雇用環境や働き方が大きく変化している。労働者の職業人生が長期化し，雇用環境も従来型のメンバーシップ型から欧米型のジョブ型への移行や環境適応のためリスキリング等が提唱されだしている。労働者のマインドとスキルは従来とは大きく変わることが求められている。終身雇用と引き換えに会社に預けていることが多かった「キャリア形成」を自らの責任においてマネージする「自律型キャリア形成」が個人としても組織としても必要になってきた。

2.　来談者の属している組織の経営，雇用環境はどのようなものかを理解する

　来談者が語るキャリア相談の主訴を深く理解するためには，来談者の働く組織の経営，雇用環境，風土，人事制度について知る必要がある。さらに，それら

がどう変化しているのか。変化への不適応が背景にある相談は多い。成果主義の導入，企業合併，リストラの実施，役職定年制など雇用延長に伴う制度変更など，相談者の置かれている環境，しくみ，構造などの背景を理解することは主訴そのものの的確な把握や問題解決への多角的な視点も取り入れることができる。

3. キャリア理論の理解

　これからのキャリアに求められる最大のポイントは，「変化対応力」と「転機（トランジション）の乗り越え方」であろう。実際のカウンセリングに活用しやすいものを，数多くの理論の中から 2 つ紹介する。

　クランボルツの「計画された偶発性」（プランドハップンスタンス理論）。予期せぬ出来事（変化）がキャリアの機会（チャンス）に結びつくための 5 つのスキルは①好奇心（たえず新しい学びの機会を模索すること），②持続性（たとえ失敗しても努力し続けること），③楽観性（新しい機会は必ず実現する，可能になるとポジティブに考えること），④柔軟性（こだわりを捨てて，信念，概念，態度，行動を状況に応じて変えること），⑤冒険心（結果が不確実でも，リスクを取ってチャレンジすること）である。

　シュロスバーグは「転機」（transition）を受け止め，適切に対処するためには「4S モデル」で転機を点検することが有効であるとしている。①状況（Situation）：原因，期間，過去の経験，感じているストレス，転機をどう受け止めているか，②自分自身（Self）：仕事の重要性や私生活とのバランス，変化への対応，自信，人生の意義，③支援（Support）：人間関係，励まし，有効な情報，キーパーソン，経済的な援助，④戦略（Strategy）：状況や認知を変える対応，ストレスコーピング，の 4 つである。

4. メンタルとキャリアの問題のつながりを意識し適切にリファーする

　心理職はメンタル系の主訴の来談者を多く担当するが，メンタルとキャリアの問題ははっきりと分けることが難しい場合が多い。たとえば 4 月に異動転勤に伴うストレスで心身の不調になり健康相談室に来談したケース。ストレス因の中に，新しい業務にすぐに適応できない，新しい職場の人間関係に慣れない，さらに異動に納得がいっていない場合，これまでのキャリアの筋道が中断され，

今の仕事の先に，自分の望むキャリアを描けない，というような中期的なキャリアのテーマが重なって来る場合もある。こうした場合，心理職としては，どこまで自分の専門性の範囲で相談を続けたらいいのか，判断も必要になる。社内にキャリア相談ができるところがあれば紹介すべきなのか，しばらく自分が引き受ければいいのか。逆にキャリア相談にきた人の中に心身の不調が表れている人もいる。この場合は，社内の健康相談や産業医，あるいは外部の専門機関への紹介か，適切なタイミングで判断できる見立ても必要となる。

5. カウンセラーが社内の場合

キャリアに関連しそうな以下のテーマが含まれている場合，（主にパワー）ハラスメント，異動転勤等の希望，復職支援関連等。このテーマと関連しそうな他部署，コンプライアンス，ハラスメントの相談窓口，人事労務担当，健康管理スタッフ等と連携の仕方についての確認をとり，対応のガイドラインを決めておいた方がいいことが多い。たとえば人事異動関連のテーマについて，相談者サイドに立って，第3者が問題解決に動こうとすると，人事の管轄の案件について，「介入」されたと受け止められ，信頼関係が損なわれたり，連携がスムーズに行かなくなったりすることがある。それを防ぐために，具体的な人事異動についてのアクションは取らないと明言しているキャリア相談室もある。

6. 社会経済動向や労働政策，労働関係法令，社会保障制度の知識

労働関連法規の理解とそれに基づく労働政策（労働基準法，労働安全衛生法，職業安定法，男女雇用機会均等法，育児・介護休業法，女性活躍推進法等），年金，社会保険等の社会保障制度等について労働者の権利，雇用者の義務の観点からも概要を知っておく必要があるだろう。

7. キャリア相談の実際

企業領域でのキャリアコンサルティングで多い相談の上位3項目は「現在の仕事・職務の内容」（56.3％），「今後の生活設計，能力開発計画，キャリア・プラン等」（48.4％），「職場の人間関係」（44.5％）である。難しい相談の上位3項目は「発達障害に関すること」（21.6％），「メンタルヘルスに関すること」

(18.2%），「職場の人間関係」（16.7％）となっている（労働政策研究・研修機構, 2018)。

　このデータをみると「発達障害」「メンタルヘルス」「人間関係」の3つのようにキャリアコンサルタントが苦手とするテーマについては心理職の知識・経験が十分に活かせる領域であろう。逆に言えば，心理職がキャリアコンサルタントの資格を持っていれば，社内相談の幅も可能性も大きく広がるのではないか。

✛ **身につけるとできること：**

　社内の相談にキャリア系のテーマが関係することは多いので，キャリア的な問題の背景も理解しながら心理的な相談として受け，展開次第ではキャリアを中心とする問題の対応をしたり，復職支援の後半では復職者の無理ない働き方，キャリアの修正に一緒に取り組むことで再発を減少させる効果も期待できる。

✛ **身につけるために：**

　キャリアコンサルタントの資格取得が望ましい。キャリアコンサルタントとは「職業生活設計」いわゆる「キャリアデザイン」に関する相談，助言，指導をする専門家で，名称独占の国家資格である。登録者数は6万人を超えており（2022年2月現在），うち最も多いのは40％をしめる企業領域で活動する人である。さらに上級の資格として「キャリアコンサルティング技能士」1級，2級が設定されている。

※参考資料：厚生労働省（2016）．キャリアコンサルタント試験について　Retrieved September 3, 2023, from https://www.mhlw.go.jp/stf/seisakunitsuite/bunya/koyou_roudou/jinzaikaihatsu/career_consultant01.html

✛ **さらなる学びのために：**

浅野 浩美（2022）．キャリアコンサルティング　労務行政
木村 周（2019）．キャリアコンサルティング理論と実際　雇用問題研究会
高橋 浩, 増井 一（2019）．セルフ・キャリアドック入門　キャリアコンサルティングで個と組織を元気にする方法　金子書房
労働政策研究・研修機構（2016）．新時代のキャリアコンサルティング―キャリア理論・カウンセリング理論の現在と未来

〔廣川 進〕

A11　医療的視点と会社組織の視点からコンフリクトが生じるケースにおいて，双方にとっての解決策へ導くコンサルテーション・ファシリテーション

問題点を明確にし，関係者双方の解決に向けた助言や対応の促進を行うことができる

キーワード：非敵対的矛盾，固定和幻想，ネガティブケイパビリティ
関連する他のコンピテンシー：A7，A8，A9，A12，A15

　産業心理臨床を行っていると，医療的視点と会社組織の視点からコンフリクトが生じるケースに遭遇することがある。たとえば，医療的視点からは休職も含む環境調整が必要であるが，会社組織からすれば代理の人間を充てる余裕がなくマンパワー不足になるためそれが難しいというケース，主治医からは合理的配慮を求められたり，勤務軽減を指示されたりするが，会社側としては実務上，それに応えることが難しいというケースが挙げられる。また，休職中の労働者について，復職時期をめぐって主治医と産業医の見解が分かれるケースもある。

　このようなコンフリクトが生じるのは，ある意味，仕方のないことである。というのは，医療は本人の健康を最優先するのに対して，会社組織は企業活動の継続と利益の最大化を最終目的にしており，そのためにコスト削減や生産性向上，そして人的リソースの効率的な運用を重視しているからである。しかし，医療と会社組織のコンフリクトを放置していれば，問題が解決しないばかりか，互いに不信感が芽生える可能性もある。本人の心理にもこのコンフリクトが反映して葛藤が生じ，メンタルヘルス不調の増悪にもつながりかねない。

　そこで産業・労働分野の心理職には，この種のコンフリクトに正しく対処して，双方にとっての解決策へと導くコンサルテーションやファシリテーションを行う実力が求められる。

　医療的視点と会社組織の視点のコンフリクトに対処するためには，まず共通の目的を探る力が必要となる。たとえば，復職時期について主治医と産業医の見解が分かれていたとしても，双方の目的はあくまでも本人の復職支援であり，

その手段・方法が異なっていると位置づけるべきである。主治医から就業上の配慮を求められているが，会社側はそれに答えることが難しいという場合でも，双方の目的は本人のパフォーマンスの最大化であると設定できれば，解決策を見い出すことができる可能性が高まる。このように，コンフリクトが生じているとしても，それは全体としての共通の目的に対する部分的な手段・方法レベルでの相違であると位置づけることが肝要である。そのような共通の目的を設定することができれば，お互いが協力して解決策を検討することができるようになる。

　そのうえで，心理職が医療と会社組織のコンフリクトに適切に対処するためには，次の3つの段階での適切な対応が求められる。

　ステージ1：コンフリクトの発生を予防する

　ステージ2：両立可能な形態を模索する

　ステージ3：妥協点・落としどころを探る

　まずステージ1では，コンフリクトの発生を予防するための仕組みづくりや工夫を行う。そもそもこのようなコンフリクトはできるだけ発生しない方がよいのは言うまでもないからである。たとえば，復職後，主治医から実情にそぐわないような勤務軽減の指示が出るようなことは，事前に復職可能となる条件を明確にしておき，それを本人にも主治医にもしっかり伝えておくことによって，防止することができる。

　それでもコンフリクトが発生した場合は，ステージ2にあるように，双方の主張・要求が両立する形態を模索する。医療的視点と会社組織の視点とのコンフリクトは，一見すると矛盾しており，利害が完全に対立しているように思われるのであるが，双方の主張・要求が両立する形が存在することもある。これを三浦（1968）は矛盾を実現するとともに解決する形態と呼び，実現そのものが解決であるような矛盾を非敵対的矛盾と呼んでいる。たとえば，主治医と産業医で復職可能かどうかについて見解が対立している場合（主治医が復職可としているが，産業医・会社側がまだ無理であると判断するケースが多いが，逆もありうる），通勤や人間関係の負荷の少ないリモートワーク（在宅勤務）という形で復職を試みる，というのもその1つである。非敵対的矛盾が実現するうまい形態を考案できれば，双方の主張・要求が両立するので，その可能性を

見い出し，探っていく力が求められるといえる。

　完全な両立が難しいとなれば，ステージ3で双方にとってメリットのある妥協点・落としどころを探っていくことになる。このとき注意が必要なのが「固定和幻想」である。ベイザーマン（Bazerman, 1983）によれば，固定和幻想とは両者の利害が完全に対立しており，一方が得をすれば，その分だけ他方が損をしてしまうと思い込むことである。しかし実際は，複数の争点があり，互いに優先順位が違うことがあるので，お互いがメリットを感じられる妥協点・落としどころを見い出すことも可能なのである。例として，主治医から，「他部署とのやり取りのある業務から外す」「業務指示を口頭だけではなく文書でも行う」という業務配慮の要請を受けたケースを挙げよう。会社側としては，他部署とのやり取りがメインの業務であるため，その業務から外すことは不可能であり，業務指示も，かなり細かいものまで文書にするのは難しいという判断であったとする。このような場合，心理職は双方のニーズや優先順位をよく聴き取り，利害が対立する関係者の間を繋ぎ，互いが妥協できる落としどころを探るのである。たとえば，まずはメインの業務指示だけは文書で行うということで妥協する。こうすれば本人としては，指示が明確になるために他部署とのやり取りの負荷も軽減するかもしれないし，上司としても本人のパフォーマンスが上がる可能性があるので，双方にとってメリットがある。

　以上のように，心理職は，医療と会社組織のコンフリクトの発生を予防し，発生してしまった場合には，まずは両立可能な形態を探り，それが無理でも，双方にとってメリットのある妥協点を見い出すことが求められるのである。

✛ 身につけるとできること：

　心理職が医療的視点と会社組織の視点のコンフリクトに適切に対処できるようになると，主治医や本人と会社側，それに産業保健スタッフと現場の上司などとの連携・協働がスムーズに行えるようになる。調停や仲介のスキルがアップするので，うまく対立を調整することができるようになり，従業員側からも会社側からもますます必要とされるようになる。これまではなかったような問題についてのコンサルテーションを依頼されることも考えられる。

✤ 身につけるために：

　医療的視点と会社組織の視点のコンフリクトに適切に対処できるようになるためには，第一に，両方の視点について理解を深める必要がある。心理職は，会社組織の視点の理解が弱い場合が多い。そのため，経営や人事・労務について，あるいは産業や労働に関わる法律について，しっかり学んで知識を得ておくことが大切である。

　第二に，不確かさや疑いの中にあっても，早急に結論を下そうとせずそこに居続けられる能力である「ネガティブケイパビリティ」（土居, 1977）を養う必要がある。医療的視点と会社組織の視点の対立だけではなく，人はコンフリクトに遭遇した場合，手元にある情報のみで一方に与してしまいがちである。しかし，他方には他方なりの視点があり，論理があるので，性急に判断するのは危険である。

　第三に，実務経験の中でコンフリクトに遭遇した際は，固定和幻想に捉われず，いろいろな角度からそのコンフリクトを検討していく姿勢が求められる。双方にメリットのある統合的合意や，双方の主張・要求が完全に両立する形態を模索するのである。その際，三浦（1968）が説くような弁証法的な発想，すなわち，非敵対的矛盾を実現するとともに解決する形態という発想や，「急がば回れ」「損して得取れ」といった否定の否定という発想などがヒントになるだろう。

　第四に，実際にコンフリクトが発生した時には，それを防ぐ手立てがなかったかを振り返ることも大切である。事前の対処でコンフリクトが回避できたのであれば，その反省を踏まえて，今後，同種のコンフリクトの発生を予防できるからである。

✤ さらなる学びのために：

池山 稔美（2022）．産業心理臨床の中の哲学的な問いとは　奥村 茉莉子・池山 稔美（編著）　臨床現場に活かす哲学的思考　考える習慣としての「りんてつ」（pp.189-225）金剛出版

児島 達美（2001）．コンサルテーションからコンサルテーション・リエゾンへ　宮田 敬一（編）　産業臨床におけるブリーフセラピー（pp.27-37）　金剛出版

三浦 つとむ（1968）．弁証法はどういう科学か　講談社

〔若井 貴史〕

A12　リスクの高いケースへの対応

リスクの高いケースにおける生命や人権などへの被害の回避，さらには職場の安全と深刻な紛争を回避するための判断と対処ができる

キーワード：自傷他害，労災，訴訟
関連する他のコンピテンシー：A3，A4，A5，A8，A9，A17

　メンタルヘルス不調者にも様々なタイプがあり，中には自殺念慮を訴えたり，他人を激しく攻撃したり，パワハラ被害を訴えて訴訟を起こしたりするリスクの高い事例もある。これらの事例に対して単に共感的に話を聴く対応では問題解決できないことは自明である。本コンピテンシーは，個人および組織にとってのリスクを回避するための判断と対処ができるようになることが目標となる。このようなリスクの高いケースを3つ挙げて解説する。

1．自殺念慮を持つケース

　自殺問題は職場のメンタルヘルスにおいて最重要の問題であり，遺族はもとより職場にも大きな影響を与える。自殺念慮を訴える場合，うつ病などの精神疾患を発症していることが想定されるが，その背景には仕事に関連した出来事やストレスだけでなく，借金，慢性的な痛みを伴うような身体疾患，恋愛問題などの個人的な問題が複合的に絡み合っている。職場ではどこまで個人的な問題に踏み込んで介入するか判断に悩むが，自殺念慮といった自傷他害のリスクが高い場合はプライバシーの観点はいったん置いて，命を守るための対応を行う。本人が誰にも言わないで，と言う場合でも本人の意向は尊重するが，家族に連絡を取り連携して対応する。

　1）対応の基本

　産業保健スタッフ，人事，管理監督者が家族も含めて連携して対応を行う。事業場内連携においては人事担当者が危機管理の立場で情報収集および対応の基本方針を立て，他のスタッフに指示を行う。まずは本人の保護のため，産業保健スタッフと管理監督者が連携して家族に対応を要請する。その際，産業保健スタッフとして心理職は本人が病的状態であることを家族に説明し，家族の

責任で医療機関を受診してもらうことを依頼する。もちろん家族に要請したら終わりではなく，家族の対応に対して側面支援を行っていく。

2）心理職に求められること

自殺念慮があり自傷他害のリスクの高いケースへの対応において，心理職に求められるのは，リスクを的確に判断すること（A4を参照），および本人の保護と家族との連携において中心的役割を果たすことである。

2. 他人を激しく攻撃するケース

他の従業員や上司を攻撃し，業務に支障をきたす事例は意外と多くあり，事業場内連携で適切に対応できないと訴訟にまで発展しかねない。背景にある精神疾患としてパーソナリティ障害（PD）がある。PD は物事のとらえ方が白か黒かで柔軟性がなく，自身の認識を否定されると内省するのではなく，否定した人を「敵」として，時には爆発的な怒りを「敵」にぶつけるなどの攻撃をする。さらに，承認欲求を満たされないとうつ状態になって，自ら心療内科を受診し，本人の意見を全面的に受け入れる医師により本人にとってのみ都合の良い診断書を提出する。そうして，メンタルヘルス事例として心理職が対応することになる。心理職が本人に否定的な発言をせず，共感的・同情的に話を聴いているうちは攻撃はないが，本人にとって都合の悪い支援や「敵」を擁護するような発言があると，心理職も攻撃対象となる。さらに，心理職自身が「○○さん，いやだな」「なんで私が担当なんだろう」などの嫌悪感や苦手意識のような陰性感情を持つにいたると，罪悪感や不全感にさいなまれる。PD は自分に対して否定的か好意的かに敏感で，少しでも否定的な見方をしていると感じると，不信感を持たれ関係が築けず，逆に過度に好意的に接すると過剰な期待を持たれ，何でも受け入れてもらえるような幻想を抱かれ要求をエスカレートさせたりする。そうなると中立的な対応が困難となり振り回されてしまう。

1）対応の基本

他人を攻撃する PD に対しては心理的というより法的に対応するのが原則である。就業規則を確認し，対応においてできることできないことを確認する。訴訟になることを想定して，出来事や面談をすべて文書で記録に残していく。

2）根気強い対応

このような事例に面談や電話で対応することは緊張や苦痛を伴うが，本人を排除するのではなく本人の問題解決への潜在能力を信じて対応を行う。根気強く対応するが，疲弊してしまう可能性もあるため，少なくとも産業保健スタッフ間で状況を共有化し，サポートしあえる体制で対応する。

3）人事・管理監督者・産業医・主治医との連携

事業場内の連携先と情報を共有し，対応の方針を決めて，どの対応窓口に本人が相談に行っても同じことを言われ，同じ対応をされるようにしておく。往々にして心理職は本人に甘い対応をしがちで，「カウンセラーの〇〇先生はいいと言った」などと言質を取られ，対応方針が崩される事態となるので注意が必要である。

3. 労災申請・損害賠償請求するケース

メンタルヘルス不調者が「うつ病になったのは上司のパワハラが原因なので，労災申請する」と主張する場合がある。昨今では，労災認定がなされた後に民事で損害賠償請求をする事例も増えている（森本・向井, 2020）。精神障害について労災申請や損害賠償請求に発展する場合は高額で深刻な紛争事案となるため，事前にリスクが高い状況にあることを認識し，その予防を図ることが重要である。特に，長時間労働，パワハラが出来事としてある場合はリスクが高い。

1）長時間労働によるメンタルヘルス不調

長時間労働についてのリスクは，労災認定基準では心理的負荷の総合評価が「強」となる「特別な出来事」として「発症前の1か月間におおむね160時間以上の時間外労働を行った場合」「発症前の3週間におおむね120時間以上の時間外労働を行った場合」が挙げられている（厚生労働省, 2023）。この2つの例に該当する高リスクの事例での対応は人事が主体で行われるが，心理職が面談をする際には「会社のために身を粉にして働いてきたのに，こんなことになるなんて」のような悔しい思い，会社への不信感を共感的に聴く役割を担う。誠意をもって本人の気持ちを汲むことで，良い関係が構築され問題解決につながる。

2)　パワハラによるメンタルヘルス不調

　パワハラによりメンタルヘルス不調となり，休職するケースも多い。労災の心理的負荷の強度が「強」と評価される出来事として，「上司等から，身体的攻撃，精神的攻撃等のパワハラを受けた」が挙げられている。精神的攻撃の例として「人格や人間性を否定するような業務上明らかに必要性がない精神的攻撃」や「必要以上に長時間にわたる厳しい叱責など，態様や手段が社会通念に照らして許容される範囲を超える精神的攻撃」が執拗に行われれば「強」となる（厚生労働省, 2020）。長時間労働のように時間という明確な指標ではなく「人格を否定」や「執拗に」のように，どのような発言が人格を否定するような発言とみなされるか，2回であれば執拗でないか，など判断が難しい。いずれにしても本人がパワハラを受けたと訴えている場合は紛争に発展する可能性がある。パワハラには当たらない，として門前払いにするのは極めてリスクが高い。パワハラの場合も長時間労働の場合と同じく，心理職としてはパワハラであるかどうかの法的な問題を突き詰めるのではなく，本人の話しをよく聴いて気持ちや感情をくみ取り共感的に対応する

✚　身につけるとできること：
　リスクの高い事例による事件・事故やトラブルを未然に防ぐことができる。訴訟などの事業場にとって深刻な事態にも事業場内連携で適切に介入できる。

✚　身につけるために：
　リスクの高いケースの対応は事業場内連携が基本になるため，事業場内の連携先の専門性の確認と役割分担を行い，日ごろから連携で事例対応を行う。さらに合同のカンファレンスで事例についての情報共有を行い，対応力を高めていく。

✚　さらなる学びのために：
石嵜 信憲（編著）(2009).　健康管理の法律実務 第2版　中央経済社

〔**長見 まき子**〕

A13　事例内容を目的に応じて適切に要約すること
情報を共有する相手や場面に応じて，事例内容を要約することができる

> **キーワード**：秘密保持義務，個人情報の保護，専門家間の情報共有，多職種連携
> **関連する他のコンピテンシー**：A2，A5，A16，A3，A17

　事例内容を目的に応じて適切に要約するというコンピテンシーを身に付けると，プライバシーの保護と同時に情報共有の効率化ができ，ひいては，事例対応の課題解決やカウンセリングの品質向上につなげることができる。

　産業・労働分野で働く心理職が事例内容を共有する機会は複数あり，いずれの場も共有する対象者と目的が異なっているために，事例内容の要約の仕方も変える必要がある。以下に詳細を記す。

1．学術学会や研修会
　【対象】　学術学会や研修会では，参加者である心理職や他の専門職が対象となる場合が多い。

　【目的】　知識や技能の共有や，課題解決のための議論を行うことを目的として発表がなされる。また，新たな知見や成果を共有し，他の専門家からの質問や議論を通じて，当該事例への追加対応や他の事例への応用に向け，カウンセリングや対応の質を向上させることも目的としている。

　【要約のポイント】　対象者の所属や専門領域などの詳細が分からない場での事例共有となることが多いが，基本的には専門職が対象であるため，共通言語である専門用語などを使用することも可能である。時間の制約もあるため，議論のポイントやテーマから焦点がずれないよう簡潔にまとめることが重要である。要約が簡潔過ぎる場合，対象者が事例を理解しづらくなり，質問や意見が出ない，議論が深まらないなどの弊害が出るため注意が必要である。

　要約を行う際には，それぞれの学術学会や研修会によって，発表のフォーマットや手順が示されている場合があるため，それらを参照されたい。また，過去の発表内容を参照し，フォーマットに則って要約をしていくことも有用である。要約の項目例としては，クライエントの基本情報，主訴，来談経緯，経過，

考察といった項目が提示されており，それらの項目ごとに要約していく。また，介入方法を中心として共有する場合，介入方法の背景にある理論や手法などについても触れる必要もあるため，準備をしておくと良い。要約の最後には，考察や今後の課題として，結論を明確にまとめて伝えると，議論のポイントが明確となり，活発な議論が行われる可能性がある。さらに，当該事例対応を通じ，どのような経験が得られたか，今後の課題や応用の可能性などを示すことも有用である。

　当然のことながら，事例を共有する場合，クライエントの同意を前提としている。共有は同意が取れた内容にとどめ，個人が特定できないよう配慮が必要である。

2. ケースカンファレンスやスーパービジョン

　【対象】　個別に行われるスーパービジョンでは，スーパーバイザーが対象となる。ケースカンファレンスやグループスーパービジョンは職場内で開催されることが多く，スーパーバイザー以外に同僚の心理職や専門職なども対象となる。

　【目的】　スーパービジョンは，アセスメント，見立て，計画，介入方法，その効果についての理解を深め，より適切なアプローチを見つけること，他の事例対応に応用することを目的にしている。また，スーパーバイジーの成長や心理的サポートも目的としている。

　ケースカンファレンスの場合，関係者が集まり，対応が適切に行われているか確認すると同時に問題点がないかを検討し，今後の方針や計画，役割分担について討議することを目的としている。

　【要約のポイント】　スーパービジョンは，スーパーバイザーが一方的に指導し，評価するための場ではない。スーパービジョンのプロセスを通じ，スーパーバイジー自らが気付きを得て，考え，成長するために行われる。また，事例対応を検討するだけではなく，スーパーバイジーの成長や心理的なサポートも含まれている。そのため，特に個別のスーパービジョンでは，事例対応の課題や問題点，今後のプランなど以外にも，スーパーバイジーの悩みなども，幅広く取り上げられる。

　ケースカンファレンスでは，当該事例に関わる専門家が複数関係している場

合もあり，異なった視点からの指摘やアドバイス，協力も得ることができる。

　スーパービジョンやケースカンファレンスでも，発表のフォーマットや手順が示される場合もあるため，事前に確認しておくと良い。例えば，クライエントの基本情報，主訴，来談経緯，家族歴，病歴，現病歴，家族や職場のクライエントの周囲の環境，キーとなる関係者の有無，使えるリソース，アセスメント，見立て，経過，考察といった項目ごとに要約することとなるが，学術学会や研修会よりも，より詳細に報告することが求められる。特にアセスメントや見立ての部分では，なぜそう考えたのかを明確に述べる必要がある。また，同一の事例を継続して取り上げることがあるため，2回目以降は前回の検討を受けて行った介入や起こった変化など，時系列で要約して共有すると良い。要約の最後には，検討したい課題について明確にまとめて伝えると，議論のポイントが明確となり，活発な議論が行われると考えられる。

　スーパービジョンやケースカンファレンスにおいても，事例を共有する場合，クライエントの同意を前提としている。面談を開始する際に，同意書を取得し，共有の目的を伝え，目的外の利用はしないことも明確に伝えておくことが必要である。

3. 職場復帰会議などチームでの打ち合わせ

　【対象】　産業保健スタッフや人事・労務担当者，職場の管理職など，連携が必要な相手が対象となる。

　【目的】　職場復帰会議などの場でクライエントの状況について共有し，今後の方向性や目標，それぞれの役割や行うべきことについて決定し，合意することを目的としている。

　【要約のポイント】　こうした会議の場では，専門職だけが参加しているわけではないため，専門用語は避け，できるだけ分かりやすく要約して共有する。心理職の場合，カウンセリングの場で詳細な状況を把握しているため，関係者の行うべき行動や判断への影響は決して少なくなく，必要な情報のみを共有するにとどめることが重要である。職場復帰会議などでは，休職可能な期間の満了に伴い，厳しい判断をせざるを得ない事例も存在する。そのため，情報は慎重に扱う必要があり，労働関連法や就業規則なども念頭に置いて，適正に要約

することが求められる。

　こうした専門職以外が参加する場では，どのような情報を共有し，どのような場合には共有しないのか，共有する情報についての秘密保持などのルールを事前に定めておくことが望ましい。情報共有のルールを明確にすることで，予想外のトラブルを避けることができる。

　当然のことながら，個人情報にも留意し，同意を得られている情報のみを開示することになる。会議などの目的も明確にし，検討に必要な情報は関係者に開示できるようクライエントに丁寧な説明をし，同意を取得することが求められる。要約する際には，疾病性ではなく，事例性に注目し，職場復帰の可能性，配慮事項，職場で必要な支援など，クライエントと同意でき，かつ，組織の公平性を崩さない範囲での配慮の依頼や共有が望ましい。

✛　身につけるとできること：

　事例内容を適切に要約するコンピテンシーを身につけることで，情報を効率的かつ明確に伝えることができ，円滑なコミュニケーションを取ることができる。また，時間の制限や議論のポイントに合わせて要点を要約することにより，複雑な情報の整理が行われ，情報の理解と受容を促進でき，より良い意思決定や関係者の協力にもつながり，次の介入や行動計画に活かすことができる。

✛　身につけるために：

　プライバシーへの配慮，個人情報の保護を念頭において対応すること。また，クライエントに対し，どのような場で，どのような情報を第三者と共有するのか，何のために共有するのかといった目的なども明確に伝え，書面や口頭にて同意を取得することが必要である。心理職は非常に機微な情報を取り扱っていることを念頭に置き，要約だけではなく，日々の記録の記載にも留意されたい。また，迷った場合には，各所属団体や組織の倫理綱領を確認する，スーパーバイザーに相談するなど，1人で判断しないこともすべきことの1つである。

✛　さらなる学びのために：

八木　亜紀子（2012）．相談援助職の記録の書き方―短時間で適切な内容を表現するテクニック　中央法規出版

〔湯佐　真由美〕

A14　ケースに関するスーパービジョン

事例の見立て，対応方針，実施，連携，評価等について，指導し，養成を行うことができる

キーワード：スーパーバイザー，スーパーバイジー，育成，発達段階
関連する他のコンピテンシー：A4 〜 A6，A9，A11 〜 A13，A16

　心理臨床家として経験を積んだ後には，後進の指導・育成を通して産業・労働分野における心理職全体の支援の質の向上に寄与することも必要になる。しかし，日本でスーパーバイザー（以下 SVor）になるためのトレーニングを受ける機会は少なく，自らが受けたスーパービジョン（以下 SV）を通した経験と心理臨床経験で得た知見をもとに SV を行っていることが多い。そのため SV の進め方は心理臨床の学派や SVor ごとに異なることが多い。この章では，SV とは何か，その内容や目的，産業・労働分野の心理臨床における SV の特徴や SVor の役割，必要なスキルと習得方法について紹介する。

1. スーパービジョンとは

　スーパービジョンには以下のように研究者によっていくつかの定義が存在する。以下に主なものを 3 つ紹介するが，その他の研究者の定義や SV モデルについては平木（2017）をご参照いただきたい。

・Bernard & Goodyear（2009）：スーパーヴィジョンとは，専門職の先輩メンバーから後輩メンバー，あるいは同僚メンバーに提供される介入である。この関係は評価的でヒエラルキーがあり，一定期間続けられ，後輩の専門機能を高め，クライエントに提供される専門的支援の質をモニターし，特定の専門職に就くものに対して門番（gatekeeper）となる役割をもつ。
・平木（2008）：監督訓練，あるいは監督教育と呼ばれる専門家になるための実践的，具体的，直接的個別訓練のこと。その特徴は，専門領域の先輩から後輩に対して行われること，継続的に一定期間，特定の指導者によって続けられること。実践への評価的介入であることである。
二川（2010）：専門性を共有しうる関係を基礎にして，スーパーバイジーの

表1　スーパーヴィジョンの普遍性 (平木, 2017)

1. スーパーヴィジョンには，同時進行する重層的人間の相互作用とその文脈を理解するメタ認知が必要である。
2. スーパーヴィジョンはスーパーヴァイザーとスーパーヴァイジーの「スーパーヴィジョン同盟」とも呼ぶべき安定した関係の上に成り立つ。
3. スーパーヴィジョンの介入は，スーパーヴァイジーの発達段階に応じた検討内容とプロセスが必要である。
4. 学びと成長が醸成されるスーパーヴィジョンでは，スーパーヴァイザーとスーパーヴァイジーのアサーティブなコミュニケーションがある。
5. スーパーヴィジョンは，セラピーの質を高めるための振り返りと評価を含む指導から成り立っており，その目的はスーパーヴァイジー自身が頼れる内的スーパーヴァイザーを自己内に育てることである。

　専門性と資質の向上をめざして行われる心理的・教育的サポート。共通の専門性や役割をもつ上級者が行う指導・監督。

　混同されやすい概念としてコンサルテーションがあるが，その定義は「異なる専門性や役割をもつ者同士が，対等な関係を基礎にして，情報や素案を提供し合い，コンサルティの問題解決や課題遂行をサポートし，その援助能力を向上させるプロセス。」とされ，関係性や目的・方法に相違がある。

　心理臨床 SV の普遍性として平木 (2017) は，表1の5項目を挙げている。

　これによると，SV とは SVor とスーパーバイジー（以下，SVee）相互の継続した関係性が重要で，SVor には SVee を育成する役割があり，SVee の発達に応じた対応を通して，いずれは SVor の教えを内在化していく過程を伴うと考えられる。

2. 産業・労働分野のスーパービジョンの特徴

　産業・労働分野の心理職には，悩んでいる本人へのカウンセリングに留まらず，不調を抱えてパフォーマンスが低下した部下を持つ管理職や社員の問題行動に困っている人事担当者へのコンサルテーションなど多岐にわたる依頼がある。また職場復帰支援の際は，休職していた社員，その上司，産業保健スタッフ，主治医など関係者をつなぐコーディネーターの役割を果たすこともある。さまざまな関係者の利害が対立することも多く，心理職は中立的な立場を維持

できずに，特定の人に感情移入し過ぎて判断や対応に偏りが生じることや，迷うことも多い。そのため広い視野で状況をとらえ，問題を整理する SV の機能が重要となる。従って，産業・労働分野の SVor には心理臨床的な SV に加え，産業・労働分野に関する広い知識と経験が求められる。

3. 産業領域のスーパーバイザーの機能・役割

SVor のコンピテンシーである事例の見立て，対応方針，実施，連携，評価について，SVee をどのように指導・育成していくのかを紹介する。

①目標（何が出来るように育成するのか）：心理の専門家として治療の必要性を見極め，適切にリファーすること。不調と職場環境との関係（業務起因性）見立てて，職場との調整が必要な場合に他の専門領域の関係者に病名や心理学用語を使わずに状況を説明できることを目指している。産業・労働分野においては，個人と職場環境の両方を見立てていくスキルが求められる。関係者との連携においては心理臨床家としての守秘義務を順守しながらもリスク回避や相談者の職場適応に必要な情報を誰とどのように共有するかといった判断力も求められる。

②専門職としての役割と倫理：産業・労働分野では相談者に寄り添った対応だけでなく，職場全体のリスクや利害も考慮したバランスの良い対応が求められる。関係者の利害が対立する場合，それぞれの利害をすり合わせ，落としどころを模索することも必要である。

例えば，重篤な精神疾患により以前の職務を遂行することが困難になった従業員に対して，上司は辞めて欲しいと考えているが，本人はこの仕事を続けることを強く望んでいるような状況である。このような問題の検討時には，労働契約法などの法律や就業規則知識も必要となる。複雑なケースを担当する場合，自分の感情や倫理観との葛藤が生じるため，冷静に判断し行動するために SV を通して問題を整理することが重要である。その際 SVor は SVee の倫理観や判断に大きな影響を与えるため，労働者に関する法律の情報更新や，倫理観の偏りが無いか常に自身を振り返ることが必要になる。

4. スーパーバイジーの発達段階に合わせた育成

Svor と SVee が安定した関係を築くために，SVee のニーズや発達に合わせ

て SV のテーマや指導・育成の方法も変える必要がある。SVee の発達段階を大きく3つに分けて段階ごとの特徴と SVor の対応について紹介する。

①初期の発達段階：自らの知識やスキルに不安があり，正しいやり方を探そうとして，SVor に指示や指導を求める。SVor への依存が大きい反面，評価される重圧から脅威を感じ反抗的になることもある。この段階の SVee に対しては教育的な側面を中心にロールプレイなどを通してモデルを示すような関わりも重要になる。

②中期の発達段階：SVor への依存と自律心が共存し，自信と不安を行き来する。この段階の SVee に対しては直接的な指導や指示的な態度を減らし，自分で考えることを促す関わりに変化していく。SVee の課題に対して直面化しつつも，全体的に励ますような態度を増やす。

③後期の発達段階：心理職としてのアイデンティティが確立され，自律性と自信を持っている状態。専門職としての自覚も育ち，モチベーションを維持している。この発達段階の SVee には対等な関係を維持し，アサーティブなコミュニケーションを促進しながら適切な直面化と更なるチャレンジを促す。

❖ 身につけるとできること：

SVor とは心理職のキャリアの完成形ではなく，Svee と共に成長していく段階の始まりである。SVee を通してケースを見ることで自らの臨床を振り返ることで更なる自己成長にもつながる。

❖ 身につけるために：

SVor になるためには，SV を受ける経験が必須であるが SVor に必要な知識を習得するための系統だったトレーニングや SV に関する SV を受けることが有効である。産業・労働分野においては，労働基準法，労働安全衛生法，労働契約法などの法律の知識やハラスメント，惨事ケアの知識と経験も必要である。

❖ さらなる学びのために：

平木 典子（2017）．増補改訂心理臨床スーパーヴィジョン学派を超えた統合モデル　金剛出版

牧野 純（2012）．産業領域におけるスーパーヴィジョン　臨床心理学, *12*（1），101-107.

〔三浦 由美子〕

A15 （個人対応領域の）他の専門職への教育・指導

個人対応を行う上での姿勢，知識，技術について産業保健スタッフ等に
対するコンサルテーションや教育を行うことができる

キーワード：コンサルテーション，問題と目的，役割尊重，リスクとデメリット，
　　　　在りよう
関連する他のコンピテンシー：A7，A8，B8

　職場内外の心理職以外の専門職に対し，コミュニケーション・対人行動・心
理ケアの専門家である心理職が行っている現象理解，内面理解や介入方法につ
いて，それぞれの専門職が必要に応じて活用しやすい形で伝えていけることが
目標となる。ここでは，1）心理職が教育・指導を行う意義，2）誰に何を伝え
るか，3）伝え方，教え方の3点で整理する。

1. 心理職が他の専門職に教育・指導を行う意義（なぜ行うのか，Why）

　項目に含まれる「教育・指導」との言葉からは上下関係も想起されるが，他
職種と心理職の関係は本来対等なものである。ここで求められているのは心理
職の育成ではなく，異なる領域の専門家に対して問題解決や効果的な対応に向
けた援助を行う「コンサルテーション」であるとの認識が前提として必要であ
る。相手の専門性を尊重し，心理的側面への理解や対応が，相手の専門性の更
なる発揮につながることを目指していく姿勢がまず求められるだろう。

　また，心理職の知見を伝えることに「専門性＝業務を失う」と不安を感じる
かもしれない。しかし，私達も医師から疾患の講義を受け，法律家から法令や
判例の解釈を学んでいるが，医師や法律の専門家として振舞うことはない。
「聞いた話だが」などと情報を伝えつつ，「詳しくは専門家へ」とリファーして
いるだろう。心理職は業務独占ではないが，「メンタルヘルス・心理相談の専
門家」の知見や機能を全て真似られるとは考えづらく，むしろ「手ごたえ」の
あるケースの供給元の増加につながるのではないだろうか。無論，心の健康に
関する助言・指導や教育は，公認心理師法第2条に定める業でもある。

2. 誰に何を伝えるか（何をするのか，What）

「傾聴を学びたい」などと言われて教育等に携わる場合，問題（何に困っていて），目的（何のために），課題（どうなればよくて），対象（誰が），資源（何時間で），内容（何を学び），目標（どこまで目指すか）などの詳細を確認する。

　筆者が携わった弁護士と心理職の共同電話相談では，事実確認に偏っていた弁護士が研修で「感情の反射」や「要約」を学び，相談者が落ち着いて話すようになった。当該相談での弁護士の役割である「詳細な事実確認と助言」を効率的に行う（目的）ために，傾聴技法が寄与した事例と言える。他職種に教育を行う際は，相手の本来の役割を尊重し，促進するものでなければならない。

〈当該研修の概要整理〉

　問題（相談が長引く），目的（多くの人が相談できる），課題（1人あたりの時間短縮），対象（弁護士），内容（共感・要約等のロープレ），目標（見た，体験した）

　表1には，産業心理職が教育で関わる可能性のある専門職と内容を記載した。人事担当者，管理職，メンターなどは必ずしも有資格者ではないが，職域において何らかの役割や責任を持って対人業務にあたっている。管理職は部下への対応のプロであり，その部署に最も精通する。担当するメンティに一番詳しいのはメンターである。そのような認識に基づいて，教育対象となる専門職（他職種）として記載している。産業医のみを対象とした教育機会は多くないかもしれないが，人事・管理職向けの研修に同席いただいて個人対応に関する認識を合わせるなどの方法を取ることはある。

　留意点として，傾聴等の技法の伝達時にはリスクやデメリットも説明したい。傾聴で関係ができたと思っていたら，依存を助長し恋愛感情や攻撃を向けられることもある。転移や投影は支援者にも起こりえるため，支援者の救世主願望や役割認識の曖昧さから共依存関係に陥る可能性もある。そもそも共感的に聴くのは疲れるものである。これらは心理職でも苦心する事柄であり，他職種なら尚更であろう。「攻撃的言動には背景理解と限界設定で対応」「心理相談は契約と構造に守られた環境で行うもの」などと伝え，傾聴と心理相談の違いを認識させ，必要時に周囲への相談や心理職へのリファーができるようにしたい。

表1　産業心理職が行う他職種への教育の一例

対象	産業医，保健師・看護師，衛生管理者，人事担当者，ハラスメント窓口担当者，社内相談員，管理職，メンター等
目的・課題	関係構築，ヒアリング能力の向上，サポート能力の向上，問題行動の理解，行動変容の支援，クレーム対応，燃え尽き防止，接遇・顧客満足の底上げ
内容	積極的傾聴法（関係構築，質問，感情の反射，要約など），疾病性と事例性，ケース・フォーミュレーション，動機づけ，ファシリテーションなど

　また，研修以外の場でも「物事を理解しようとする姿勢，リソースや肯定的側面を探す姿勢を見習いたい」と言われることもある。もちろんこれも知識であり技術でもあるわけだが，心理職がどのように「みて」「きいて」いるかを様々な場で伝えることは，その組織の視点を豊かにすることにつながるだろう。

3. 伝え方，教え方（どのように伝えるか，How）

1）資料・プレゼンテーションの構成力

　教育・指導の方法として，研修会や勉強会の形を取る場合，内容の構成や資料の見え方が成果を左右する。科学的根拠があるわけではないが，筆者は「わかる，できる，意味がある」の3点を大切と考えている。

　①わかる（理解できる）：「わかる」ためには，内容構成や説明に論理性が求められる。演繹と帰納，MECE，ピラミッド・ストラクチャーなどは論理構成の基本となる。また，PREP法，具体と抽象を意識した説明，アクティブ・ラーニングの考え方なども相手の理解を促してくれる。

　②できる（遂行できる，効力予期）：「できる」と思えるための手法は，観察学習，スモールステップ，ほめる，類似行動の探索などだが，ここは心理職が精通する領域であろう。筆者は，クイズや発表の際に相手が「失敗した」「恥ずかしい」と感じないよう配慮すると共に，ワークが狙い通り遂行されるよう，教示や解説を極力丁寧に行っている。

　③意味がある（やろうと思える）：「意味がある」と思えないと学習も実行もなされない。まして対象者全員がわざわざ新たな学習を望んでいるわけでもない。現状の問題やリスク・デメリットと学習のメリット・解決像を示して相手

の意欲を喚起し，集中力が保てるよう工夫を凝らす。ここでは動機づけ面接の「矛盾の拡大」なども活用できる。

2）心理職としての「在りよう」

教える際の姿勢や振る舞いも，心理職の「在りよう」として他職種に伝わるものであろう。教える－教わる間柄が上下関係にならないようワンダウン・ポジションを取ることが多いが，行き過ぎた自己卑下やセルフ・ハンディキャップは伝え手の権威を損なう。自信と相手への敬意の両方を率直に表現し併存させたい。具体的には，量的データと事例の両方を話す，メタ分析から個人的見解のエビデンスレベルを区別し伝える，専門用語を避けて簡潔平易な言葉で説明するなども，専門職として信頼されつつ相手への尊重も感じてもらえる心理職の「在りよう」を伝えることにつながるものと思われる。

✚ 身につけるとできること：

教育の機会を通して「顔を売る」ことになり，相談・紹介・連携の増加につながったり，他領域の研修会やシンポジウムに呼ばれたりすれば，他職種との連携の知見がさらに増える好循環が起きる。また，他職種相手に教えるスキルは，当然ながら同職種の教育・指導にも生かせるだろう。

✚ 身につけるために：

自分の知識や実践を言語化すること。他職種の役割と専門性を理解すること。上手く伝えるためによいプレゼンを見ること。簡潔に論理的に話す訓練。適切な自信を持つために多職種が真似しきれない技術・知識・姿勢を磨くこと。他職種との知見の交換は（大変だが）互いの専門性を高めあう機会となるだろう。

✚ さらなる学びのために：

Weinchenk, S.（2012）. *100 Things Every Presenter Need to Know about People.*（1st ed.）Pearson Education.（ワインチェンク, S. 壁谷さくら（訳）（2015）. 心理学的に正しいプレゼン　聴衆を納得させる99のアプローチ　イースト・プレス）

古宮 昇（監修）（2015）. プロカウンセラーが教える場面別傾聴術レッスン　ナツメ社

〔榎本 正己〕

A16　職業倫理，および利益相反の理解に基づく行動

いかなる場合も職業倫理を遵守し，利益相反を回避するための行動をとることができる

キーワード：職業倫理，利益相反
関連する他のコンピテンシー：A2，A7，A8，A11，A17

　倫理というと何か抽象的で難解な理論や，日々の実践とは隔絶された机上の（面倒な）学習課題といったイメージが強く，敬遠されることが多いのではないか。しかし実際には，産業・労働分野の心理職の活動と常に関わっており，積極的に学び続ける必要性や意義の高い課題である。むしろ身近であり過ぎることが，それを「職業倫理」「利益相反」課題として認識されにくくさせているのかも知れない。

　たとえば，秘密保持や情報開示に関するジレンマは，心理職の業務に日常的に発生し得るもの（項目A2を参照）であり，本コンピテンシーとも深く関連する課題である。ここでは心理職の職業倫理および利益相反について概説し，その重要性について再確認をおこないたい。

　職業倫理とは，「ある職業集団の中で，その成員が社会に対して行う行為や，成員同士の間で行われる行為の善悪を判断する基準として承認された規範」（金沢，2023）と考えることができる。実際に本邦における心理職の職能団体が，独自に倫理綱領を定めている。

　たとえば，一般社団法人日本臨床心理士会（2009）は「専門的臨床心理業務の質を保ち，業務の対象となる人々の基本的人権を守り，自己決定権を尊重し，その福祉の増進」を目的として倫理綱領を策定している。さらにその内容は「秘密保持」や「対象者との関係」「職能的資質の向上と自覚」など全8条で構成されている。そして会員には「専門的職業人であるとともに一人の社会人としての良識を保持するよう努め，その社会的責任及び道義的責任を自覚」し，この倫理綱領を遵守する義務を負うものとしている。

　なお，公益社団法人日本公認心理師協会（2020）および一般社団法人日本公認心理師の会（2022）も同様の倫理綱領を作成・公開している。これらの内容

に関連させ，金沢（2023）がまとめた職業倫理の 7 原則を常に認識しておきたい（A17：表 1 を参照）。

　また金沢（2023）はキッチュナー（Kitchener, K. S.）の倫理的正当化モデル（Kitchener, 1984）について以下のようにまとめている。つまり，①通常では直感的な倫理判断をおこなっている（「直感的レベル」）が，②それでは不十分かつ不適切である可能性があるため，③倫理綱領や関連法規のほか倫理に関する原則・理論などに基づいた判断（「批判的・評価的レベル」）をおこなう必要が生じ，④心理職には倫理的な意思決定の訓練が求められるのである。

　心理職による倫理的な問題は，意図的で悪意のある場合だけでなく，むしろ「非常に熱心に，しかもクライエントのことを考えて臨床心理士が善意からしたことが何かの拍子に裏目に出たり，（中略）クライエントの利益になるだろうと連携の必要性を感じ，その思いが先走り過ぎたことが予想に反して守秘の問題に抵触する事態」（橋本, 2017）が起こりうることも，私たちは肝に銘じておく必要があろう。

　利益相反（Conflict of Interest：COI）とは，一方の利益となる行為が，もう一方の不利益となること，あるいは双方の利益が両立し得ないことを指す。心理学においては，研究倫理の観点で目に触れることが多いが，ここでは産業・労働分野での心理支援活動において遭遇し得る利益相反を扱う。

　産業・労働分野では組織内のさまざまな部門や立場の異なる関係者および組織外の専門職・専門機関と協働・連携することが求められる。表 1 は，産業心理職が遭遇し得る利益相反に関わる事態を挙げたものである。紙面の都合上，具体例を挙げた説明は省略している。

　当然ながら，心理支援の現場において「状況 A では対応 B が正しく，状況 C では対応 D が正しい」と単純化することは不可能である。そもそも現場の状況はさまざまな要因が複雑に影響しあっており，また刻々と変化するものであるため「状況 A」「状況 C」と即断すること自体も難しい。自分自身を含めた組織の構造や関係者間の関係およびその時点での状況などを的確に捉えようとしながら，より適切な判断・対応をおこなっていくことが求められる。

　もちろん，自身の判断のみにとらわれるのは危険である。対応中の事例において，生じる可能性のある事態や現に生じようとしている状況について，関係

表1　利益相反となり得る事態の例

〈カウンセリングにおける関係性や秘密保持〉
　関係者が把握していない，労働者らの離転職に関する相談
　自殺念慮を示すクライエントから，関係者への情報共有を強く拒否される
　社員の相談内容について，管理職等から内々で情報開示の要請がなされる
　ハラスメントが疑われる事案にて，被害者と加害者の双方と関わる
〈休職等に関する判断・意向〉
　休職または職場復帰に関する関係者間の判断や意向の不一致
　退職に関する関係者間の判断や意向の不一致
　人事異動に関する関係者間の判断や意向の不一致
〈他機関との関係・連携〉
　利害関係のある相談機関や医療機関等への紹介や情報提供
　利害関係のある EAP プロバイダ，コンサルタント，研修講師，研究機関等の紹介や情報
　提供または提携等
〈その他〉
　部門間での対立や葛藤に関し，双方からの情報を取得している
　社内外に公開されていない，社内情報を取得している
　利害関係にある複数の企業において，社内情報を取得している

　＊いずれの例においても具体的には無数の状況が想定される。

者間で話し合いの場を持つことも重要である。日頃からの関係づくりやコミュニケーションは，このような場面にも生かされる。

　心理職の専門性や職業倫理について，関係者の理解を得ておくことも肝要である。担当する業務や役割の範囲を適度に明確化し，また必要に応じてそれらを関係者に説明する。心理職の業界では自明の理として共有されている職業倫理や行動規範は，他では通用しない可能性があることに留意が必要かも知れない。同様に，関係者や関係機関について，心理職の側がしっかりと知り理解しようと努めることも重要であろう。

✢ 身につけるとできること：

　職業倫理や利益相反に基づいた行動を実践できるようになることは，心理職としての業務を的確に実行できることに繋がる。「倫理とは心理臨床のあり方そのものを考えること」（橋本，2017）なのである。

今後の法改正や制度の変更，社会状況の変化などによって，心理職が今までとは異なる役割や業務に従事することも起こりうる。同様に，心理職の職業倫理が変化・発展していくこともあろう。このコンピテンシーを身につけることで，これらの変化に柔軟に対応することにもつながる。

✛ 身につけるために：

状況に応じて関係者と話し合い検討する機会を持つことは，実践を通した貴重な学びとなる。可能であれば，同僚らとのコンサルテーションを適宜おこないたい。勉強会などのテーマとして取り上げ，具体的な事例に基づいて話し合うことも有効であろう。

表1を用いて詳細な想定事例を作成することも学びを深める一手となり得る。関連する学会や職能団体が定める倫理綱領を精読し，自身の職場状況や日頃の活動に当てはめて具体的な検討をおこなうことができる。学会や職能団体等が実施する研修会も貴重な機会である。

職業倫理や利益相反に基づいた活動は，その状況や文脈において，自身の置かれている立場や負っている責任を理解できていることが前提となる。それに加え，組織の構造や関係者の状況を捉え，自身も含む関係者のどのような言動が，誰（どこ）に，どのような影響を及ぼし得るのかを想定しながら協働できる能力を高めることが必要である。この際にはシステム論的な観点やアプローチに習熟することが重要である（松浦，2020）。

✛ さらなる学びのために：

橋本 和明（2017）．倫理から読み解く問題解決のジレンマ　臨床心理学，*17*（2），145-148.

金沢 吉展（2023）．臨床心理学の倫理をまなぶ　東京大学出版会

村本 詔司（1998）．心理臨床と倫理　朱鷺書房

〔**松浦 真澄**〕

A17　中立的な立場を保持すること

相談者や利害関係者のどちらにも寄り過ぎることなく，専門職として中立的な立場を保つことができる

キーワード：倫理的ジレンマ，多重関係，利害関係者，自己理解
関連する他のコンピテンシー：A2，A3，A16

　産業・労働分野で働く心理職は，中立的な立場を保つことが非常に重要であると考えられる。ここでいう「中立的な立場」とは心理職の「中立的態度」とは異なるものであることをあらかじめご理解いただきたい。

　本コンピテンシーについて解説する前に，産業・労働分野で働く心理職の働き方について補足しておきたい。次のような働き方があると考えられる。

①企業内心理職として雇用されて働く場合。（以下，企業内心理職と記載）

②心理職個人もしくは所属している企業や組織と，顧客である企業との間で業務委託契約を締結し，業務に従事する場合。（以下，企業外心理職と記載）

③その他，事業場外資源（公共の相談窓口，医療機関，独立開業カウンセリングルームなど）に所属し，相談業務に従事する場合。（以下，その他心理職と記載）

　働く人の相談を受ける場合，職場の問題が語られることが多い。例えば，上司や同僚との対人関係，ハラスメント問題，部下へのコミュニケーション，組織のコンフリクト，キャリアの問題，仕事上の評価についてなどである。もちろん，職場外の問題で来談することもあるが，中立的な立場が重要となるのは職場の問題を取り上げる場合である。心理職はクライエントの相談に応じるだけではなく，クライエントの上司や人事などの利害関係者との連携やコンサルテーションを同時に行うこともある。クライエントから情報共有の同意を得ていない場合には，たとえ情報共有や連携をした方がよいと考えられる場合でも情報共有を行うことはできない。先に述べた，①企業内心理職と②企業外心理職がこうした倫理的ジレンマを感じやすい働き方をしていると言える。

　①企業内心理職は，企業に雇用されている立場である。人事や総務などの管

理部門や，産業保健を担う組織に所属して業務に携わっていることが多く，多重関係を避けることがとりわけ難しい働き方と言える。多重関係を極力避けるため，当該企業の従業員とは業務上一線を引いた付き合い方をするように工夫をすることも必要である。例えば，クライエントが見ているかも知れない社員食堂で人事担当者と一緒に食事をとるようにし，心理職から人事に情報が流れていると思われないよう配慮する，社内研修などの機会に心理職の立場が中立であることや秘密保持について分かりやすく説明を行うなどである。

　また，①企業内心理職と②企業外心理職は，企業から給与や委託料を支払われていることから，中立的な立場であったとしても，クライエントからはそのように見えないこともある。心理職が会社の立場で発言していると感じたり，相談内容や相談していることが上司や人事に知られるのではないかと不安になったり，相談すること自体をためらうクライエントも出てくる可能性がある。

　このように，産業・労働分野で働く心理職は倫理的ジレンマを感じやすく，多重関係に陥りやすいと考えられる。これらは，職業倫理と密接な関係があるため，ここで金沢（2023）による職業倫理の7原則を紹介したい（表1）。

　これら7つの職業倫理のうち，第3原則の多重関係を避けること，第5原則の秘密保持，第6原則の同意の取得が特に本コンピテンシーに関係していると考えられる。

　実践の場においては，立場や考え方が異なる複数の利害関係者と関わる上で，多重関係を避けることは非常に重要なことである。しかしながら，多重関係が避けにくい環境に心理職が置かれることも多いため，自らの立ち位置を見極めながら支援を行う必要がある。秘密保持については，特に利益相反がある利害関係者と情報交換や連携を行う場合，慎重に対応する必要がある。クライエントの上司や利害関係者と連携を行う際に，どのような情報を何のために共有するのかを伝え，同意を得ることが必要となる。同意を取得する際には，心理職が中立的な立場であることを理解してもらうための説明にも工夫が必要となる。

✚ 身につけるとできること：

　中立的な立場を維持することによって，以下のようなことが可能となる。①クライエントや利害関係者に対して，偏った視点を持たず，中立的な立場から

表 1　職業倫理の 7 原則

第 1 原則：相手を傷つけない，傷つけるような恐れのあることをしない
　　相手を見捨てない。同僚が非倫理的に行動した場合にその同僚の行動を改めさせる，など。

第 2 原則：十分な教育・訓練によって身につけた専門的な行動の範囲内で，相手の健康と福祉に寄与する
　　効果について研究の十分な裏付けのある技法を用いる。心理検査の施工方法を順守し，たとえば検査を家に持ち帰って記入させるなどといったマニュアルから逸脱した使用方法を用いない。自分の能力の範囲内で行動し，常に研鑽を怠らない。心理臨床家自身の心身の状態が不十分な時には心理臨床活動を控える。専門技術やその結果として生じたもの（たとえば心理検査の結果）が悪用・誤用されないようにする。自分の専門知識・技術を誇張したり虚偽の宣伝をしたりしない。専門的に認められた資格がない場合，必要とされている知識・技術・能力がない場合，その分野での規準に従わないケアや技術などの場合，などの際には心理臨床活動を行わず，他の専門家にリファーする等の処置をとる，など。

第 3 原則：相手を利己的に利用しない
　　多重関係を避ける。クライエントと物を売買しない。物々交換や身体的接触を避ける。勧誘をしない，など。

第 4 原則：一人一人を人間として尊重する
　　冷たくあしらわない。心理臨床家自身の感情をある程度相手に伝える。相手を欺かない，など。

第 5 原則：秘密を守る
　　限定つき秘密保持であり，秘密保持には限界がある。本人の承諾なしに専門家がクライエントの秘密を漏らす場合は，明確で差し迫った危険があり相手が特定されている場合，クライエントによる意思表示がある場合，虐待が疑われる場合，そのクライエントのケアなどに直接関わっている専門家等の間で話し合う場合（例えばクリニック内のケース・カンファレンス等），などである。もっとも，いずれの場合も，できるだけクライエントの承諾が得られるように，心理臨床家はまず努力しなければならない。また，記録を机の上に置いたままにしない，待合室などで他の人にクライエントの名前などが聞かれることのないようにする，といった現実的な配慮も忘れないようにする必要がある。なお他人に知らせることをクライエント本人が許可した場合は，守秘義務違反にはならない。

第 6 原則：インフォームドコンセントを得，相手の自己決定権を尊重する
　　十分に説明した上で本人が合意することのみを行なう。相手が拒否することは行わない（強制しない），記録を本人が見ることができるようにする，など。

第 7 原則：全ての人を公平に扱い，社会的な正義と公平・平等の精神を具現する
　　差別や嫌がらせを行なわない。経済的理由等の理由でサービスを拒否しない。一人一人に合ったアセスメントや介入を行う。社会的な問題への介入も行う，など。

金沢 吉展（2023）．臨床心理学の倫理をまなぶ（p.70）東京大学出版会より引用

バランスよく公平なアプローチをとることができる。②クライエントや利害関係者に対して，適切な距離感を保つことで，信頼関係を構築できる。

　産業・労働分野では，クライエントや企業側の立場に立つ利害関係者が異なる意見や立場を取る場合がある。このような場合にも，中立的な立場を保つことで，感情や偏見に左右されることなく，客観的な判断ができ，利害関係者からの協力も得られるようになる。クライエントや利害関係者からの情報を受け取り，適切な支援を行うためにも，中立的な立場を保持することが重要である。

⊕ 身につけるために：

　中立的な立場を保持するためには，今の自分自身の立ち位置を確かめる必要がある。中立だと自分では思っていても，客観的にみると偏っていることもある。また，自分自身の価値観やバイアスにも気づく必要がある。誰のための発言なのか，誰のための支援なのか，常に振り返り，見直す機会を持つことも必要である。また，倫理的ジレンマを感じやすく，多重関係に陥りやすい立場であることを念頭に置き，慎重に対応する必要もある。中立的な立場を保持するために，スーパービジョンの場でスーパーバイザーに相談するなど，常に自分の立ち位置を確認できるような手段を持つようにしたい。

⊕ さらなる学びのために：

金沢 吉展（2023）．臨床心理学の倫理をまなぶ　東京大学出版会

〔**湯佐 真由美**〕

A 個人対応領域──〔引用文献〕

〔A1〕

Anderson, H., & Goolishian, H.（1992）. The client is the expert: A not-knowing approach to therapy. In S. McNamee & K. J. Gergen（Eds.）, *Therapy as Social Construction*（pp.25-39）SAGE Publications, Inc.（アンダーソン, H.・グリシアン, H. 野口 裕二・野村 直樹（訳）（2014）. クライエントこそ専門家である─セラピーにおける無知のアプローチ ナラティヴ・セラピー：社会構成主義の実践（pp.43-64）遠見書房）

松浦 真澄・前場 康介（2019）. 産業心理臨床におけるブリーフサイコセラピーの貢献可能性：テーマ選択と治療的会話に着目して ブリーフサイコセラピー研究, *27*（2）, 37-49.

佐々木 正宏（2005）. クライエント中心のカウンセリング 駿河台出版社

Throne, B.（1992）*Carl Rogers*. Sage Publications.（スローン, B. 諸富 祥彦（監訳）上嶋 洋一・岡村 達也・林 幸子・三國 牧子（訳）（2003）. カール・ロジャーズ コスモス・ライブラリー）

〔A2〕

金沢 吉展（2023）. 臨床心理学の倫理をまなぶ 東京大学出版会

長谷川 啓三（2021）. 集団守秘義務という考え方 臨床心理学, *1*（2）, 159.

金沢 吉展（2018）. 情報の適切な取り扱いについて 野島一彦（編）公認心理師の職責 公認心理師の基礎と実践①（pp.48-60）遠見書房

〔A3〕

Weed L. L.（1969）. *Medical Records, Medical Education, and Patient Care : The Problem Oriented Record as a Basic Tool*. Case Western Reserve University.

小林 由佳（2015）. 人も組織も活かすケースマネジメント 川上 憲人・小林 由佳（監修）ポジティブメンタルヘルス いきいき職場へのアプローチ（pp.94-113）培風館

〔A10〕

木村 周（2019）. キャリアコンサルティング理論と実際 雇用問題研究会

労働政策研究・研修機構（2018）. キャリアコンサルタント登録者の活動に関する活動状況等に関する調査 労働政策研究報告書 Retrieved October 25, 2023, from https://www.jil.go.jp/institute/reports/2018/0200.html

〔A11〕

Bazerman, M. H.（1983）. Negotiator judgment: A critical look at the rationality assumption. *American Behavioral Scientist, 27*（2）, 211-228.

土居 健郎（1977）. 方法としての面接　医学書院

三浦 つとむ（1968）. 弁証法はどういう科学か　講談社

〔A12〕

厚生労働省（2023）. 精神障害の労災認定（R5.9）　Retrieved October 25, 2023, from https://www.mhlw.go.jp/content/001148729.pdf

森本 英樹・向井 蘭（2020）. ケースでわかる［実践型］職場のメンタルヘルス対応マニュアル　中央経済社

〔A14〕

Bernard, J. M., & Goodyear, R. K.（2009）. *Fundamentals of Clinical Supervision*（14th ed.）Pearson.

平木 典子（2008）. スーパーヴィジョン　日本産業カウンセリング学会（監修）　産業カウンセリング辞典（pp.244-246）　金子書房

平木 典子（2017）. 増補改訂 心理臨床スーパーヴィジョン学派を超えた統合モデル　金剛出版

三川 俊樹（2010）. スーパービジョンの機能とその発達 産業カウンセリング研究, *12*（1）, 56-61.

三川 俊樹（2015）. スーパービジョンに関する一考察（2）―スーパービジョンの課題とスーパーバイザーの機能―　追手門学院大学地域支援心理研究センター紀要, *12*, 64-73.

〔A16〕

橋本 和明（2017）. 倫理から読み解く問題解決のジレンマ. 臨床心理学, *17*（2）, 145-148.

金沢 吉展（2023）. 臨床心理学の倫理をまなぶ　東京大学出版会

一般社団法人日本臨床心理士会（2009）. 一般社団法人日本臨床心理士会倫理綱領　一般社団法人日本臨床心理士会　Retrieved June 24, 2023, from http://www.jsccp.jp/about/pdf/sta_5_rinrikouryo20170515.pdf

公益社団法人日本公認心理師協会（2020）. 公益社団法人日本公認心理師協会倫理綱領　公益社団法人日本公認心理師協会　Retrieved June 24, 2023, from https://www.jacpp.or.jp/pdf/jacpp_rinrikoryo20210225.pdf

一般社団法人日本公認心理師の会（2022）. 倫理綱領　一般社団法人日本公認心理師の

80

会　Retrieved June 24, 2023, from https://cpp-network.com/intention/
松浦 真澄（2020）．産業メンタルヘルスにおけるブリーフセラピーの使い方　日本ブリーフサイコセラピー学会（編）ブリーフセラピー入門（pp.178-184）遠見書房

〔A17〕
金沢 吉展（2023）．臨床心理学の倫理をまなぶ　東京大学出版会

※ A4，A5，A6，A7，A8，A9，A13，A15 は引用文献なし。

B

組織対応領域のコンピテンシー

B1　社会情勢と労働者の一般的な状況についての理解

医療，経済，政治，社会における問題や労働者の置かれた状況と諸問題について一般的な水準の理解を持っている

キーワード：社会人基礎力，社会情勢，企業，法令
関連する他のコンピテンシー：B3，B4，B15

　社会情勢は常に変化しており，中でも医療，経済，政治における変化や話題は労働者を取り巻く環境への影響も大きく，産業心理職は常に情報の更新を重ねていかなければ現場との対話に困難が生じる。また，情報収集に留まらず，情報を基にした現実問題の解決に向けて意見を持ち，方策を考案できることを目指して，産業心理職が知っておきたい社会情勢と労働環境に関する情報収集や領域の特色について以下に概説する。

1.　一般的な社会問題から専門知識まで幅広く情報収集する

　情報があふれる社会において自分が必要とする情報収集には目的をもって，用いるツールや時間，費用などの枠組みを想定して進めることが望ましい。野崎（2018）は情報感度（情報のアンテナ）を高め，結論ありきでの収集や自分とは異なる意見の排除には注意すべきだとしている。また，インターネットに出ている情報は氷山の一角であり，人から得られる情報や非公開の情報があることを忘れてはならない。特に専門知識においては，書籍や WEB サイトでの情報収集だけでなく，関心の高いテーマの研修会や学会などに参加し，周囲の参加者たちと意見を交わしてこそ現場での多面的な活用に繋がる。

2.　社会で働く労働者として身につけておきたい力

　経済産業省（2018）は，職業人生が長期化・複雑化することを背景に，表1に示す「社会人基礎力（3つの能力／12の能力要素）」（経済産業省，2006）に「何を学ぶか（学び）」「どのように学ぶか（組み合わせ）」「どう活躍するか（目的）」という3つの視点を新たに加え「人生100年時代の社会人基礎力」と再定義した。その中で，労働者には主体的にキャリアを意識し，絶え間なく能

表 1　社会人基礎力（3 つの能力／ 12 の能力要素）

考え抜く力（シンキング）—疑問を持ち，考え抜く力—
　　課題発見力　現状を分析し目的や課題を明らかにする力
　　計画力　課題の解決に向けたプロセスを明らかにし準備する力
　　創造力　新しい価値を生み出す力

チームで働く力（チームワーク）—多様な人々とともに，目的に向けて協力する力—
　　発信力　自分の意見を分かりやすく伝える力
　　傾聴力　相手の意見を丁寧に聴く力
　　柔軟性　意見の違いや立場の違いを理解する力
　　情況把握力　自分と周囲の人々や物事との関係性を理解する力
　　規律性　社会のルールや人との約束を守る力
　　ストレスコントロール力　ストレスの発生源に対応する力

前に踏み出す力（アクションチームワーク）——歩前に踏み出し，失敗しても粘り強く取り組む力—
　　主体性　物事に進んで取り組む力
　　働きかけ力　他人に働きかけ巻き込む力
　　実行力　目的を設定し確実に行動する力

力を発揮し続けるためのメンテナンスや，振り返りによる強み弱みの把握，企業との対話を通じて，成長や活躍を求め一歩踏み出すことが必要であると掲げている。

3. 産業心理職として留意しておきたいこと

1）産業・労働分野における特色

　産業・労働分野で働く多くの心理職は，企業内であれ外部 EAP 機関であれ，いずれにせよ組織に雇用され，構成員として専門的な能力を発揮し，成果を求められる。企業とは営利を求め利益を出すことを目的に作られた組織であり，組織構成員は原則的に労働契約に基づいた労務を提供する代わりに報酬を得ている。それぞれの職務を遂行する中では，各案件にかかる工数や人員についての費用対効果，あるいは人的資源管理といった活動についての理解も必要とされる。そして，支援の対象者も同様に何らの労働契約に基づいて雇用されているという認識をもって対応することが肝要である。

2) 組織における多角的な視点とバランス感覚

　個人あるいは組織への支援を行うにあたっては，組織の全体最適や公平性という観点を併せ持ちながら，中立的な立場で職務を遂行していかねばならない。目の前のクライアントの主観を重んじつつも，クライアントを取り巻く環境の客観的な事実や，第三者の視点を踏まえておくといった組織感覚を身につけておきたい。例えば，不調を繰り返しながらも働きたいと言う従業員に対して，産業心理職はまず本人の状態を見立て，今後の適応について着想を浮かべるが，人事労務の立場では企業としてのリスクを考慮し，まず「働かせていいかどうか」という発想から入ることも多い。産業・労働分野には他の医療や教育といった領域の経験者や，多職種からのキャリアチェンジを図ってきた人材も少なくない。これまで個人への支援のみを求められてきた経験が長い場合と，企業の経営者や人事労務の経験が長い場合とでは，案件に対しての着眼点や拠って立つ軸が自ずと異なる。中立的な立場を維持するためにも当該の組織の中における相対的な立ち位置や着眼点の傾向については，周囲とのやりとりを通じて，都度顧みておくことが肝要であろう。

3) 集団へのアプローチとチームにおける協働姿勢

　ストレスチェックの法制化や健康経営の取り組みが活性化して以来，産業心理職には個人への支援だけでなく，集団に対してデータに基づく施策提案や組織介入，あるいは予防的なポピュレーションアプローチが求められるようになった。これらの企画立案と実行には，前節の社会人基礎力の発揮が求められる。例えば，ストレスチェック結果を活用した職場環境改善プログラムを新たに立ち上げる際は，関係者に目的やプロセスを明らかにして全体計画を共有するため WBS（Work Breakdown Structure）を作成するのが有効であろう（B15 参照）。だが，そこからさらに意見や立場の違う相手を巻き込むためには，相手の話を聴き，情況状況を見極め，自らの意見を分かりやすく伝えていかなければ物事は進んでいかない。

4) 企業を取り巻く国の動きや社会情勢の変化

　メンタル対策は 1950 年代に始まる一部の大企業の自主的な取り組みから，企業の危機管理あるいは法令や行政の指導に基づく対策へと変化してきた経緯がある（北村, 2018）。労働者の心の健康に関しては国の施策や関連法令を受け

て企業が社内の制度を整えていくため，産業心理職は労働基準法や労働安全衛生法など労働法についての理解が必須である。さらに昨今，企業には法令順守だけでなく，企業の社会的責任を果たすために様々な活動が各所で求められている。社会情勢の大きな変化と言えば，2020年の新型コロナウィルスの蔓延による緊急事態宣言の発令で，各企業では在宅勤務のルール化が急激に推し進められた。長引く在宅勤務によって生じてきた健康問題や家庭内力動の変化，ITリテラシーへの親和性など，支援にあたってはこれまで以上に配慮すべき個別の事情が多様化を極めた。そして2023年5月，新型コロナウィルス感染症が感染症法における5類への移行をもって，その業態や企業風土に応じて，出社ありきの制度に戻す企業と在宅勤務体制を維持する企業とに反応が分かれたが，再び職場環境の大きな変化に晒され，影響を受ける一定数がどこに生じるかを我々は日頃から可能な限り予測しながら方策を考えなくてはならない。

　今後も社会で提起される問題や事故，災害に対して，行政がどのように動き，企業に何を求めるか，職務にどのような影響を及ぼすか，自分なりの仮説をもって臨むためにも，社会情勢についての理解と日々の関心は不可欠である。

✚ **身につけるとできることり：**

　社会情勢を踏まえることで個別支援では理解が深まり，関係者との連携を円滑に進められる。また，組織対応にあたって集団の特性や状況に応じた施策提案と実働が進められるようになる。

✚ **身につけるために：**

　社会に対して好奇心や探求心を持ち，自分にとっての課題やテーマを設定して情報を収集しつつ，社会人基礎力を高めながら，諦めず挑戦していくこと。

✚ **さらなる学びのために：**

経済産業省（2018）．人生100年時代の社会人基礎力について　Retrieved June 5, 2023, from https://www.meti.go.jp/committee/kenkyukai/sansei/jinzairyoku/jinzaizou_wg/pdf/007_06_00.pdf

〔竹内　康子〕

B2　グループダイナミクスについての基礎内容の理解

個人が集団に与える影響や集団が個人に与える影響，集団間の関係などの特性に関する基本的内容を理解している

キーワード：集団，組織，パフォーマンス，集団意思決定
関連する他のコンピテンシー：B6

　グループダイナミクス（集団力学）は，集団において働く力やプロセスのことを指し，社会心理学や産業・組織心理学の研究領域の1つである。この概念が提唱され研究の対象となっているのは，集団が単なる個人の総和ではなく，個人の特性だけでは説明できない力やプロセスが集団において生じるためである。

　産業場面においても，職場や会社などの典型的集団はもちろんのこと，顧客のような実体性の低い集団，ライバル企業同士の集団間関係，二者間の心理臨床面接などあらゆる集団にグループダイナミクスが関わっている。以下では釘原（2020）の分類を参考にその代表的なものをまとめる。

1. 業績や成果に関わるグループダイナミクス

　社会的手抜きは集団で作業を行うと，1人での作業よりも1人当たりの努力量が低下する現象である。綱引きによる実験では1人で綱を引くときの力を100とすると，4人で引くときの1人の力は77，8人の場合は49となることが報告されている（Kravitz & Martin, 1986）。集団での作業では個人の貢献を特定できず，努力することによる利益や手を抜くことによる不利益が発生しにくいため動機づけの低下が生じる。また，綱引きにおけるタイミング合わせのような集団内での協調が失敗することによる成果の低下も生じる。そのため，一般に集団が大きくなるほどに社会的手抜きは働きやすい。

　社会的促進，社会的抑制は他者と作業をしているが相互作用がない共行動時に生じる現象である。競輪選手が1人で走るよりも他の選手と走るときに良い記録を出すように，単純な課題や習熟した作業は共行動時にパフォーマンスが向上する。これを社会的促進という。一方，複雑な課題や慣れていない作業は

共行動時にパフォーマンスが低下する。これを社会的抑制という。共行動時には周囲の他者によって覚醒水準が高まり習慣的な反応が優位になるため，習熟した課題には成功し，不慣れな課題には失敗しやすくなると考えられてきたが異論もある（Uziel, 2007）。

2.　会議や議論に関わるグループダイナミクス

　集団極化（極性化）は，集団での意思決定が個人の意見の平均より多数派の意見に偏るという現象である。例えば成功する確率がどの程度あれば新事業を立ち上げるかという議論において，20％，30％，40％，70％，90％の意見を持つ5人が集団決定を行うと，平均値である50％よりも低い値が結論になりやすい。このように危険を許容する方向への集団極化をリスキーシフト，逆に堅実な方向への集団極化をコーシャスシフトという。集団極化は多数派の意見の方が多く発言されることによる影響や結果の責任を一人で負う必要がなくなることによって生じる（大坪・玉田, 2015）。

　共有情報バイアスは，話し合いにおいてそれぞれのメンバーが個別に持っている情報よりも共有している情報によって意思決定が影響を受ける現象である（Stasser & Titus, 1985；Stasser, 1988）。例えばXとYのどちらをリーダーとして選出するかを3人で議論する際，Xは長所が3つ，Yは長所が6つであっても，3人がXの長所を全て共有しておりYの長所を2つずつ個別に知っていた場合は，Xが選出されやすい。個別に知っている長所が共有されないことから，この現象を隠れたプロファイルとも呼ぶ。共有情報バイアスは，多人数が持っている情報がそれだけ言及されやすいことや，人が議論前の好みに一致する情報を求めやすいことなどによって生じる。

　前節で挙げた社会的手抜きは会議や議論においても生じる。創造的なアイデアの産出法として提唱されたブレイン・ストーミングと，同じ人数が個別に出したアイデアをまとめたものでは，後者がアイデアの質も量も上回ったことが報告されている（Diehl & Stroebe, 1987）。

3.　規範の遵守や逸脱に関わるグループダイナミクス

　同調とは自分の意見や行動を集団の他のメンバーのものに合わせることを指

す。正解が明らかな問題に対して，サクラが誤った解答をした後に参加者に解答を求める実験などから，人は自分が正しいと思っていた意見や行動であっても他人に同調して変える傾向があることがわかっている（Asch, 1951）。同調は人が他者から得た情報を現実の根拠として受け入れることによる情報的影響と，他者の期待に応えようとする規範的影響によって生じる。

　服従とは，権威を持つ他者に従って行動することを指す。アイヒマン実験と呼ばれる有名な実験（Milgram, 1974）では，生徒役のサクラに罰として電気ショックを与えることを求められた先生役の参加者の一部が，「続けてもらわないと実験が成り立ちません」などの実験者の指示に従って人体に危険なレベルの強い電気ショックを与えたことが明らかになった（実際にはサクラにショックは与えられていない）。このように明らかに非倫理的な行為が実行されるのは，権威の代理人として責任から回避できるからであるとする説や，実験者の科学的な活動に同一化するためであるという説などがある（Götz, Mitschke, & Eder, 2023）。

　没個性化とは，集団に埋没して個人が特定できない状況で，抑制が効かなくなり非倫理的な行動を取りやすくなる状態を指す（Festinger, Pepitone, & Newcomb, 1952）。インターネット上における炎上騒ぎなどはその典型的なものであるといえよう。没個性化状態は，匿名性や責任の分散によって引き起こされ，埋没する集団の規範が攻撃的であるときに反社会的行動に結びつくと考えられている（縄田, 2022）。

4. 集団維持に関するグループダイナミクス

　社会的ジレンマは，集団への非協力行動が協力行動よりその個人の利益になるが，全員が非協力であると全員が協力するよりも利益が低くなる構造を指す（Dawes, 1975）。例えば有害物質を不法に排出することは，処理費用がかからないのでその企業にとって利益となるが，全ての企業が同じことをすれば環境や人体への影響が深刻化することや規制が厳しくなることで全体への不利益が生じるであろう。社会的ジレンマにおいて協力行動を増やすためには，協力者が利益を得るような構造を作ることやコミュニケーションを促進すること，協力する他者が多いと知らせることなどが有効である。

内集団バイアス（内集団ひいき）は，自分が所属している集団（内集団）に愛着を感じ，優れていると認識する一方で，自分が所属していない集団（外集団）に敵意や対抗心を感じ，劣っていると認識する傾向を指す。人のアイデンティティは所属する集団によって影響を受けており，良い集団に所属していると認識することによって自分を肯定したいという動機から内集団バイアスが発生する（Tajfel, Billig, Bundy, & Flament, 1971）。

✛ 身につけるとできること：

グループダイナミクスについて理解することで，支援の対象者が所属する職場や職場外の集団について解釈することが可能となる。解釈には当事者らの発言だけでなく，調査データや業績など様々な情報を用いることができる。そして，その解釈を当事者と共有することや，その解釈に基づいて効果的な対応を検討することが有益な活用法といえよう。また，グループダイナミクスの知識は心理職だけでなく，経営者や労働者にとっても有用である。ワークを交えた研修などで職場の理解を深めることも活用方法の一つである。

✛ 身につけるために：

グループダイナミクスの提唱者であるレヴィンは人の行動が個性だけでなく環境からも影響を受けていることを指摘しているが（Lewin, 1936），ハラスメントがしばしば行為者の個人的要因に強く帰属され，職場風土や規範などの要因が見落とされるように，環境の影響は軽視されがちである。心理職は自分自身がグループダイナミクスによって影響を受けていることを自覚し，所属部署におけるメンバー間の影響や，面接場面における相互の行動の理解に努めることが求められる。また，産業場面に関わるグループダイナミクスは上記のもの以外にも様々なものがあり，集団浅慮（Janis, 1982）のように複合的に働く現象もある。それらの知識を身に着けることも必要となる。

✛ さらなる学びのために：

釘原 直樹（2011）．グループ・ダイナミックス—集団と群衆の心理学—　有斐閣

角山 剛（編著）（2019）．組織行動の心理学—組織と人の相互作用を科学する—　北大路書房

〔高原 龍二〕

B3　一般的な人事制度の理解

等級，評価，賃金などの人材の処遇，労務管理や福利厚生，人材活用や教育に関する一般的な制度を理解している

キーワード：人事・労務，人的資源管理，労働関連法規，多様性，就業規則
関連するコンピテンシー：A7，B1，B4，B6，B13

1. 心理職と人事・労務

　産業・労働分野の心理支援において，一般的な人事制度を理解しようとする姿勢が求められる。なぜなら，人事制度を把握しておくことで，組織のルールに沿った助言をすることができるからである。また，渡辺（2023）が「健康管理施策は企業が推進すべきたくさんの戦略のうち，人事戦略の一環として行われる。人事戦略の担い手は人事・労務部門であり，まずは健康管理施策を一連の人事戦略の中でうまく位置づけることが人事・労務部門が産業保健職と一緒に進めるべき役割になる」と述べているように，人事・労務部門と連携した健康管理支援を展開することができる。このように，心理職も一般的な人事・労務の知識を有しておくことが望ましい。

2. 人的資源管理の基本事項

　産業・労働分野の心理支援，とくに組織支援や心の健康に関する施策づくりに参画する場合，人材マネジメントの観点を有しておくことは必須である。組織における人材マネジメントのことを「人的資源管理（Human Resource Management）」と称する。人的資源管理の内容とその流れは図１のとおりである。人的資源管理は，経営管理や組織行動などの経営学諸理論を基盤としている。人事・労務の実務の土台として，テイラーの科学的管理法などの人間モデルの変遷，役割分業などの組織設計や組織構造に関する諸理論を知っておくことが望ましい。また，使用者と労働者の関係性を法的に把握しておくためにも労働関連法規について概観しておくことが推奨される（詳細はB4を参照）。産業・労働分野の心理職はその実務において，カウンセリング・マインド（心理職としての基本的な相談対応に対する姿勢や心がまえ）だけでなくリーガ

図1　**人的資源管理の内容**（上林・厨子・森田, 2018 を参考に作成）

新たな人的資源管理（現代的人事・労務のテーマ）

・多様化する労働者（女性，障害者，外国人労働者）
・多様化する労働形態（非正規雇用）
・多様化する労働時間と場所（裁量労働，在宅勤務）
・多様化する働く意味づけ（ワーク・ライフ・バランス）

一般的な人的資源管理（人事・労務の基本実務）

・人をどのように雇い入れるのか（採用・異動）
・人をどのように育てるのか（キャリア開発・人材育成・教育訓練）
・仕事の結果をどのように評価するのか（評価・考課）
・人をどのように処遇するのか（昇進・昇格）
・人にどのような報酬を与えるのか（賃金・福利厚生・退職金）
・人の安全と健康をどのように守っているのか（安全・衛生）
・労働組合とどのように関わるのか（労使関係）
・やめていく人とどのように関わるのか（退職）

人的資源管理の位置づけ（人事・労務の基礎理論）

・人の管理とはどのようなことか（人的資源管理入門）
・組織は人をどのように捉えるのか（人間モデル・組織行動）
・人の働く組織をどのようにつくるのか（組織設計）

ル・マインド（法律や制度の知識を有し，現場で使いこなせるスキル）を持ち合わせた判断が必要になる。後者を実践的に活用するためには，人的資源管理の観点を有しておくことが大きな助けとなろう。

3.　一般的な人的資源管理の役割

　一般的な人的資源管理のテーマは，人事・労務の基本的な実務事項ともいえる。人事・労務担当者による従業員の雇い入れから始まり，その人員を育成し，仕事に就かせ，結果を評価して処遇する，という一連のサイクルから構成されている（上林・厨子・森田, 2018）。その内容は幅広く，採用と異動，人材育成などの教育訓練，業務に対する評価と考課，それらに伴う昇進および昇格が含まれる。加えて，従業員が意欲的かつ安心して仕事に従事するために，適した

賃金や福利厚生を設定する必要がある。また，職場や心身の安全および衛生の管理も重要である。さらには，労働組合との協議などの労使関係もその役割に含まれる。

　以上のテーマは人的資源管理では主要なテーマであり，人事・労務担当者の基本的な業務内容である。しかしながら，心理職はその養成課程内で系統的に人的資源管理を学ぶ機会が多くない。産業・労働分野に関わる心理職は，予め人的資源管理の基礎的なテキストを購読したり，業務を通して人事・労務のセンスを高めていく必要がある。

4. 新たな人的資源管理の役割

　2015年9月に国連サミットで採択された「持続的な開発目標（SDGs）」の第8目標には「働きがいのある人間らしい仕事の実現」が掲げられており，人的資源管理は新たな展開を迎えている。その内容は女性活躍推進，ワーク・ライフ・バランスなど従来から人事・労務が直面し続けてきた課題に加え，LGBTQやテレワークなど世相を反映した現代的なテーマも多い。とくに労働者人口の減少による働き手不足も加わり，障害者，外国人労働者，定年延長など多様な人材の活用が注目されている。こうした多様な人材は，その特徴ゆえ，時短勤務など従来の人事制度では認められなかった配慮を要することがある。これらのケースは，従来は"特殊な事例"として産業保健スタッフが専門職として対応することが多かったが，一般的な人的資源管理のテーマとなりつつある。それゆえ心理職は，その専門知識を人事・労務担当者や管理監督者に対するコンサルテーションに活用することが求められる。

5. 組織の発展に貢献するために

　従来の人的資源管理から，経営との関与が強調された戦略的人的資源管理（Strategic Human Resource Management）の考え方が注目されている。戦略的資源管理とは，「業績改善を目標として立案された経営戦略と整合的に体系化され，計画的に遂行される人的資源管理（松山, 2015）」のことである。この考え方は，従来の人的資源管理が人事課題を中心として発展してきたことに対し，組織の業績アップのために人事・労務と経営戦略を関連づけることに特徴

がある。近年，経済産業省によって広がっている健康経営の取り組みはその一例であり，心理職が経営戦略に直接的に参画することが可能な時代になりつつある。今後は心理職が組織の発展に期待される機会が増えることが予想され，その期待に応えるためにも，人的資源管理の観点を有しておくことが望まれる。

✛ **身につけるとできること：**

　人事・労務の基本知識は多職種連携のための共通言語である。例えばケース会議の場において，過重労働の基準を知っておけば「残業時間が100時間／月を超えた」ことの深刻さを共有することができる。また，人事制度を知っておくことで制度に沿った心理支援ができる。例えば職場復帰支援において，「あと6か月で休職満了である」という制度上の事実を把握しておくことで，クライエントと現状を客観的に共有できるだけでなく，残り6か月で職場復帰を目指すという具体的な目標を設定しやすくなる。このように一般的な人事制度を理解しておくことは，支援のために必要な知識といえよう。

✛ **身につけるために：**

　まずは自分が所属している組織の就業規則（学則）を確認し，どのような規則のもとで働いている（学んでいる）のかを把握して欲しい。就業規則は，その組織の人事制度と連動している。スポーツを楽しむにはルールを知っておくことが必要であるように，産業・労働分野で支援を行うためには，支援先の就業規則を含む人事制度を把握しておくことが求められる。また，心理職自身もひとりの労働者である。労働法規や人事制度について把握しておくことは，自身の労務管理や健康管理にも活用できる。日頃から組織の人事制度を把握するという心がまえを有しておきたい。

✛ **さらなる学びのために：**

上林 憲雄・厨子 直之・森田 雅也（2018）．経験から学ぶ人的資源管理［新版］　有斐閣ブックス

〔坊 隆史〕

B4　法律や行政の動向について，最新の知識の取得

労働や健康に関する法律と行政の動向について，最新の知識を取得する
ことができる

キーワード：厚生労働省，労働安全衛生法，労働基準法
関連する他のコンピテンシー：A17，B3，B14，B15

　産業・労働分野で心理職が役割を果たすためには，労働や健康に関する法律
と行政の動向について，最新の知識を持っておくことは重要である。産業・労
働分野のクライアントの多くは，「労働者」と「使用者」の間で締結される労
働契約（民法上は雇用契約）に基づいて活動しているので，労働契約に関わる
法律の知識がなければ問題の所在が理解できない。

　また，心理職は，産業医，産業保健看護職，衛生管理者などの産業保健スタ
ッフ，人事・労務部門，職場の上司，労働組合などと関わる。事業場において
彼らが実施しようとする施策は，現実のニーズに即したものもあるが，法律や
施策で義務や努力義務として求められているものも多い。したがって，行政の
動向を把握していないと，事業場において彼らが実施しようとする施策の法的
な位置づけや意味が理解できない。法律と行政の動向の理解は，事業場におい
て心理職が他の職種と目的意識を共有して働くために不可欠である。

1．労働や健康に関する法律の理解

　労働や健康に関する法律は，人事労務管理に関わるものと労働安全衛生管理
に関わるものとがある（北村，2016）。労働については労働基準法が中心となる。
労働基準法は，労働条件の最低基準を定めた法律であるが，ここには賃金，労
働時間，休憩，休日，時間外・休日労働，深夜労働，年次有給休暇，解雇の制
限などについての最低基準が示されている。

　労働安全衛生管理に関する法律の中心となるのは，労働安全衛生法（以下，
安衛法と略記）である。安衛法は，労働基準法から派生して作られた法律であ
る。労働者の健康管理に関しては，安衛法による規制が加えられている。これ
以外に「使用者は，労働契約に伴い，労働者がその生命，身体等の安全を確保

しつつ労働することができるよう，必要な配慮をするものとする」という安全配慮義務が労働契約法に規定されている。

　これらの法律は「労働関連法規」や「労働法」と呼ばれるが，数が多く，毎年のように改正がなされる。心理職は法律の専門家ではないので，これらのすべてを把握できないと諦めてしまいがちであるが，大事なことは，産業・労働分野では，使用者と労働者の労働契約に基づいて権利と義務が規定されていることへの理解である。例えば，使用者の側に立ってみれば，心理職を雇用するのは，労働安全衛生管理に関する義務を履行するためでもある。心理職が労働者側のみに立ち，労働者の権利の主張にのみ耳を傾けるということでは一方的になってしまう。双方の権利と義務を理解した上で，専門職として中立的な視点を持っておくことが大切である。

2. 労働や健康に関する行政の動向の理解

　行政の動向の理解のためには，まず，労働や健康に関する社会動向について理解しておくことが必要であろう。産業・就業構造は時代によって変わり，それに伴って生じる疾病の種類や頻度が異なる。したがって，常に報道などに気を配り，労働を巡る社会的状況についても注視しておく必要がある。

　書籍では，中央労働災害防止協会（2022）の「労働衛生のしおり」をお勧めする。毎年発行されていて，最新の労働衛生対策が網羅されている。

　行政の動向は，法改正や指針が出た後でないと把握できないことが多いが，近年は厚生労働省のホームページなどに審議会や検討会の議事録，各種統計資料が示されている。

　注目すべきトピックについて表にまとめた（表1）。これらの多くは厚生労働省の所管であるが，他省庁所管（例. 健康経営は経済産業省の所管）もあるので注意が必要である。

3. 最新の知識を取得するために

1）事業場内外の心理職や他職種と情報共有を行う

　まず，自分の職場の心理職や他職種と情報交換を行うことである。事業場の衛生委員会で議論されている事項を知ることも重要である。人事労務部門のス

表1　労働や健康に関する法律や施策の主なもの

```
1. 基本的な法律
   1-1　労働基準法
   1-2　労働安全衛生法
   1-3　労働契約法（安全配慮義務）

2. 労災等を防ぐ
   2-1　第 14 次労働災害防止計画
   2-2　心理的負荷による精神障害の労災認定基準
   2-3　過労死等防止対策推進法
   2-4　働き方改革関連法（長時間労働の是正）
   2-5　自殺対策基本法（特に労働者）

3. 心の健康の保持・増進
   3-1　労働者の心の健康の保持増進のための指針
   3-2　ストレスチェック制度

4. 誰もが働きやすい職場の実現
   4-1　心の健康問題により休業した労働者の職場復帰支援の手引き
   4-2　治療と職業生活の両立支援のためのガイドライン
   4-3　育児・介護休業法
   4-4　障害者雇用促進法
   4-5　ハラスメント対策（労働施策総合推進法他）
```

タッフや衛生管理者とも日頃から情報共有を行うことが有効となる。

　2）書籍，雑誌，新聞，インターネットから情報を得る

　書籍では，前述の「労働衛生のしおり」で動向を把握できる。雑誌では，後述する学会の学会誌の他，産業医学振興財団の「産業医学ジャーナル」，労働者健康安全機構の「産業保健 21」などがお勧めである。また，可能であれば労働判例についても注目しておくと良い。判例の動向は「Web 労政時報」などのインターネットサイトからも入手できる。

　インターネットの情報は幅広いが，メンタルヘルスに関するポータルサイトである「こころの耳」がお勧めである。人事関連は，インターネットでは「日本の人事部」「HRPro」「リクルートワークス研究所」などの数多くのサイトがある。労働関係に強い弁護士や社会保険労務士が YouTube などの SNS などで発信している情報もわかりやすい。

3) 学会，研究会，研修会に参加する

　心理学や臨床心理学の学会だけでなく，日本産業衛生学会，日本産業精神保健学会，日本産業ストレス学会，日本産業保健法学会，日本キャリア・カウンセリング学会などの産業保健に関係する学会の大会への参加も検討すると良いだろう。心理職の部会，委員会が組織されていることがあるので参加してみるとよいだろう。

✛ 身につけるとできること：

　法律や行政の動向を踏まえた必要な施策を考えることができる。他の産業保健スタッフと必要な施策について話し合う際に，最新の法律や行政の動向を踏まえた提案ができる。

✛ 身につけるために：

　3. の 1) から 3) が該当する。

✛ さらなる学びのために：

北村 尚人（2018）．産業・労働分野に関係する法律・制度　元永 拓郎（編）　関係行政論（pp.192-204）　遠見書房

西脇 明典（2016）．労働関連法規　金井 篤子（編）　産業心理臨床実践—個（人）と職場・組織を支援する（pp.73-88）　ナカニシヤ出版

水町 勇一郎（2014）．労働法入門　岩波書店

〔種市 康太郎〕

B5 現場との普段のコミュニケーションから組織の問題を発見すること

日常の関わりの中で，現場の問題を発見することができる

キーワード：社会構成主義，アクション・リサーチ，関係構築，関係葛藤
関連する他のコンピテンシー：B2, B6, B9

　組織に対する支援の必要性や，その方略を検討するためには組織の現状把握が欠かせない。その方法としては，ストレスチェックに代表されるサーベイも有効だが，日々継続的，偶発的に行われる関係者とのコミュニケーションを通じて情報を得ることも重要である。以下に本コンピテンシーに関わる要素を解説し，日々のコミュニケーションが効果的な情報収集，問題発見の機会となるために留意すべき点を整理する。

1. 多様な情報源の確保と当事者のリアリティの尊重

　組織内の関係者とのコミュニケーションを通じて得られる情報は，現場の声，生の声と形容され，組織の実情を知る上で貴重な一次情報となる。一方で，それがどれだけ俯瞰的な目線から語られていようとも，特定個人の見方や意見である以上，主観性をまぬがれない。個人支援の場面でも，クライエントから聞いた話と，そのクライエントの上司や人事労務担当者から聞いた話を照らし合わせたときに，双方の事実認識が異なるということを，しばしば経験する。組織支援の文脈においても，同様の問題が生じることがある。例えば，組織の人事労務担当者と関わる中で，「入社間もない社員のメンタルヘルス不調や離職が続いていて，管理職のマネジメント力に課題を感じている」という話を聞いたとする。しかし，別の機会に現場の管理職と接する機会を得て話を聞いてみると，「人事労務担当者が本人の希望や適性などを考慮せず採用や配置を行っていることに課題を感じている」という話が聞かれた。このとき，同じ問題に対して見解の相違があることを把握できたのは，複数の立場の人と接点を持てたからである。この例のような極端な乖離があることは少ないかもしれないが，組織の問題を立体的に把握するためには，同じ事象に対して複数の情報源を得

ることが重要である。したがって，心理職が置かれている立場において可能な
範囲内で，日頃から様々な属性の人と関係性を構築しておくことが望ましい。
ここで注意が必要なのは，複数人の見解や意見を聞くことで客観性を確保でき
ると，安易に考えてはいけないということである。先ほど例にあげたような現
状認識の相違に対して，どちらが正しいかを追求しても，組織支援にとって重
要な示唆が得られるとは限らない。むしろ，見解の相違が生じていること自体
に組織の問題が現れているとも言える。参考になるのは，社会構成主義の考え
方や，それと関連する研究手法であるアクション・リサーチの方法論である。
社会構成主義は，事実を人間の社会的活動とは別に存在する唯一絶対の真実で
はなく，社会関係の中で行なわれる相互行為を通して，その都度構成され変化
していく，相対的で多様なものと見なす。また，アクション・リサーチは，社
会構成主義的な視点も取り入れながら，研究者自身が参与観察的にコミュニテ
ィや組織の内部に関わり，研究対象を分析すると同時に課題解決をしていく手
法である。これらの考え方や方法論の概要に触れておくと，多様な人と関わり
情報を得ながら，それぞれの人々のリアリティを尊重して課題解決を目指すと
いう姿勢を学ぶことができ，これは組織支援にも役立つものである。

2. 現場を構成する人々との信頼関係構築

　個人支援の場面においてラポールの形成が重要であるのと同様に，組織の支
援においても，現場を構成する人々との信頼関係は欠かせない。組織の中の
人々の立場に立ったとき，心理職に対して信頼を感じられなければ，自身の持
つ情報や考えを積極的に話そうとは思えないだろう。逆に言えば，現場からの
信頼が厚い心理職の元には，自ずと相談や情報が集まるということでもある。
信頼関係の構築を目指すにあたっては，感情的信頼と認知的信頼（McAllister,
1995）の2つの観点で考えることがヒントになる。感情的信頼とは，親しさや
共感性に基づくものであり，言わば人としての基本的な信頼感を指す。感情的
信頼の構築のためには，傾聴に基づくラポール形成など，個人支援のスキルが
応用できる。一方，認知的信頼とは，有能さや知識に基づくものであり，心理
支援の文脈では専門家としての信頼感を指す。認知的信頼の構築のためには産
業・労働分野の心理職としての専門知識やスキル，それらに基づいて有効な支

援を行ってきたという実績が必要になる。また，感情的信頼，認知的信頼のいずれにも関わることであるが，組織の中の人々と信頼関係を構築するためには，心理職が置かれている立ち位置や，その組織の構成員の相互関係にも注意を払わなくてはならない。例えば，心理職が特定の人物や部署と関係が深いと思われているとき，その人物や部署と関係葛藤がある人とは信頼関係の構築が難しくなる場合がある。そのこと自体も組織のありようを理解する上で，1つの情報となるが，組織内においては，ある既存の関係性が別の関係性構築を妨げることがある。したがって，心理職はこのような関係性のジレンマが生じることも念頭におき，相手から自分がどのように見えているか省みる視点を持たなくてはならない。一方で，全ての人と良好な信頼関係を結ぶことにこだわり過ぎないことも大切である。所属が組織の内外いずれであれ，心理職自身もその関係性に組み込まれている1人の人である。特に，ある人との関係構築のため，守秘義務をおろそかにして他で知り得た情報を漏らしたり，その人と葛藤のある人物についてネガティブな発言をして同調を得たりするなど，配慮の欠けた言動を取らないよう注意しなくてはならない。そのような言動は，長期的にみたときに組織全体からの信頼を損ねるばかりでなく，職業倫理からも逸脱する恐れがある。組織内の多様な人々との信頼構築を目指すにあたっては，節度と限界も意識すべきである。

3. 事実や定量的な情報との照らし合わせ

　現場とのコミュニケーションを通じて得られる情報の多くは，数値化されておらず言葉で表現された定性的な情報である。そのような定性的な情報がもつ主観性を理解した上で，それぞれのリアリティを尊重する態度が重要であることは先に述べた通りである。一方で，それは組織の特徴を定量的に捉え，データに基づいて問題を明らかにすることと相反するものではない。むしろ，量的研究と質的研究の関係性のように，相補性を持つものと考えることができる。したがって，コミュニケーションを通じて得られた情報と対応したり，それを裏付けたりする事実や定量的な情報の収集も重要である。例えば，事業環境や人事，制度，業務内容，業務量等に事実としてどのような動きがあったのか，ストレスチェック等の各種サーベイの結果，メンタル不調者の発生率，離職率，

業績等の数値はどのように推移しているのかなどである。それらの事実や定量的な情報と，現場の人々とのコミュニケーションを通じて知り得た情報を照らし合わせ，そこにどのような符合と齟齬があるかを見ていくと，組織の問題点を発見するための示唆が得られる。また，現場でのコミュニケーションを通じて見聞きした情報が，定量的な情報を評価したり解釈したりする上で役に立つことは言うまでもなく，その意味でも組織の関係者との日々のコミュニケーションは重要である。

✚ 身につけるとできること：

　現場の関係者との日常的コミュニケーションの中で情報収集ができるようになると，現場の人々の視座からみた組織上の問題に気づく機会が得られる。それらの情報を定量情報等と組み合わせることによって，より立体的に組織の問題をアセスメントすることができるようになる。また，コミュニケーションを通じて現場の人々の考えや心情を理解することは，それに寄り添った効果的な介入や施策を立案，実行するうえでも役に立つ。

✚ 身につけるために：

　心理職が置かれた立ち位置の範囲内で，できるだけ多様な組織内関係者との接点が得られるよう，日頃から様々な場面で積極的な関わりを持つことが求められる。例えば社内研修は，心理職がその存在と役割を多くの人にアピールできる場であり，上手くいけば，それまで関わりのなかった人と接触できるきっかけになる。その他，個人支援の場面も，組織の問題を発見するための貴重な情報源となる。クライエントが語った内容から，クライエントの所属する組織の問題をアセスメントする習慣をつけると，日頃のコミュニケーションを通じた情報収集力を養うことにも繋がるだろう。

✚ さらなる学習のために：

三浦 麻子（監修）佐藤 寛（著）(2018)．心理学ベーシック第4巻　なるほど！ 心理学　観察法　北大路書房

中原 淳 (2023)．人材開発・組織開発コンサルティング―人と組織の「課題解決」入門　ダイヤモンド社

〔楠 無我〕

B6　対象組織の力動の理解と解釈

対象組織において働く力動の理解に基づき，生じている事象を解釈できる

キーワード：組織構造，視覚化，組織階層，成長モデル
関連する他のコンピテンシー：B2，B3，B9，B10

　産業・労働分野では，組織そのものも支援の対象となりうる。関わり方は各心理職の立ち位置（内部／外部）や役割（個人のケア／組織の改善）によって様々だが，「何が起きているか」の理解（見立て）は関わりの前提として必要である。組織の構成要素を，体制や制度，仕事の進め方，各種手続きなどの組織構造（静態）と，コミュニケーション，リーダーシップ，意思決定などの組織過程（動態），メンバーが共有する価値観や雰囲気などの組織文化・風土に分けることもあるが，ここでは，面，層，時間の軸を用いて整理する。

1.　面で組織を理解する

　面で理解するとは，問題となっている人や事柄と，取り巻く環境（人物，環境，出来事など）との関連（因果や相互作用）を見ることを指す。職域の相談には環境要因や関係者が数多く登場し，認知行動アプローチの「環境×個人（認知・感情・身体・行動）」のフレームでは情報をまとめきれないことがある。そうした際には，「ケース・フォーミュレーション」や「システムズ・アプローチ」「エコマップ」などを用いると多くの外部要因が関与する状況を整理できる。

　これらの知見の特徴は，情報を図表などで視覚化する点にある。ドラマの「人物相関図」のように，目に見えない抽象的な概念や関係を目に見える形に変換することで，心理職だけでなく，クライエントや企業担当者にも状況を俯瞰して理解する機会となり，キーパーソンや介入方法を探すための共通の地図となる。また，関係者と連携を取る際の説明資料としても活用できる。「視覚化」と書くと難しく感じるかもしれないが，複数の人間・要素同士の関係を整理できれば形式は不問であろう。例えば，職場の人間関係の相談の場合に，命令系統や座席配置を確認して手書きするだけでも，心理職が状況を想像するこ

とを助けてくれるし，クライエントにとっても状況の再認識になるだろう。

2.　層で組織を理解する

　面の理解が横方向への視野だとすれば，縦方向の観点も持っておきたい。縦とは階層である。階層と聞くと等級制度や役職などを思い浮かべた方も多いだろう。そうした静的な構造も組織を理解する有益な情報だが，ここでは①作業（個人），②部署（集団），③事業場（組織）の３つで整理する。この３つは，新職業性ストレス簡易調査票の「仕事の資源」の分類にも用いられ，「誰が対応すべき問題か」「誰が実行できる課題か」を考える助けとなる。

　①作業（個人）レベル

　個人の作業や職務のレベルで問題や課題を見る視点である。このレベルの問題には個人や管理職による対処が可能なことも多く，心理職は個人支援や管理職との連携で対応していく。また，「ジョブ・クラフティング」は各自が自分の仕事を創意工夫し働きがいを高める個人の取組だが，個人の行動や認識の変容が職場に伝播することもあり，個人レベルの取組も組織に影響を与えると言える。職務レベルの問題や課題の発見には，どのような仕事の特徴が人に意欲や成果をもたらすかを研究した各種モチベーション理論の知見も有用であろう。

　②部署（集団）レベル

　部署やグループという集団のレベルで問題や課題を見る視点である。チーム内のコミュニケーションや管理職のリーダーシップとチーム運営などはこのレ

表1　新職業性ストレス簡易調査票における「仕事の資源」の分類

レベル	仕事の資源
①作業レベル	仕事のコントロール，仕事の適性，技能の活用度，仕事の意義，役割明確さ，成長の機会
②部署レベル	上司からのサポート，同僚からのサポート，家族・友人からのサポート，経済・地位報酬，尊重報酬，安定報酬，上司のリーダーシップ，上司の公正な態度，ほめてもらえる職場，失敗を認める職場
③事業場レベル	経営層との信頼関係，変化への対応，個人の尊重，公平な人事評価，多様な労働者への対応，キャリア形成，ワーク・セルフ・バランス（ポジティブ）

ベルに位置づけられ，対応の責任は管理職にあると言えるが，改善への取組は部署メンバーの協力無くして進まない。このため，心理職が研修やファシリテーションなどの実施を求められる機会も少なくない。このレベルでの問題の発見や理解，介入には，行動分析や交流分析などの対人行動に関する知見や，チームのコミュニケーションのプロセス自体に着目するシャイン（Schein, E. H.）の「プロセス・コンサルテーション」なども役立つであろう。

　筆者は，管理職層と若手社員のコミュニケーション希薄化を問題視した企業での研修で，管理職と若手への事前アンケートから双方の認識や期待を数値化し，リーダーシップやキャリア理論に基づいて「出来ていること」を示した上で，問題の背景や双方が出来ることを考え，さらに管理職層と若手で意見交換を行った経験がある。相互理解や対話促進の機会となったが，これも部署レベルの問題に対し，背景や改善行動を当事者と検討した介入と言えるだろう。

　③事業場（組織）レベル

　組織全体の問題や課題を見る視点である。例えば，ある部署でのハラスメント問題の背景に，一部役員にハラスメント行為を認容する言動があるなど組織的問題が潜んでいることがある。また，休職制度の不備や運用の不徹底が休職者の問題行動を惹起することもある。施策や制度等への対応は人事部や経営層の責任事項と言え，心理職が直接関与する機会は多くないと思われるが，「個人や管理職の範疇を超える」「制度の問題もありそう」などの視点があると，人事担当者等への助言ができるだけでなく，管理職や従業員との相談の中で，出来ないことを見分け，出来ることへ注力する作業も捗りやすくなる。個人・集団・組織の問題は相互に連関し厳密な区分は難しいが，組織レベルの問題や課題の発見に向けて，法令や制度，社会情勢へのアンテナは張っておきたい。

3. 時間で組織を理解する

　時間や変化を重視する適応モデルや成長モデルで関わるのも心理職の特徴と言えよう。ある時期には問題に思えた現象が，実は適応や成長のために必要なプロセスであった，ということは職場組織においても起こりうる。

　ブリッジズら（Bridges et al.）のトランジション理論では，何かが終わり，新たな何かが始まるまでの間には，混乱・無力・空虚を感じる「ニュートラ

ル・ゾーン」があるとしている。変化への適応を考える上での示唆となろう。また，グループの発展が，集団形成期，混乱・対立期，統一・規範化期，機能・達成期の4段階を経るとしたイゴルフら（Egolf et al.）の「タックマン・モデル」は，チーム・ビルディングの道筋や現在地を示してくれる。

　こうしたモデルは，個人や集団の混乱や無力感，葛藤や衝突を，単にネガティブで避けるべき出来事ではなく，変化への適応やチーム形成の過程として捉え直すことを可能にする。その認識は関係者に意味や見通しの感覚を育み，レジリエンス（ストレス対応力）の向上にもつながると考えられる。組織への適応やキャリア発達など，時間やプロセスの概念を含む理論も重要である。

　なお，シャイン（Schein, 1999）は，「常に共同の診断作業で明らかになった現実を扱う」「自分の抱いている推測的過程に信を置くべきではない」と解釈の押し付けを戒める。支援者には，己の無知を知り，謙虚に問いかけ，相手と共同で理解を進める姿勢が求められる。

✛ 身につけるとできること：

　複数の軸に基づいた情報の把握・理解・整理ができると，個人支援に留まらず，管理職や人事担当者と「どうなればよいか」「何ができるか」の検討や提案が行える。把握した情報を理論や研究や社会情勢や他社事例などとすり合わせ，よりよい職場を目指す取り組みはキリがないが，それも面白みと言えよう。

✛ 身につけるために：

　視覚化に向けて複数要素の関連図を書いてみること。グループ・ダイナミクス，リーダーシップ，モチベーション，人と組織の適応，組織開発などの組織心理学の学習。労働安全やビジネス関連雑誌などによる情報収集など。有用な情報は多岐にわたるため，焦らず徐々に学習を進めてほしい。

✛ さらなる学びのために：

大阪商工会議所（編）（2021）．メンタルヘルス・マネジメント検定試験公式テキスト 第5版 1種マスターコース　中央経済社

角山 剛（編著）（2019）．組織行動の心理学—組織と人の相互作用を科学する—　北大路書房

〔榎本 正己〕

B7　組織への対応のために関係部署と連携
組織で生じている問題を解決するために関係する部署と連携をとることができる

キーワード：多職種連携，他機関連携，心の健康づくり計画，情報の整理
関連する他のコンピテンシー：B5，B9，B10，B13，B14，B17

　産業心理職は1人で産業精神保健活動に関わるわけではない。事業場での心の健康づくり計画などに従って，事業場内の関係するさまざまな職種との多職種連携を意識し，産業保健スタッフの一員としてチームとして動く必要がある。同時に，事業場外資源との他機関との連携が必要となる。多職種連携，他機関連携の前提として，事業場における経営，人事，産業保健スタッフの目標や計画を理解すること，それぞれの職種や機関が果たそうとする役割を理解する必要がある。それらを前提とした上で，どのような組織の問題を解決しようとしているのかを理解し，産業保健スタッフの一員として，あるいは，組織のニーズに応える産業心理職として関わる必要がある。

　連携とは「異なる専門職・機関・分野に属する二者以上の援助者（専門職や非専門的な援助者を含む）が，共通の目的・目標を達成するために，連絡・調整を行い協力関係を通じて協働していくための手段・方法」である（鶴，2018）。ここでは多職種連携，他機関連携の種類について述べた上で，連携を進める上でのポイントを説明すると共に，組織への対応の実際を紹介する。

1. さまざまな職種や機関との連携
1）多職種連携
　事業場で選任が義務づけられている職種には産業医と衛生管理者がある。産業医は労働者の健康管理などについて，専門的な立場から指導・助言を行う医師である。衛生管理者は産業医，労働環境の衛生的改善と疾病の予防処置などを担当し・事業場の衛生全般の管理をする。それ以外に，選任義務はないが，産業領域の保健師および看護師である産業看護職が活躍している。

2）事業場内の他部門，事業場外の他機関との連携

　事業場内においては健康管理部門，人事部門，労働組合，ハラスメント相談窓口，キャリア相談窓口など，産業心理職が所属していない相談窓口との連携も考えられる。事業場外では外部 EAP（Employee Assistance Program），外部医療機関などとの連携も考えられる。ただし，組織への対応は事業場内の関係者との連携が主となることが多いだろう。

2. 連携を進める上でのポイント

1）組織の各部門の目的，戦略，計画を理解すること

　組織（事業場）は企業目的を掲げ，その目的を達成するための経営戦略，経営計画を策定する。主に経営管理部門は，経営戦略の推進のために経営組織を編成し，組織の従業員や職員を配置する。組織の任務に対して労働者は必要な能力を発揮しなければならず，任務の遂行にあたって健康上の問題やその他の問題が生じると考えられる。

　人事部門は経営戦略に基づいて人材を採用し，配置する。必要に応じて人材育成を行う。人事が考える採用計画や人材育成計画に基づき労働者は組織の任務にあたっている。

　健康管理部門は，このような組織の従業員や職員の健康管理を行うために産業保健活動を行う。産業保健活動の主目的は，労働者の健康障害の予防と健康の保持増進，ならびに福祉の向上に寄与することにある。産業医，産業看護職，衛生管理者などは専門的立場から関連する情報の提供，評価，助言などの支援を行う。事業場においては，身体面を含めた健康づくり計画を年度単位で策定し，その一部として心の健康づくり計画が進められる。

　産業心理職はこれらの経営管理，人事，健康管理の各部門の目的，戦略，計画を理解し，それらの目的，戦略，計画が進められると，労働者がどのような健康上の問題やその他の問題を抱える可能性があるかを推測し，情報を得ることが必要となる。その上で，経営，人事，健康管理の各立場の者と協議し，活動することが重要である。産業心理職は，特に心の健康に関する側面に対して支援を行うが，一方で，健康管理部門または人事部門のチームの一員であるという意識を持ち，チームの目的遂行に貢献する必要がある。

特に，健康管理部門の産業医や産業看護職は①作業環境管理，②作業管理，③健康管理という「労働衛生の3管理」を意識して活動する。①は作業環境中の有害因子の状態を把握し，できるかぎり良好な状態で作業環境を管理すること。②は有害要因のばく露や作業負荷を軽減するような作業方法を定め，それを実施するように管理すること。③は労働者個人の健康の状態について管理することである。産業保健スタッフは①②③の順で職場を見る傾向がある。つまりまず，職場環境を全体的に見て，次に個々の労働者の作業を見るという順である。また，事後対応よりも予防に活動の力点が置かれることが多い。

心理職は労働者個人に発生した問題を優先して取り上げる傾向がある。もちろんこの点に反対するわけではないが，他の職種とは考える順番や優先順位や異なる場合がある。組織の問題を考える時は，労働者個人の問題ばかりに固執するのではなく，労働環境全体を捉える視点でも考えることが重要である。

また，経営部門，人事部門，健康管理部門の各施策は，具体的なレベルでは矛盾が生じたり，拮抗したりする可能性がある。例えば，経営部門の計画の遂行が，健康管理上の問題を引き起こすという場合である。このような時こそ連携が重要となる。両者の考えや関係性を理解した上で，産業心理職は自身の見解を述べる必要があるだろう。

2）ボトムアップ的な情報整理を行うこと

産業心理職は，職場の生の声に触れる機会が他領域専門職に比べて多い（種市・割澤, 2018）。このような生の声には組織が抱える課題が反映されていることがある。守秘義務の観点から，生の情報を提示はできないが，得られた情報を蓄積・分類し，情報源が特定されないかたちで整理する「ボトムアップ的情報整理」は可能である。「最近の○○部署では，仕事の忙しさを訴える若手が増えた」というように，個人が特定されない形で情報を整理し，発信することで他の職種との連携において心理職が役割を果たせるだろうと考えられる。

3）求められている役割を理解し，チームの一員として機能すること

産業心理職は他職種から求められている役割を理解し，チームの一員として機能することが重要である（種市・割澤, 2018）。産業医が嘱託で常駐せず，産業看護職のみの職場で，心理職に多くの役割が期待される場合もある。一方，産業医がリーダーシップを発揮し，心理職はフォロワーの立場を取ることが望

ましい場合もある。求められていることを理解し応えることが他の職種からの
信頼につながる。

3. 組織への対応の実際

　組織への支援を行う際には，多職種の連携とともに，ストレスチェックなど
のデータを活用することも有用である。例えば，特定の個人への仕事量の偏
り・負荷の高さが課題となっている場合，産業心理職として支援する際に，個
人への支援を行うだけでなく，個人をとりまく環境としての組織に課題がない
かどうか，組織支援の観点をもつことが重要といえる。組織の支援に際しては，
まず，組織のアセスメントを行うことが必要となるが，その材料として，面接
などから得られたボトムアップ的な情報と合わせて，対象組織のストレスチェ
ックの結果などのデータを活用することができる。このように，職場の特徴や
課題を数値により可視化して把握することで，組織に働きかけたり，人事や経
営層の課題認識などにもつながり，産業心理職をはじめとする産業保健スタッ
フ，人事部門，経営層など多職種が連係しやすくなり，より実際的な組織の対
応を行うことが可能となるといえよう（島津, 2020）。

✚ **身につけるとできること：**
　組織の目的や多職種の役割を理解し，チームの一員であるという意識をもっ
て活動を行うことで，共通のゴールに向かって多職種で支援を行うことが可能
となり，「個人」を支援し理解するだけでなく，個を取り巻く「組織」をより
立体的・実際的に把握し，理解・支援していくことが可能となる。

✚ **身につけるために：**
　所属する事業場における他部門の計画を理解することが必要になるだろう。
そのためには日頃から他部門の担当者の話を聞くことが必要となる。

✚ **さらなる学びのために：**
森 晃爾（総編集）(2021). 産業保健マニュアル 改訂 8 版　南山堂
金井 篤子（編）(2016). 産業心理臨床実践　ナカニシヤ出版

〔**種市 康太郎・島津 美由紀**〕

B8　研修の企画と実践

組織の課題に応じた研修内容を企画し，実施することができる

キーワード：組織アセスメント，インストラクション・デザイン，ファシリテーション

関連する他のコンピテンシー：A7，B1，B2，B3，B5，B6，B9，B10，B13，C11

　職場の衛生教育，あるいは管理者教育，新入社員教育として，メンタルヘルスに関するラインケアやセルフケアに関する研修を企画し，実施することが心理職に求められることがある。

　組織の課題に応じた研修内容を企画し，実施するためには，1）組織の課題を理解し，研修の対象と目標を明確にする，2）研修の内容と方法を検討する，ことが重要である（種市, 2015）。これらについて順に説明する。

1. 組織の課題を理解し，研修の対象と目標を明確にする

　研修の前段階として，組織の課題を理解することが必要である。研修内容の企画は，組織のアセスメントから始まると言える。アセスメントを行う中で，研修を実施する必要性や理由を確認する。

　企業の研修担当者との事前の打ち合わせを行い，企業側のニーズを具体的に汲み取る必要がある。研修は労働安全衛生管理の中で労働衛生教育の一部として行われる。依頼された研修の位置づけを確認することが重要である。

　研修が心理職に託された理由も確認すると良い。「医師には病気の話はしてもらっているが，実際，上司が不調を抱えた部下にどう関わって良いのかわからない」というように，心理職に求められている役割がある。スタッフの思いを汲み取り，研修に反映させることは，全体的な施策の中に研修が生きることにつながる。

　次に，研修の対象と目標を明確にする。組織の課題に応じて，どの対象に研修を行うことが効果的かを検討する。全社員研修は対象に差があるので上手く行かない。管理職と一般職などに分けた研修が有効である。対象を決めたら，その対象のこれまでの業務経験や研修受講経験を踏まえて，研修の到達目標を

具体的に決める。

2. 研修の内容と方法を検討する

　メンタルヘルス研修の内容は，厚生労働省の「労働者の心の健康の保持増進のための指針」（2006年）における4つのケアのうち，「セルフケア」「ラインケア」に示された内容に準ずることが基本となる。既に厚生労働省の指針などにおいて標準的な内容は示されていて，島津（2012）や堤（2012）によってガイドラインが提示されている（表1）。

　メンタルヘルス研修の方法は大別すると「知識伝達型」と「参加体験型」の2種類がある（表2）。大きな違いは，答えがあるかないかと言える。答えが明確な知識を伝える場合は効率が重要である。一方，管理職の具体的な関わり方など，さまざまな考え方があり，意見が一致しないような内容は，各人の意見を引き出し，話し合いを進め，一定の合意形成を狙うアプローチが有効である。内容によってこれらを組み合わせると有効な研修となる。

　1）知識伝達型のポイント

　まず，到達目標を明示する。最初に研修のゴールや，扱うトピックを示す。

表1　研修に含める必要がある標準的な内容（島津, 2012；堤, 2012）

(1)　セルフケアに含める標準的な内容
　① メンタルヘルスケアに関する事業場の方針
　② ストレス及びメンタルヘルスケアに関する基礎知識
　③ セルフケアの重要性及び心の健康問題に対する正しい態度
　④ ストレスへの気づき方
　⑤ ストレスの予防，軽減及びストレスへの対処の方法
　⑥ 自発的な相談の有用性
　⑦ 事業場内の相談先及び事業場外資源に関する情報

(2)　ラインケアに含める標準的な内容
　① メンタルヘルスケアに関する事業場の方針
　② 職場でメンタルヘルスケアを行う意義
　③ ストレス及びメンタルヘルスケアに関する基礎知識
　④ 管理監督者の役割及び心の健康問題に対する正しい態度
　⑤ 職場環境等の評価及び改善の方法
　⑥ 労働者からの相談対応（話の聴き方，情報提供及び助言の方法等）
　⑦ 心の健康問題により休業した者の職場復帰への支援の方法
　⑧ 事業場内産業保健スタッフ等との連携及びこれを通じた事業場外資源との連携の方法

表 2　研修の進め方の種類

特徴	（A）知識伝達型	（B）参加体験型
答え	ある程度，ある	ないか，意見が一致しない
伝達方法のポイント	「動機付け・見通し」 「共感」 「常識とのズレ」を狙う	話し合いを進めて，一定の合意形成を狙う
伝達の仕方	効率や密度重視	時間を計算しつつ，各人の意見を引き出す
必要な技能	話し方 スライドのデザイン プレゼンテーションの技能	ファシリテーションの技能 グループとの関わりの技能
適切な形式	・説明形式 ・クイズ形式 ・個人ワーク形式	・グループワーク形式 ・シミュレーション形式 ・ロールプレイ形式

タイムスケジュールや休憩時間を示す。内容面では，現状に共感した具体的な提案を行う。「部下の顔色を見るって言っても，マスクしていたらわからないですよね。部下が話す機会を作ることが重要です」というような，制約のある職場状況に合わせた対応方法を伝える。さらに「常識とのズレ」を狙う。「そんなこと知ってるよ」という知識を羅列的に述べるだけでは飽きるので「うつ病には身体症状も生じやすい」というような，わかりやすいがなるほどという内容を入れながら話を進める。

　2）参加体験型のポイント

　まず，枠組み（構成）を明確にする。グループワークやディスカッションを進める際にはテーマ，個々の役割，時間などの枠組みを明確に示すことが重要である。テーマは身近なものにする。そのためには，事前に企画担当者や産業保健スタッフから職場で生じやすい問題を聞き取っておくと良い。研修において，正解は用意しなくても良い。講師は「答え」を提供するのではなく，受講者の意見を引き出すファシリテーター的役割を目指すと良い。

❖

✛ 身につけるとできること：

　組織をアセスメントし，課題を理解する力が付く。対象に合わせた研修の目標を立てることができ，研修の内容と方法を決め，実践することができる。

✛ 身につけるために：

　最もよい方法は場数を踏むことである。試行錯誤の連続で上達する。可能であれば，経験のある心理職の研修に同席させてもらったり，一部の研修を分担させてもらったりすると良い。また，リワーク・プログラムでの講義などからはじめてみるのも良い。

　研修のデザインは，インストラクションデザイン（教育設計学）として，鈴木（2015）や柴田（2018）が体系的にまとめている。また，この節で参加体験型と分類した研修方法については，堀（2004）によるファシリテーションの技能が有用である

✛ さらなる学びのために：

三浦 由美子・磯崎 富士雄・斎藤 壮士（2021）．産業・組織カウンセリング実践の手引き改訂版―基礎から応用への全8章　遠見書房

柴田 喜幸（2018）．産業保健スタッフのための教え方26の鉄則―イケてる健康教育はインストラクショナルデザインで作る！　中央労働災害防止協会

鈴木 克明（2015）．研修設計マニュアル：人材育成のためのインストラクショナルデザイン　北大路書房

〔種市 康太郎〕

B9 ストレスチェックの集団分析や休復職状況などのデータ分析と対策の提案

ストレスチェックの集団分析，休復職状況のデータ分析などに基づいて，課題を抽出し，対策を提案することができる

キーワード：データ活用の基本的考え方
関連する他のコンピテンシー：B5，B6，B7，B8，B10

　産業精神保健における組織支援活動を産業心理職のみで行うことは不可能であり，経営者，管理職，人事スタッフ，産業保健スタッフの他職種との協働が不可欠である。協働においては，組織の現状と課題における共通認識が必須であり，その共通認識を形作るベースとなるもの一つがデータであるため，データをいかに活用できるかが重要となる。

　では，データを活用し，組織の現状や課題を認識し，対策に結び付けていくために，産業心理職には何が求められるのであろうか。ここでは，ストレスチェックの集団分析や休復職状況などのデータを収集・分析し，対策を提案するために，どのようなプロセスをふめばよいのかを述べていくこととする。

1. データ活用の基本的な考え方

　まず，データ活用の基本的な考え方をおさえておく必要があるだろう。和田（2018）をもとに，1）活動の目的と流れを明確にするロジックモデルと，2）活動の計画を立て，データをとし，まとめて改善につなげるための PDSA サイクル—Plan（計画）—Do（実行）—Study（学習）—Action（改善）の考え方の2つを紹介する。

　1）ロジックモデル

　活動の目的と流れを明確にするロジックモデルは，投入（コスト，時間，人などの資源をどのくらい費やしているか）→活動（活動内容）→結果（活動を実施した量）→成果（結果が活動の目的にどの程度寄与したか）に分けて考える。そして，それぞれに指標を設定する。活動はプロセス指標と呼ばれ，結果，成果はアウトプット指標，アウトカム指標と呼ばれる。それぞれの指標におい

表1　SMART の５つの要素（和田, 2018 を筆者が加筆作成）

S（Specific　具体的に）：明確で具体的な表現を表す
M（Measurable　測定可能な）：達成度が定量化できる
A（Achievable　達成可能な）：現実に即して，達成可能である
R（Relevant　関連した）：目標と関連している
T（Timed　期限がある）：実施時期や達成の時間的期限

図1　PDSA サイクル（和田, 2018 を筆者が加筆作成）

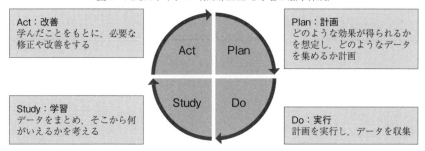

て，5つの要素（SMART）を考慮して目標を定めることで活動が明確になる。

2）PDSA サイクル― Plan（計画）― Do（実行）― Study（学習）―
Action（改善）

良く知られている PDCA サイクルの Check から Study に変更したモデルで
あり，活動全体の計画を立てて，実行し，データをとり，まとめて改善につな
げるというモデルである（図1参照）。

2. データの収集，分析，提案のプロセス

では，ストレスチェックの集団分析や休復職状況のデータを収集，分析し提
案をしていくには，どのようなプロセスを踏んでいったらよいのだろうか。

1）データの収集

①社内データの整理

最初に社内にどのようなデータがどこにあるのかを知っておく必要があるだ
ろう。社内にあるデータの例を表2に示すようなものである。ストレスチェッ
クの集団分析や休復職状況のデータ以外にどんなデータをどのように入手でき
るのか整理しておくとよいだろう。

表2　社内データの例

```
☑  労務管理情報
    残業時間，有給消化，退職率など
☑  健康管理情報
    健康診断結果，休務者数，レセプトなど
☑  調査情報
    モラールサーベイ，ES サーベイ，ストレスチェック　など
```

②対策の目的と成果指標の確認

　実際にデータを収集，分析する前にゴールの確認を行う必要がある。すなわち，最終的に提案する対策の目的「何のために対策をとるのか」と目標「対策をとって何を目指すのか」，そして成果指標「目標に到達したかどうかは何をみればわかるのか」を明確にする必要がある。このプロセスを産業医，産業看護職といった産業保健スタッフだけでなく，人事スタッフなどと協働して行うことにより，最終的に提案する対策の社内の位置づけ，意味づけが明確になる。

③仮説を立てデータを収集

　成果指標が具体的になることで，用いるデータが明確になる。例えば，「休職者を減らしたい」と考えている企業の場合，何らかの対策をとってその成果として求められるのは，「休職者の数」であるが，どのくらいの期間休務した者を対象とするのか，どの期間でデータをとるのか，といった具合に，先述のロジックモデルで紹介した SMART の要素で具体的に指標化していく。

　その上で，休職者の増減に何が影響しているのか，についての仮説をまず立てる。この仮説を立てる際にも他の産業保健スタッフや人事スタッフなどと意見交換をしながら進めていくとよいだろう。そして，仮説を定式化する際に役に立つのが津野（2018）に紹介されている PECO，PICO と呼ばれる方式である（C6 参照）。

2）データの分析，課題の抽出と提案

　データ収集の段階で仮説をたてることにより，分析方法はおのずと決まってくる。たとえば，ストレスチェックの集団分析において上司・同僚の支援が高い職場は，休職者（60 日以上連続休務に入る者を休職者とした場合）の人数が少ない，という仮説を立てたとする。属性やストレス要因をコントロールし

た上で，上司・同僚の支援が休職者の人数を説明するかを分析することとなる。分析の結果，仮説通りであれば上司・同僚の職場が少ないことが休職者課題のひとつであることがわかり，仮説を支持しない分析結果であった場合には，新たな仮説を立て，検証していくことになる。この際に注意しなければならないことは，1つのデータ分析の結果はあくまでの当該データから抽出された現状や課題であるという限界である。その限界を補うために，他の情報と突合しながら，関係者間で現状や課題を協議していく必要があるだろう。そして，組織として「どうなりたいか」「どうありたいか」を明確にした上で，社内外の好事例や知見を参考にしながら関係者間の対話を通して改善提案を考えていくことになる。

✛ 身につけるとできること：

　ストレスチェック集団分析や休復職データを収集，分析することができるようになると，社内の他職種に対して組織の現状と課題を客観的にデータをもとに説明ができるようになる。すなわち，社内での発信力が高まることにつながるであろう。さらに，組織の現状・課題について，経営者，管理職，人事部，産業保健スタッフとの対話が可能になり，健康施策への貢献度が高まると言えよう。

✛ 身につけるために：

　これらのコンピテンシーを身に着けるためには，まずは自分が所属している組織の健康施策がどのようになっており，何を目指しているのかを理解することが必要であろう。そのうえで，他の産業保健スタッフのみならず，人事や経営サイドと対話ができるビジネスの基礎能力を身に着ける必要がある。

　また，提案を考えるにあたっては，自分が所属している組織内での対話だけでなく，他社の好事例や学術研究の知見から学ぶ姿勢も必要であり，そのためには学会に参加して情報収集をするなど自己研鑽が求められる。

✛ さらなる学びのために：

和田 耕治・津野 香奈美（2018）．産業保健と看護　産業保健の複雑データを集めてまとめて伝えるワザ　メディカ出版

〔**大庭 さよ**〕

B10　職場環境改善のための介入
職場環境における心理社会的要因を改善するための介入を実施できる

キーワード：集団分析，ストレスチェック，組織アセスメント，生産性の向上
関連する他のコンピテンシー：B9，B13

　産業・労働分野の心理支援では，セルフケアなどの個人支援だけでなく，職場環境改善などの組織支援を両輪で行うことが重要と言える。特に，職場環境改善は，メンタルヘルス対策，ストレス対策として有効であることに加え，生産性の向上とも関連があることが示されてきており，近年，健康経営の枠組みからもその重要性が指摘されている。職場環境における心理社会的要因を改善するための介入を実施できることで，労働者のメンタルヘルス改善と生産性の向上の双方に寄与することができることが期待される。

1．職場環境改善の実際
　集団分析は，ストレスチェック制度の中では，努力義務として位置づけられているものの，メンタルヘルスの一次予防という，ストレスチェック実施の目的に照らせば，個人対応と並行して組織対応を実施することは，効果的かつ重要であるといえる。集団分析とを活用した職場環境改善を行うためには，PDCAのサイクルに沿って，労働者のストレスの原因となる職場環境を継続的に改善していくことが望まれる。具体的には以下の図1の流れに沿って進めていく（図1参照）。
　実施に際しては，はじめに実施計画を策定するが（Plan：計画），その際，集団分析の実施方法や分析方法，結果の活用方針等についても検討を進め，事業者と労働者との間での合意形成を行う。ストレスチェック実施後，個人支援と並行して，集団分析結果を活用した職場環境改善を行う（Do：実行）。職場環境改善の具体的な方法は次項に記載する。職場環境改善の実施後は，取り組みを振り返る，うまくいった点や課題を振返り，次回以降の活動に活かすなど継続的に取り組んでいくことが望ましい（Check & Act：評価と改善）。

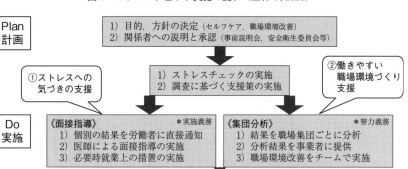

図1　ストレスチェック実施の流れ（金森ら, 2023）

2. 職場環境改善のための準備

　集団分析結果は，主に，仕事のストレス判定図などを活用して集計し，事業者や職場向けに報告し，職場環境改善に活かしていく。結果の取り扱いには十分留意をした上で，職場ごとの集計に加え，年代別，事業場別，職種別など属性ごとに検討するとよい。また，面談の結果などから得られる定性的情報や，人事部門など関連部署と連係を行い，残業時間や休業者数，職位情報など，職場ストレスと関連する情報を得ることで，集団分析結果をより多面的に把握することが可能になり，より精緻に行うことができる。さらに，これらの情報から，管理職の負荷に課題がありそうなど，課題が想定される場合には，残業時間・職位別の分析を追加するなど，さらに分析を行うことで，考察が深まり，職場の課題のアセスメントをより実態に近い形で行うことができる。このように，職場環境改善を進める前に，十分な準備を行うことで，集団分析結果を活用した組織のアセスメントをより適切に行うことができる。

3. 職場環境改善の方法

　職場環境改善の実施の際，事業場の規模や体制などにあった形で，多職種が連携し，無理なく進めていけることが望ましい。一方，中小規模事業場では支

援策の実施に必要な医療職・リソースが足りないケースも考えられよう。このような場合でも，まずは，集団分析の結果を，職場に報告することからはじめることなどにより，職場や人事部門と健康管理部門との連携の第一歩につながる可能性もあり，できることから一歩ずつ進めていくことが重要といえる。

　職場環境改善の方法については，その改善主体からは，「経営者主導型」「管理職主導型」「従業員参加型」の大きく3つに分類される（労働者健康安全機構・厚生労働省, 2018）。

　1)「経営層主導型」は，経営層が事業場全体としての対策を進める方法である。これは経営層が明確な方針を指示できる場合に向いている。但し，職場ごとの課題や特徴を反映した対策とならないなどのデメリットがあげられる。

　2)「管理監督者主導型」は，職場ごとの集団分析結果をもとに管理監督者が対策を進める方法である。これは，管理監督者が職場環境改善に意欲があったり，職場ごとに課題が異なる場合には向いているといえる。但し，管理監督者の独りよがりにならないよう，産業保健スタッフ等のサポートなどの工夫が必要となってくる。そのため，管理職参加型の形で，産業保健スタッフがファシリテートし，複数の管理職による結果検討会のような形での実施も想定される。

　3)「従業員参加型」は，各職場の従業員が主体的に改善活動に参加して進める方法である。ここでは，従業員の意見を反映することができ，きめ細かい対策が実施できるためメンタルヘルス改善の効果も期待できるといえる。但し，対策が部署内に限定されたり，ワークショップ等の設定など事前の準備に工数がかかるなどのデメリットもあげられる。

　いずれの場合も，事業所の規模や特性，体制などに応じて，よりふさわしい方法で実施されるとともに，心理職等の産業保健スタッフによる支援が重要となってくるといえよう。また，実施に際しては，アクションチェックリストなどのヒント集などのツール（吉川ら, 2018）の活用も効果的と考えられる。

4. 職場環境改善の効果評価

　職場環境改善の実施後は，課題の振り返りとともにその効果を評価しておくことも重要である。効果評価については，職場環境改善策実施後，ストレスチェックの実施の機会があれば，健康リスクの改善やワーク・エンゲイジメント

の向上など数値により評価をすることができる。また，ストレスチェックだけでなく，前後で実施をしている健康診断や問診票の結果，また，職場からの声や，面談からの声など，定性的な情報からも評価を行うことができる。このようなアウトカム評価に加えて，対策が計画通りに実施できていたどうかについてのプロセス評価も並行して行うとよいといえる。職場環境改善を継続的に実施してくことでより高い効果が期待されてくるといえよう。

✚ **身につけるとできこと:**

　従業員のメンタルヘルス支援に際して，個人の支援だけでなく，従業員をとりまく環境に働きかけることができるため，より予防的な取り組みを行うことができるようになる。また，職場環境改善を通して，組織の特徴や風土，課題感もより具体的・実際的に把握することができ，社員個人の支援にも活かすことができるとともに，経営層とのコミュニケーションにも活かすことができるなど，実践を深めるほど活用の幅は広がりうる。

✚ **身につけるために:**

　通常から組織の風土・特徴への関心を示しておくこと。組織の体制や企業の就業規則や働き方の特徴など，ふだんから視野を広く持つことで，職場環境改善の際の組織のアセスメントの一助となる。また，日常の従業員との面談など個別支援の際に，従業員を通して，所属する組織や職場環境の特徴を把握するアンテナをたてておくことも重要である。さらには，関連部署のスタッフなど多職種とのコミュニケーションを常に心がけておくことは，職場を俯瞰してみることにもつながり，多様な視点を養うことにもつながるといえよう。

✚ **さらなる学びのために:**

厚生労働省（2022）．ストレスチェック制度の効果的な実施と活用に向けて　Retrieved May 31, 2023, from https://www.mhlw.go.jp/content/000917251.pdf

吉川 徹・川上 憲人・小木 和孝・堤 明純・島津 美由紀・長見 まき子・島津 明人（2007）．職場環境改善のためのメンタルヘルスアクションチェックリストの開発　産業衛生学雑誌, *49*（4），127-142.

〔**島津 美由紀**〕

B11 費用対効果を意識した行動

費用と効果のバランスを考慮しながら活動を提案し実行することができる

キーワード：費用対効果，KPI，ROI，対立のコスト，コンフリクトマネジメント，
EAP
関連する他のコンピテンシー：B9，B10，B13

1. ROIとその算出方法

1) ROIとは：費用対効果はROI（Return On Investment）とも表現され，ある施策に費やしたコスト（費用）に対して，どれくらいの効果を得られたのかを意味する。コストパフォーマンスと呼ばれることも多い。

2) 産業心理職にとっての費用対効果：企業や組織において心理的な問題に対処するための計画やプログラムを設計するときに，費用と効果のバランスを考慮することを意味する。対象の組織に研修，カウンセラーの採用，EAPとの契約などを提案する際に，費用と効果のバランスを考慮しながら提案し，実行した場合，かかった費用に見合った効果がでているかどうかを評価するべきである。

3) 費用対効果の算出方法：

①まず，その組織が産業心理職の関与によって達成したい目標，期待を明確化し，計測可能な目標を定めることが重要である。これにより，費用と効果を評価し，プログラムの成功の測定基準を確立することができる。尚，産業心理の目標はその企業の業績評価指標（KPI）の目標とベクトルが合致していることも重要である。

②データの収集と分析：既存のデータを収集し分析する。これにより，費用対効果を評価するための基準を設定し，将来的な費用を見積もる。

③予算の設定と管理：プログラムや計画のために予算を設定し，管理する。これにより，プログラムや計画の費用を把握し，予算をコントロールできる。

4) 費用対効果（ROI）とは，あるプログラムを実施するためのコストと，それらがもたらす経済的利益を比較することで算出する。例えば，ある組織が100万円かかる営業職の顧客対応研修に投資し，その結果，生産性が向上して

150万円分売上が増加した場合，ROIは次のように計算される：

ROI ＝（投資による利益－投資コスト）／投資コスト× 100%

ROI ＝（150万円－ 100万円）／ 100万円× 100%

ROI ＝ 50%

2．ダニエル・デーナ博士による職場の対立コストの計算方法

　産業心理職が関わる組織の課題は数値で測定しにくい場合が多いが，人間の心理的問題を組織のコストとして測定可能な数値にすることは可能である。職場の対立解決の権威であるダニエル・デーナ博士は，職場の悩みの上位にある人間関係のストレスを，職場の対立のコストとして数値化している。筆者は2000年代にダニエル・デーナ博士に師事し，職場の対立解決のコンサルテーション手法を学んだ。この手法は現在でも，産業心理の現場において適用可能で説得力のある手法である。下記はその方法である。

　1）コスト1——無駄な時間

　職場のチーム内の対立に影響を受けている人々が無駄に費やした時間のコストを推定するには，その組織の社員の年収に社会保険，福利厚生などの付加給付（便宜的に基本給の50%）を加えた金額をだし，それを社員への人的資源コストのベースとみなす。次に対立のために仕事に集中できず，生産に寄与できなかった時間を割り出す。例えば，仕事の妨げとなる対立のために，6ヶ月間，4人の社員それぞれが40時間をその対立のために無駄に費やしたとする。40時間× 6か月× 4人＝ 960時間分が無駄にされたことになる。

○社員それぞれの年収は400万円と仮定しよう。付加給付を加えると一人当たりの社員への人的資源コストは年間600万円である。

○40時間は1週間分の労働時間に相当し，これは1年間の給料の52分の1にあたる。

○対立に関わった社員一人当たりのコスト：600万円÷ 52週＝ 115,385円

○対立に関わった4名の社員のコストの総計：115,385円× 4名＝ 461,540円

○対立によるこの職場にとっての損失：年間，約46万円ということになる。

　2）コスト2——離職

　会社は，社員に給料を支払い，雇用後トレーニングを行うなど，社員の能力

に多大に投資している。デーナ博士によると，退職者に退職理由を確認するインタビューを行うと，退職を決意する要因の大多数が職場での対立に起因している。企業規模縮小やリストラによる人員削減を除く，本人の意思による退職の90％が，組織内で起こる対立によるものである。例えば，エンジニアなどの専門職を採用するコストは，その社員の総年収の150％にあたると考えられている。これは，生産性の損失，新規採用に伴うコスト，面接に要する時間，採用担当者への報酬，入社後オリエンテーションや更なるトレーニング等にかかるコストを考慮した数値である。つまり，年収400万円の社員を新たに採用すると，600万円のコストがかかるということである。

　たとえば，ひとりの社員が退職すると仮定し，少なめに見積もって，退職を決意する理由の50％が対立によるものとします。この要因から生じるコストは年収400万円の半分，つまり200万円となる。

　3）コスト3——意欲の低下

「気難しい人」とうまくやっていこうというストレスが，労働意欲の低下を招くことはよくある。例えば，社員3人の生産性が3ヵ月の間に20％低下したとする。それぞれの年収を400万円とすると3人で年間総額1200万円である。3ヵ月ではその4分の1にあたる300万円であり，対立によるコストは20％分の60万円となる。

　4）コスト4——欠勤等による労働時間の損失

　仕事上のストレスが原因によるメンタルヘルス疾患による欠勤，遅刻，休職などが起きた場合，1日あるいは1月あたりの給与額から，コストを見積もることができる。

　上記のコスト要因の数値を合計し，あなたが検証する対立の総コストを見積もってみよう。たった1件の対立でもこのようにコストがかかっているのであるが，会社全体を見ると，対立のコストはもっとかかっている。

　下記の対立のコスト試算のテンプレートは，この職場を時間と労力をかけて改善していくことに，組織や企業にとって意味があるのかを判断するためのツールとして使ってみていただきたい。

◇

表1　職場の対立によるコストのテンプレート

職場の対立によるコストのテンプレート	
1）無駄になった時間 （1時間または1日あたりの給与＋付加給付）×時間（日）	＿＿＿＿円
2）離職 人的資源損失のコスト（年収総額の150％）	＿＿＿＿円
3）意欲の低下 （業績と生産性の低下，時間あたり給与の＿％低下）	＿＿＿＿円
4）労働時間の損失 欠勤日数×1日あたりの給与	＿＿＿＿円
総費用	＿＿＿＿円

出典：Daniel Dana. Manager as Mediator? training handouts. Mediation Training Institute. 2002（原版）．西川あゆみ．ヘルシー・リレーションインストラクター養成講座配布資料．（一社）国際 EAP 協会日本支部．2020．（日本語版）

✚ **身につけるとできこと：**

　費用対効果を意識した行動のコンピテンシーを兼ね備えると，組織のリーダーに，生産性向上を意識した組織介入を提案し，プログラムを組織内で確立することができる。

✚ **身につけるために：**

　ヘルシーリレーションズインストラクター研修：国際 EAP 協会日本支部では上記のダニエル・デーナ博士の方法論に基づき，職場の対立解決，ハラスメント防止のインストラクター養成を行っている。詳しくは，ウェブサイトを参照。（https://www.eapatokyo.org/）

✚ **さらなる学びのために：**

市川 佳居・廣 尚典・阿久津 聡・西川 あゆみ（編）（2022）．健康経営を推進する職場のための EAP ハンドブック　金子書房

Dana, D.（1989）. *Managing Differences: How to Build Better Relationships at Work and Home*（2nd ed.）Prairie Village. Kansas.（ダナ, D．株式会社イープ（翻訳監修）（2003）．ミディエーション・スキル―職場で役立つ新コミュニケーション術　株式会社イープ）

〔**市川 佳居**〕

B12　惨事ケアの対応（関係者へのカウンセリング）

災害や自傷行為の発生後に危機介入のためのカウンセリングを行うことができる

キーワード：惨事，危機介入，ラポール，カウンセリング，リファー
関連する他のコンピテンシー：A1 ～ A12，B2 ～ B7，B10，B13，B14，B16

　自他の心身に重大な喪失・障害をもたらす惨事が発生した時，今まで学習・使用してきたストレスコーピングでは対応しきれないことがしばしばある。その結果，人によっては社会生活に重大な支障が生じたり，疾病に移行したりすることもある。このような事態に至ることを予防するため，または重症化のリスクを低減させるために，速やかな危機介入が求められる。

　産業場面で自傷，事故，事件，災害による惨事が発生した場合，事業場内産業保健スタッフ等または事業場外資源として心理職が関与することがある。以下では，心理職が関係者へカウンセリングをする際のポイントについて述べる。

1.　カウンセリング前の準備

　まず情報収集を行う。必要な情報として，惨事の詳細，組織・職場の特性，カウンセリングの目的，実施時期・場所・時間，対象者，対象者が利用できる組織内外の資源を確認する。惨事の詳細は，組織が敢えて対象者に共有していない情報もあるため，惨事の詳細は誰にどこまで伝えているかも併せて確認する。組織・職場の特性については，組織図など組織の全体像を捉えやすいツールを共有してもらいながら情報収集すると理解しやすい。カウンセリングの目的について，惨事ケアは対象者のメンタルヘルスの早期回復を目指し，助言の実施や組織内外の資源に繋げることだが，認識のずれを防止するために依頼者のニーズとすり合わせをすると良い。実施時期・場所・時間については，対象者が受援できるタイミング，プライバシーが守られる場所，1 人 50 ～ 60 分など余裕を持った時間，カウンセリング時間の就業上の取り扱いについて確認する。もし，オンラインで対応する場合は，事前にログイン情報の取得と通信のテストを行う。対象者は，惨事に直接関わった救護者や部署の従業員の他，被

害者・加害者の家族，行政や遺族の対応をした従業員等が対象者となることがある。対象者が利用できる組織内外の資源については，事前に把握することで必要に応じて対象者に案内ができる。特に，対象者の環境調整を行えるなど組織的なフォローができる裁量権を持ったキーパーソンを把握する。

　次にカウンセリングの実施にあたり協力者への連携の把握・依頼を行う。産業保健スタッフ等と一緒に惨事ケアをする場合は，チーム内守秘義務（クライエントの情報をチーム内に限って共同的に持ち，かつ，厳密な守秘をする）について共通理解を図っておくとよい。また，複数名で手分けしてカウンセリングを行う場合は，面談の目的の説明，アセスメント，対応方法などについてすり合わせを行い，同様の対応ができるようにしておく。

　そして，使用する資料の準備を行う。収集した情報や協力の範囲に基づいて，対象者への合意事項（同意書など），セルフケアに資するパンフレット，対象者の状況を把握するツール（心理テストやアンケートなど），記録用紙を用意する。合意事項に記載する内容は，カウンセリングを実施する事情と目的，心理職が行うこと，守秘義務の説明，合意のための署名欄が挙げられる。パンフレットは，惨事に合わせた内容にする。惨事を経験した時に生じやすいストレス反応（回避，過覚醒，侵入思考など）や心理的なプロセス，セルフケアの方法，社内外の相談窓口の案内などが挙げられる。対象者の状況を把握するツールは，アンケートのほか，改訂出来事インパクト尺度日本語版（Asukai et al., 2002）など信頼性と妥当性が検証された心理テストを使用する。アンケートは，対象の従業員の氏名，部署，役職は自由記述式，ストレッサー，ストレス反応について選択式にすると回答しやすい。これらのツールは事前に従業員に配布するように手配するとカウンセリングを効率的に進めることができる。

2.　カウンセリング当日

　カウンセリング当日は，対象の組織文化に適した身なりで訪問することが望ましい。訪問したら現地の担当者と打ち合わせを行い，対象者の現状，組織のフォロー状況，当日のスケジュールの確認をする。カウンセリングで実施することは大きく5つあり，①ラポール形成，②アセスメント及び見通しを持てるような心理教育，③ストレスコーピングの検討と助言，④組織内外の資源の利

用促進またはリファー，⑤要約である。

　カウンセリングの序盤はラポール形成に努める。来談された対象者を労いつつ，自己紹介，目的，守秘義務や情報の共有範囲について説明する。惨事ケアの特徴として，対象者は組織から指示されて受動的に来談するため，何を話せばよいか迷う方が多い。それ故，心理職が質問をしながら話の流れを作ることが大事である。例えば，業務内容，通常業務の一日のスケジュール，惨事が発生する直近の状況，惨事の当日の流れ，カウンセリング当日までの出来事など対象者にとって話しやすい客観的な事実を確認することから始める。

　カウンセリングの中盤は，アセスメントを進めつつ介入するために主観とストレスに関して詳しく伺う。主観は，惨事についての捉え方，被災・被害者に対しての思い，自責など自分に対する思いなどが挙げられる。ストレッサーとストレス反応についても伺うが，事前に配布しているアンケートや心理テストを活用すると話を引き出し易い。留意点は，惨事に対する心理的な衝撃は個人差が大きいため，本人のペースで開示してもらうことを優先する。そしてアセスメントに基づいて，心理教育を行い，メンタルヘルスの改善に向けて見通しが持てるように図る。一例だが，惨事直後に生じるストレス反応は自然な反応であると普遍化しつつ，カウンセリング当日までのストレス反応の変化を振り返ってもらい，事実を根拠に時期が過ぎると徐々に調子が改善すると伝える。そして，如何に惨事を受け止めていくかの心理的な過程を示す。この時，キューブラー・ロス（Küblar-Ross, 1969）の悲嘆の5段階モデル（否認と孤立，怒り，取り引き，抑鬱，受容）が参考になることもある。また，ストレスコーピングについて，助言を行うことも有用である。対象者に今まで用いたコーピングについて確認を行い，本人に合うものを一緒に検討しつつ，助言をする。上述のパンフレットを配布して説明することも一法である。但し，パターナリズムに陥らないように，受容と共感を軸に関わることを常に念頭に置く。

　カウンセリングの終盤は，今後の対応を対象者と一緒に検討する。独力で回復が見込める方は，中盤で話し合った惨事の受け止め方とコーピングを再確認し，利用できる組織内外の資源について情報提供する対応で丁度よいことがある。しかし，独力での回復が難しいと考えられる方は，医療機関や相談窓口など組織内外の資源の利用を勧奨したり，リファーを提案したりする。難色を示

された時は，押し問答をせず，難色を示した事情，感情について尋ねて，その回答に合わせて，利用の意欲が向上するように説明する。特に，対象者が勤続困難になるほど不調を呈している場合は，受診勧奨のみならず，本人のニーズを把握し，情報開示の同意を書面で残し，組織から環境調整をもらえるようにキーパーソンへリファーする。留意点としては，ニーズ通りになるという安易な約束をせず，少しでも良くなる可能性を高めるために情報を伝えることを示す。カウンセリングの結びは，本日行う仕事について話を伺い，時間を貰えたことに謝意を示して終了となる。これは，惨事が想起されたまま仕事に戻ると注意が散漫になりやすいため，最後に現在の事柄に注意を移す狙いがある。

3. カウンセリング後

　守秘義務を遵守しつつチームや依頼者に報告する。組織的な対応が必要な方は，本人から同意を得た範囲で関係者に情報共有を行い，必要に応じてリファーする。報告書をまとめることも対象者の支援において有用である。主に記載する内容は，実施日，対象者，個人が特定されないよう配慮した全体所見，今後の対策の提案である。心理職自身も疲弊するため，デフュージングやセルフケアを行い，自身のメンタルヘルスも保つことが肝要である。

⊕ 身につけるとできること：

　1回の面談で動機付け，トリアージ，心理教育，カウンセリング，リファーのスキルが身につくため，短期問題解決を目的とした対応ができるようになる。

⊕ 身につけるために：

　惨事ケア，緊急事態ストレスマネジメント（CISM），サイコロジカルファーストエイド（PFA），ポストベンション，悲嘆ケアの知識を身に着ける。惨事ケアの経験のある心理職とロールプレイを行うことも有用である。

⊕ さらなる学びのために：

エヴァリー, J. S.・ラティング, J. M.　澤 明・神庭 重信（監修）（2023）. サイコロジカル・ファーストエイド　ジョンホプキンス・ガイド　金剛出版

〔阿部 桂大〕

B13　組織に合わせた施策の企画立案・提案と実行

対象組織の人材配置や風土を考慮した上で実施可能な最善策を企画・提案し実行に移すことができる

キーワード：施策の企画立案，施策の提案，EAP
関連する他のコンピテンシー：B8，B9，B10，B11，B14，B15，B17

　組織への関わり方は，所属機関または部署によって異なる。例えば，外部EAP（Employee assistance program：従業員支援プログラム）機関のコンサルタントとして会社規模（単位）でコンサルテーションを行う場合，個人または相談機関のカウンセラーとしてカウンセリングを請負う場合，社内の産業保健スタッフとして施策を展開する場合（内部EAP），人事として企画する場合などである。どのような立場で組織に関わるかによって求められる事象も異なるため，対象組織のニーズ確認およびアセスメントを丁寧に行ったうえで，企画，提案，実行につなげ，自立的な組織運営を支援することが重要となる。

　以下，各段階に応じた取組のポイントについて記述する。

1.　ニーズの確認：所属機関ごとの強みを活かした支援

　組織支援では，心理専門職として必要となる基本的スキル（相談活動，アセスメント＆コンサルテーション，介入の企画立案，各種専門機関との連携，危機介入，キャリア支援，ハラスメント対策，効果評価等）に加えて，自身がどのような立場で誰に対して関わるかが重要となる。例えば，事業場外資源として関わる場合は組織の外から客観的な立場で関わることができるが，契約に基づく支援となるため時間や場所に限りが生じる。一方，事業場内資源として関わる場合は組織の一員として日常的な支援を提供することができるが，他組織の現状が見えにくく，自身の役職や部門等の影響を受けやすい面もある。より現実に即した施策を展開するためには，所属ごとの強みや役割を意識しながら，支援のポイントを探ることが重要となる。

　市川ら（2022）は，企業がEAPプログラムを導入する目的として，1）これから大きな変化（報酬制度改定，事務所移転，大規模リストラ）が起こる，

2) メンタル不調者が出ていてコストインパクトがある，3) メンタルヘルス不調による休職者を減らしたい，4) いざこざを減らしたい，5) 大きな出来事があった（ハラスメント，職場の事故など），6) 法令順守（外部相談窓口設置）をあげたうえで，「組織が専門家に何を期待して，どのような業務を委託して，KPI（Key Performance Indicator：重要業績評価指標）は何か，どのような効果を測定していくのかを対象組織のために整理する業務」の重要性を述べている。これら事項については，ヒアリングやアンケート等を通して十分に理解しておくことが重要となる。

2．アセスメント：各種法令や指針，枠組みに沿って，組織の強み弱みを分析する

　組織のメンタルヘルス対策は，主として1) 個人へのアプローチ（個別相談，カウンセリグ等）と2) 組織へのアプローチ（体制構築，職場環境改善，コンサルティング等）に分けられる。それぞれの活動を通して得られる情報をもとに現状整理を行うことは，組織の強みや弱みを確認するうえで有用である。例えば，1) は相談利用者の属性や月毎の相談利用者数，相談内容から見えてくる組織的課題や強みなどの情報，2) は社内体制や各種規定，ストレスチェックの集団分析結果，こころの健康づくり指針に基づく活動実態などの情報である。その他，政府の取組や各種法令に基づく取組も提案事項を整理する上で重要な要素となる。

3．企画立案・提案

　企画対象項目は，研修テーマをはじめとして社内外の体制作りや職場改善活動，他部署との連携，緊急時の支援，利用促進のチラシ作成（広報の仕方），統計情報の整備等，多岐にわたる。そのため，必要項目を整理する際は中長期的な視点で課題整理を行うことが望まれる。基本的には労働基準法や労働安全衛生法などの各種法令遵守ができているかといった視点が重要となるが，緊急性の高さから3次予防（休復職支援や休業者数低減の取組），および，2次予防（高ストレス者対応や早期相談に繋げるための教育支援・対策立案）に関する支援を求められる場合が多い。また，1次予防（予防的な教育プログラムや

情報提供）に関する企画は予算が組みやすく，短期的かつ単発の取組として企業側も取り入れやすいため，提案事項として多くあげられる方略といえる。

なお，近年は1）集団全体に対する「ポピュレーションアプローチ」，および2）健康リスクの高い対象に対する「ハイリスクアプローチ」に加えて，3）健康支援に関する社会的格差「健康の社会的決定要因（Social Determinants of Health：SDH）」（WHO, 2008）への注目が高まっている。これら視点を意識しながら提案事項を検討することが求められる。

1）ポピュレーションアプローチ：組織全体の健康障害リスク因子を低減するための取組。全集団に向けた情報提供や教育研修など（主に一次予防）。

2）ハイリスクアプローチ：健康障害リスクが高い対象に対して行う特定の支援。ストレスチェックにおける高ストレス者面談（面接），長時間労働者医師面接など（主に二次予防）。

3）健康の社会的決定要因：「健康は遺伝や生活習慣だけでなく，それを取り巻く多重レベルの社会的要因によって決まる」として，WHOが提唱した概念。組織全体を支援しているつもりでも対象者の雇用形態や就労場所，健康リテラシー，興味の違いなどにより，かえって組織内の格差を拡大してしまう恐れがあるというもの。

4. 自立的な組織運営の支援：実行を促すための工夫

企業規模や事業形態によっては，配置される専門家やスタッフの数に限りがあるため，組織として対策を進めたくても十分手が届かない場合がある。提案を実効性の高いものにするためには，内容が組織のニーズに基づくものであること，中長期的な視点をもってスモールステップで進められること，担当者が疲弊しないよう配慮すること，そして何より，誰に対して企画・提案をするのか，受け手側の立場を考慮した内容にすることが重要となる。例えば，経営者（社長・役員）や人事部長など，ある程度の権限をもつ対象に提案する場合は，全社的な傾向や中長期的なゴールをもとに組織にとって必要な具体的解決策（何をするとどうなる）が求められる場合が多く，人事総務担当者や産業保健スタッフなど，より現場に近い対象に提案する場合は，個別具体的な事例への対応や運用面での工夫など，協同しながら進められる事案についてコメントを

求められる場合が多い。

　なお，組織の強みや弱みを整理する中で様々な課題が見えてくる場合もあるが，全てを一度に伝えることは対策実行のハードルを高めることに繋がる。経営計画（中期経営計画，年度計画，半期／4半期計画等）や健康経営の取組（戦略マップ），KGI/KPI（Key Goal Index/Key Performance Index）等，日頃の組織活動に施策を織り込むことが実行への近道となり，自立的な組織運営を支援することにも繋がる。

✛ 身につけるとできこと：

　組織に合わせた施策の企画立案・提案と実行ができるようになることは，中長期的には休業者数の低減，休業期間の短縮，自殺予防等につながり，医療費の削減や労働者および組織の生産性の向上を支援する取り組みとして，広く組織活動に貢献することができる。また，専門職としての存在意義と役割の重要性を組織に理解してもらうことにも繋がる。

✛ 身につけるために：

　提案を効果的なものにするためには，課題整理と成果確認の PDCA を習慣化することが重要となる。また，先行研究や法令・判例，各種ガイドラインについての理解など，提案のベースとなる根拠について知識を得ることも必要となる。そのためには時事問題に関する情報に加えて，学会や研修会・事例検討会への参加や発表等，常に新しい情報を得ながら専門性を保つ努力が求められる。

　なお，提案や施策を形だけのものにしないようにするためには，各種法令や施策について，概要だけでなくその成り立ちや背景についても理解しておくことが重要となる。

✛ さらなる学びのために：

医療情報科学研究所（2019）．健康がみえるシリーズ　場の健康がみえる―産業保健の基礎と健康経営　メディックメディア

市川 佳居・廣 尚典・阿久津 聡・西川 あゆみ（編）（2022）．健康経営を推進する職場のための EAP ハンドブック　金子書房

〔**馬ノ段 梨乃**〕

B14　体制づくりのために関係者との調整や交渉を行うこと

対象組織で産業精神保健体制を構築するために必要なことを関係者に説明し，調整・交渉を行うことができる

キーワード：体制づくり，メンタルヘルスケア，ステークホルダー，合意形成
関連する他のコンピテンシー：B2，B6，B7，B13

　長期的かつ統一的に労働者の心の健康の保持増進（以下，「メンタルヘルスケア」）を図る仕組みづくりのために，関係者と役割分担しながら，ステークホルダーを理解して調整・交渉を進めるにあたって必要な基本的知識と留意点を以下にまとめる。

1.　事業場における産業精神保健体制とは

　厚生労働省（2006）による「労働者の心の健康の保持増進のための指針」（以下，メンタルヘルス指針）では，衛生委員会等で従業員の意見を聴きながら，中長期的な視点に立って図1のように基本的な計画（心の健康づくり計画）を策定・実施するよう定められている。

　また，実際の体制づくりにあたっては，図2に示す4つのケアを一次予防＝メンタルヘルス不調の未然防止，二次予防＝早期発見と早期対処，三次予防＝職場復帰支援と再発予防，という予防医学における目的別の観点から施策を整理すると分かりやすい。施策の運用について栗岡（2022）はPlan（計画）→Do（実行）→Check（評価）→Action（改善）の中でもCheck（評価）は心

図1　心の健康づくり計画で定めるべき事項

①事業者がメンタルヘルスケアを積極的に推進する旨の表明に関すること
②事業場における心の健康づくりの体制の整備に関すること
③事業場における問題点の把握及びメンタルヘルスケアの実施に関すること
④メンタルヘルスケアを行うために必要な人材の確保及び事業場外資源の活用に関すること
⑤労働者の健康情報の保護に関すること
⑥心の健康づくり計画の実施状況の評価及び計画の見直しに関すること
⑦その他労働者の心の健康づくりに必要な措置に関すること

図2　メンタルヘルス指針による4つのメンタルヘルスケア

セルフケア	ラインによるケア
労働者自身がストレスや心の健康について理解し，自らのストレスを予防，軽減する，あるいはこれに対処する。	管理監督者が心の健康に関して職場環境改善等の改善や労働者に対する相談対応，職場復帰における支援を行う。
事業場内産業保健スタッフ等によるケア	事業場外資源によるケア
事業場の心の健康づくり対策の提言を行うとともに，その推進を担い，労働者及び管理監督者を支援する。	事業場外の機関及び専門家を活用し，その支援を受ける。

の健康づくり計画のより良い改善に不可欠であるとし，アウトカム評価とプロセス評価，定量評価と定性評価の4つの側面から評価項目を整理している。

2.　産業精神保健活動における関係者とは

　事業場におけるメンタルヘルスケアの体制づくりはその基盤となる「事業場内産業保健スタッフ等」のチームづくりが肝要である。「メンタルヘルス指針」では衛生管理者等，保健師等，心の健康づくり専門スタッフ，人事労務管理スタッフ，事業場内メンタルヘルス推進担当者によって構成され，心の健康づくり計画にそれぞれの役割を記載することが推奨されている。中でも産業心理職は心の健康づくり専門スタッフと目されるが，事業場の規模や人員構成，保有資格によっては他の役割との兼任を求められることもある。そして，心の健康に関する情報の取り扱いにおいては，健康情報等の取扱規程の策定をはじめ，本人同意を得て就業上の措置に必要な情報のみを事業者に提供するなどの配慮や，心の健康に関する情報を理由とした不利益な取り扱いの防止について，チーム内で理解の共有が欠かせない。

　そして「事業場内産業保健スタッフ等」を取り巻くステークホルダーには，体制整備の審議にあたって中心的な場となる衛生委員会や労働者の職場環境調整の要となる直属上司，さらに企業によっては労働組合など，関係各所との調

整・交渉が求められる。今後，障害者職業生活相談員との協働や，ダイバーシティ推進者との協働場面も増えてくるであろう。

いずれのチームづくりにおいても一体感を醸成することで凝集性を高め，チームとしての実績をモニタリングし，フィードバックを互いに繰り返すことでチームとしての学習と成長が促される。目的や戦略を共有した上でメンバーの得手不得手を理解していると，自ずとコミュニケーションのための時間を要することなく円滑なチーム活動が行われるようになるとされている（縄田, 2020）。

3. 産業精神保健活動の体制づくりにおける留意点

体制づくりは事業者がメンタルヘルスケアの必要性について理解し，積極的に推進していく方針を意思表明することから始まる。これらは健康経営や人的資本の可視化においても同様に求められるが，現場で働く産業心理職が経営層に働きかけることのできる接点には限りがある。経営計画にメンタルヘルスケアが既に盛り込まれている場合は，その作成や KPI（Key Performance Index）などの目標設定の際に，あるいは法制化されているストレスチェックの報告会などを足掛かりに接点を作っていくことが必要である。総括安全衛生管理者として，事業を統括管理する経営層に近い立場にある役職者が出席している衛生委員会等の機会を有効活用することも 1 つであろう。限られた機会を有効にするためには，現状における問題点の明確化，それに対する具体的方策の提案，経営層の視座に立って社内外にアピールできる素材などを事前準備でまとめ，経営層に「何」をしてもらいたいかの具体案の提示までできると良い。

施策の企画立案は会議において意思決定がなされることが多い。会議という形は最終的な責任者がありつつも，メンバーが決定のプロセスに関与することによって，決定事項の納得感を高め，自発的な行動が生まれることを期待するためのものでもある。吉田（2014）によると，合意形成に向けて円滑なファシリテーションを行うには，議論の出発点と到達点を明確にし，参加者の認識や態度特性を把握した上で，論点を具体的に整理しつつ議論を進めていくことが望ましいとされている。変化への抵抗が強い場合などはこうした実務レベルで合意形成のステップを重ね，まずはコミュニケーションの機会を重ねることで少しずつ目指す姿に向けた体制づくりを進めていきたい。

　しかし，エドガー・H・シャインら（2017）によると，組織文化の構造レベルには目に見える表面的なレベルと，そこで標榜されている価値観やイデオロギーのレベル，そしてさらに深いレベルにある基本的想定という3つの階層があるとされている。基本的想定とは，その組織が環境の中でいかに生き残り，組織内をどう形作るかという問題を克服してきた歴史の分だけ，深く根づいてきた価値観や信念である。新しい取り組みを始めるにあたっては，逆にそれらが見えない抵抗となってしまうことがある。体制づくりがなぜかうまく進んでいかないと感じる時は，表面的に掲げられたメッセージにとらわれず，暗黙のルールを見つけ出し，その組織独自の言葉遣いに馴染み，記録されず記憶にだけ残っている情報などを少し離れた関係者等から手繰り寄せてみてはどうだろう。例えば，会議の前に関係者をより広く想定して情報を共有し意見を収集して，数名の関係者に個別で事前に承諾を得ておくといった動きも1つであろう。

　体制づくりは目指す方向やゴールを描き，それを共有し合いながら進める対人コミュニケーションの連続であり，相手のメンタルヘルスケアについての経験や考え方，大切にしている価値観などを見極めながらペースを合わせ，共通言語を探っていくことが肝要である。そのためには，組織対応と言えども個人への対応と重なる部分があることを念頭に置いておきたい。

✚　身につけるとできること：
　調整や交渉を通じて組織の中でキーパーソンを見極め，臨機応変に動いていくことで，国から発信される方針を基に，限られた資源を活用し，企業風土やその組織ならではの価値観や信念を反映した体制を作り上げることができる。

✚　身につけるために：
　調整や交渉にあたって，根拠に基づいた説明や意見は説得力を高めるが，最も必要なのは相手の話を聴くことである。

✚　さらなる学びのために
外島　裕（監修）田中　堅一郎（編）（2019）．産業・組織心理学エッセンシャルズ　ナカニシヤ出版

〔竹内　康子〕

B15　施策の PDCA を回すこと（プロジェクトマネジメント）
施策の計画立案，実行，評価と改善を行うことができる

キーワード：プロジェクトマネジメント，PDCA，ステークホルダー，ガンチャート，WBS
関連する他のコンピテンシー：B8

　プロジェクトマネジメントとは，プロジェクトをどのように進めれば成功するのか，詳しく計画を立て，管理していくことを意味する。産業心理の場面においても，ストレスチェックの実施や研修プログラムの導入など，組織にある事案を導入することがあり，心理職もプロジェクトを管理するスキルが必要である。

1.　プロジェクトマネジメントとは
　プロジェクトマネジメントには下記のようなコンセプトがある。
　1）ガントチャート：ガントチャートはプロジェクト全体を一連の小さなタスクに分割し，進捗状況を可視化する手法である。エクセルなどを用いて表を作成し，縦軸に作業名・作業内容・担当者・開始日・終了日などの情報を置き，横軸には日時や時間を置いて，横軸の進み具合で行う期間と進捗状況等を視覚的に示した図を用いる。プロジェクトの全体像やそれぞれのタスクの進捗状況を目視で把握することができる。
　2）WBS：WBS とは Work Breakdown Structure の略で，プロジェクト全体を詳細なタスクや作業まで分解し，構造化する手法である。WBS を活用することで，プロジェクト全体で必要な業務を整理することができる。プロジェクトをスタートさせる前に全行程で必要なタスクをチームメンバー全員で把握することができ，工程を細分化することでどのタスクを優先して行うか優先順位を決めることができる。

2.　プロジェクトマネジメントと PDCA
　プロジェクトマネジメントは，特定の目標や目的を達成するために，リソー

スを計画，組織化，調整する重要なプロセスである。産業心理の現場において
は，プロジェクトマネジメントは，より健康的な職場環境を作るための一次予
防，二次予防のプログラムを実施するために活用，あるいは職場復帰プログラ
ムなどの三次予防を導入するためにも活用できる。またプロジェクトは一度実
行した後に，その結果から良かった点，改善点などを拾い出し，次年度以降の
プロジェクトに反映することが重要で，その手法がPDCAである。

3. PDCA とは

PDCA とは，Plan（計画），Do（実行），Check（評価），Act（改善）の頭
文字を取ったものである。Plan（計画）→ Do（実行）→ Check（評価）
→ Act（改善）のサイクルを繰り返し行うことで，継続的な業務の改善を促す
技法である。日本企業にも深く浸透している PDCA は，1950 年代，品質管理
研究の第一人者であったアメリカのデミング博士とシューハート博士によって
提唱され，現在では，品質管理の国際基準となっている，ISO 9001 や ISO
14001 にも PDCA の手法が取り入れられており，業界や業種を問わずにセル
フマネジメントメソッドの基礎として利用されている。

　P：PDCA サイクルを用いたプロジェクトマネジメントの最初のステップは，
「計画」である。これは，プロジェクトの範囲を定義し，目標と目的を設定し，
主要な利害関係者を特定し，詳細なプロジェクト計画を策定することである。
プロジェクト計画には，スケジュール，予算，プロジェクトの実施に必要なリ
ソースのリストを含める必要がある。

　D：プロジェクト計画が策定されたら，次のステップは「Do」である。計画
を実行し，介入策を実施し，プロジェクト目標に向けた進捗をモニタリングす
ることである。なお，すべてのステークホルダーがプロジェクトの目標や役割
を認識し，プロジェクトの期間を通してオープンなコミュニケーションと連携
を行うことが重要である。

　C：3つ目のステップは「チェック」である。例えば，従業員満足度，欠勤
率，傷病休職率などの KPI（主要業績評価指標）のデータを収集し，そのデー
タを用いてプロジェクトの目標に対する進捗状況を把握することがチェックで
ある。

A：アクション，あるいはアクトともいわれる4ステップ目では，チェック段階で収集したデータを使用して，プロジェクトの調整と改善を行う。これには，懸念事項に対処するために，介入策の修正，プロジェクト計画の調整，リソースの再配分などが含まれる。ステークホルダーからの率直なフィードバックを収集し，協力して改善計画をたて，対応することが重要である。

4. EAP（従業員支援プログラム）導入のプロジェクトマネジメントの例

新たなEAPプログラムの導入を効果的にプロジェクトマネジメントすることができると，導入を成功させ，ストレスの予防などの意図したゴールを達成することができる。

5. ステークホルダーを巻き込む

EAPの導入プロジェクトを成功させるためには，企業内の産業医や人事部，管理職，労働組合，健康保険組合などの主要なステークホルダーを巻き込むことが重要である。これらのステークホルダーを巻き込むためのステップをプロジェクトマネジメントの観点から紹介する：

1）プロジェクトの目標や目的を伝える：主要なステークホルダーに，プロジェクトのゴールと目的を明確に伝え，全員の理解を確認する。

2）ニーズアセスメントを実施する：従業員のウェルネスやストレスに関する具体的なニーズや関心を明らかにするために，関係者を巻き込んでニーズ調査を実施する。

3）プロジェクト計画会議にステークホルダーを招待する：産業医や人事，主要部署の管理職，組合担当者，健康保険組合担当者をプロジェクト会議に招待し，彼らの視点や知識，懸念点が考慮されていることを確認する。プロジェクトが実現可能で実用的であることを確認し，潜在的な課題に対処する。

4）プロジェクトの最新情報を定期的に提供する：EAPがいつから利用可能か，相談可能時間，社員への周知スケジュール等，プロジェクトの進捗状況について，ステークホルダーに頻繁に情報を提供する。これにより，全員が現状を把握し，タイムリーに改善提案を行うことができる。

5）フィードバックと提案を求める：プロジェクトを通して，ステークホル

ダーにフィードバックや提案を求めることで，プロジェクトの改善につながる。

　6）トレーニングやサポートを提供する：ステークホルダーに対して，EAP
プログラムの利用方法に関するトレーニングを提供する。これにより，ステー
クホルダーが従業員を効果的にサポートすることができる。

✛ 身につけるとできること：

　プロジェクトマネジメントを身につけると，1対1のカウンセリングだけで
なく，組織のメンタルヘルス予防のための全社的キャンペーンや健康増進プロ
グラムを導入する際に，中心的役割を果たすことができる。心理職は個別カウ
ンセリングから，「この組織は子育ての悩みが多い」とか，「この組織はパワハ
ラを感じている社員が多い」など，臨床的傾向を把握しており，そのような現
場のデータに基づき，組織の健康のために予防策や介入プログラムを提案でき
る。プロジェクトマネジメントのスキルがあると，そのような提案を自ら指揮
をとって実行，実現することができる。

✛ 身につけるために：

　プロジェクトマネジメントの基本スキルを身につけるためには，プロジェク
トマネジメントの基本的な学習を本や講座などを受けることが推奨される。同
時に，学んだスキルを小さなプロジェクトからでいいので，実行するとよい。

　プロジェクトマネジメントの資格制度を提供している団体がいくつかある。
各団体のウェブサイトを参照していただきたい。

✛ さらなる学びのために：

柏 陽平（2015）．プロジェクト現場のメンタルサバイバル術　永谷 裕子（監修）プロジ
　　ェクトマネジメント学会（編集）

湯佐 真由美（2014）．メンタルヘルス研究会連載：〈第13回〉健康は誰のもの？　プロ
　　ジェクトマネジメント学会誌，*16*（4），43-45.

永谷 裕子（監修）プロジェクトマネジメント学会（編）柏 陽平（2015）．プロジェクト
　　現場のメンタルサバイバル術　鹿島出版会

〔市川 佳居〕

B16　惨事ケアの計画立案とコンサルテーション

災害や自傷行為の発生後に危機介入のための計画立案，関係者への助言
指導ができる

キーワード：惨事，介入計画，計画立案，コンサルテーション，組織内外の資源
関連する他のコンピテンシー：B2 ～ B7，B10 ～ B15

　産業場面で惨事が発生した場合，使用者に課せられている安全配慮義務の履
行のみならず，惨事が発生した事業場での事業継続にも影響を与える場合があ
るため，組織的な危機介入が求められる。この時，心理職が自身の専門性にか
かわる部分に計画を立案して，コンサルテーションを行うことで，従業員の健
康のみならず事業継続にも寄与することができる。

　以下では，事業場内産業保健スタッフ等または事業場外資源によるケアとし
て心理職が関与する場合の惨事ケアの介入計画立案とコンサルテーションにつ
いて述べる。

1．情報の確認

　心理職は役員，産業医，人事担当者，管理監督者などから依頼されて，惨事
ケアの計画立案やコンサルテーションを行う。その際，組織がミッション，理
念，組織文化，優先順位・関心に基づいて組み立てた大本の計画と対応に沿う
ように留意する。収集する情報は，惨事の詳細とニーズ，組織が既に実施して
いる対応と今後の予定，対象となる職場の現状，従業員の現状，対象となる職
場や従業員から示されたニーズが挙げられる。惨事から日が浅いほど事態は変
化していくため，組織がすでに対応しているか確認した上で，コンサルテーシ
ョンを行い，職場と従業員の回復につながるよう支援する。

2．役員または人事担当者へのコンサルテーション

　情報提供者が，役員または人事担当者の場合，情報収集と同時にコンサルテ
ーションを行う。コンサルテーションの中心となる事柄は，初動である。すで
に対処していることを確認しつつ，①従業員に安心・安全な感覚を取り戻して

もらうために人員を配置する（例：従業員の目に見える場所，またはアクセスしやすいように管理職がいるようにする）。②職場内外の窓口に相談が可能であることや，支援が行われることを示す。③役割分担と介入計画のために惨事ケアを行う責任者とチームメンバーとの打ち合わせを設定する。④二次被害を予防するための組織内での説明について助言する。組織内の説明をする理由は惨事を体験した従業員に適切な説明がないと，組織が惨事を隠蔽しようとしていると不信感を募らせたり，噂や犯人探しが横行して二次被害が発生したりする。そのため，組織としての見解を示して，二次被害の発生を防止することが肝要である。説明する内容は主に，惨事の事実，従業員・業務への影響，職場と従業員の安全を回復するために組織が取り組むこと，社内外の相談窓口の案内，回復に向けて取り組むことを約束するポジティブメッセージ，などが挙げられる。また，社会的なインパクトが大きい惨事は，地域やマスコミからの問い合わせが発生する。この時，惨事の現場に任せると二次被害が発生しうるため，管理を行う部署などが対応をするよう助言を行う。

3. 支援の介入計画の立案

　支援の介入計画として実施時期，実施場所，対象，目的，対応者，回数，情報の範囲，使用する資料と従業員への周知方法を示し，組織がどこまで対応するか検討する俎上に乗せる。

　実施時期は，対象が行政機関や社内への緊急対応が済んで受援できる頃，かつ，メンタルヘルス疾患の予防のために遅すぎないタイミングにする。惨事によって異なるが，自死の場合は発生から1〜2週間後程度が介入の目安となる。カウンセリングの時間は，基本的には就業時間に定め，余裕をもって対応できるように1名につき50〜60分あるとよい。実施場所は，対象者が勤務する事業場内でプライバシーが守られる会議室などにすることが望ましい。しかし，事業場内の実施が妥当でない場合，近隣の貸会議室を用意することも一手である。オンラインカウンセリングは，通信状態が不安定だと音声が途切れるなど，デメリットがあるため，状況が許せば対面実施になるよう計画を検討する。対象の選定は，救護者を筆頭に，惨事が発生した部署の従業員は，メンタルヘルス不調に至る可能性があるため，全員に実施することが望ましい。「自分は大

丈夫」として遠慮を示す方がいることを想定して，案内の工夫も計画する。一例として，カウンセリングの案内に，従業員の支援という目的に加え，「無理に話す必要はなく，カウンセリング当日に心理職の話を聞いた上で，受けるか決めてよい」や，「組織として再発防止のために幅広く話を伺いたい」といった旨を入れることが挙げられる。その他，組織や職場のニーズにより，行政機関や家族に対応した従業員や，遺族などを対象に含めることがある。ただ，無理強いしないようフォローの準備があることを示して希望制にするとよい。目的については，組織・職場のニーズを捉えつつ，対象者のメンタルヘルスの早期回復につながるよう応急処置としての助言や，組織内外の資源につなげることで合意をとるとよい。対応者は惨事ケアのできる心理職等になる。尚，例えば性犯罪の場合，対象者に侵襲的になり辛い対応者を選定するよう配慮することが望ましい。回数については，1～2回の短期にする。依頼者のニーズに応じて2回行う場合は，フォローアップを目的として1回目から1か月程度空けて，対象者全員または不調が懸念される従業員に絞って実施する計画を提案する。但し，長期的なフォローが必要な場合は，応急処置である危機介入の枠組みではなく，ラインケアや産業保健活動，医療機関への通院などの枠組みへ移行させる。情報共有の範囲については，守秘義務について理解を得ながら必要十分な範囲を検討する。組織から心理職に対して，誰にどのような対応をすればよいか，といった情報の開示を期待されることが多い。この時心理職は，守秘義務により情報開示に限界があることを伝える。加えて，以下の3点も伝えると計画に賛同を得やすい。①組織のフォローが必要な方は，心理職から本人に情報開示の同意をしていただくよう促すこと，②安全配慮義務が優先されるべき自傷他害のリスクが高い方は情報開示すること，③事業場内産業保健スタッフが揃っている場合は，同意書内に産業保健スタッフと情報共有する一文を入れ，かつ，対象者からインフォームドコンセントを得て，産業保健スタッフに情報共有できるようにしておくこと，を説明するとよい。心理職が使用する同意書やパンフレットは，計画の資料として付すと，支援の内容を理解してもらい易くなる。ディブリーフィングを目的としたグループに対するケアもある（下園, 2004）が個別カウンセリングと比較して統制が困難であるため，計画は一層慎重を期す。

4.　管理職へのコンサルテーション

　対象となった職場の管理職に対して，部下へ配慮する余裕が見受けられたら，カウンセリングを行うだけでなく，ラインケアについてコンサルテーションを行う。主に部下に対する傾聴の仕方，不調が疑われるサインの気づき方，不調者に対して業務上の配慮をしつつ医療機関や産業保健スタッフにつなげる方法を伝えることである。惨事ケアにおける管理職へのコンサルテーションで留意する点は，管理職自身も心的な外傷を受けていることである。また，多くの場合，責任感が強い。そのため，強い自責にとらわれ，自身のケアを目的としたカウンセリングに対しては動機づけが乏しいこともある。このようなとき，ラインケアの学習を目的としたコンサルテーションであれば意欲的に心理職とコミュニケーションをとってもらい易い。コンサルテーションを通してラポールを形成した上で，ラインケアを遂行するためには自身のケアも大事であると助言し，セルフケアの促進を図ることも有用な一手である。

✚ **身につけるとできること：**

　危機介入に限らず，様々なメンタルヘルス施策の計画を立案できるようになる。また，組織から環境調整の協力を引き出すスキルが向上する。

✚ **身につけるために：**

　多職種連携ができるよう関係各所との信頼関係を維持・向上する関わり方を身につける。立案は，普段から組織や危機管理を理解をすること，企画の機会を自ら見つけて挑戦することも肝要である。コンサルテーションの能力を向上させるために，5W1Hで伝える，誰がいつまでに何をするかというタスクを明示する，言い切る表現などの技術を，ビジネス本などで知識を得て，ロールモデルを見つけて真似るという方法がある。また，管理職を対象とした研修講師の機会があれば，積極的に参与して場慣れすると身につき易い。

✚ **さらなる学びのために：**

独立行政法人労働者健康安全機構（2021）．職場における災害時のこころのケアマニュアル　Retrieved May 5, 2023, from https://www.johas.go.jp/Portals/0/data0/oshirase/pdf/R3kokoro_no_kea.pdf

〔阿部　桂大〕

B17　組織対応領域の他の専門職へのコンサルテーション・教育（エントリー，専門家の養成）

組織対応を行う上での姿勢，知識，技術について産業保健スタッフ等に対するコンサルテーションや教育を行うことができる

キーワード：組織対応コンサルテーション，教育・研修，連携・協働
関連する他のコンピテンシー：A15，B7，B8，B9

　産業心理職として，産業保健活動に携わる場合，事業場内の他職種・他の専門職（産業医・産業看護職や衛生管理者，人事・労務担当など）との連携が必須であり，その中でコンサルテーションや教育をする機会も多い。山本（1986）によれば，コンサルテーションは 2 人の専門家（コンサルタントとコンサルティ）の間の相互作用のひとつの過程であり，コンサルティの抱えているクライエントの特定の問題をコンサルティが効果的に解決するように支援する関係をいう。産業保健活動におけるコンサルテーションは，対応困難ケースに関するケースコンサルテーションと職場環境の改善や従業員のモチベーション向上などを目的とする組織対応コンサルテーションに大きく分けられる。ここでは，組織対応領域におけるコンサルテーション，教育について論じていく。

1.　コンサルテーション

　組織対応コンサルテーションは，職場という組織環境をクライエントとして捉えるコンサルテーションであり，コンサルティは事業場内の産業保健スタッフ，人事労務担当者，経営者などである。大林（2016）は組織へのコンサルテーションにおける重要な要素として第一に「根拠に基づく実践」であることをあげている。第二に，コンサルティとの信頼関係をあげている。信頼関係を構築しながら，コンサルティが組織内で生じている出来事のプロセスに気づき，理解し，対応していけるように支援するプロセスコンサルテーション（シャインら，2017）のスタイルが望ましいと考えられる。

　また，事業場内の産業保健スタッフや人事・労務担当者からの個別ケース対応のコンサルテーションを実施する中で，個別ケース対応への助言や指導だけ

では不十分な場合がある。すなわち，個別ケースの対応を通して，潜在的な組織課題が浮かび上がってくる場合である。例えば，休職者への対応のケースコンサルテーションを行っている際に，職場復帰に関するガイドラインや体制の整備の必要性が明確になったり，特定の職場から休職者が発生しており，その職場へのアプローチが必要と考えられる場合などがある。この場合においても，事業場内スタッフとのコミュニケーションを通して，メンタルヘルス対策，体制の成熟度や活用できる資源など組織のアセスメントをしながら，抽出した組織課題にどのように対応していくのかを事業場内スタッフとともに考えていくことが求められる。

2. 教育・研修

　組織課題に関してコンサルテーションをしていく中で個別に教育を行うこともあれば，コンサルテーションを行った結果，課題解決への対応として集合研修を実施することもある。また，事業場内の産業保健スタッフや人事・労務担当者から依頼を受けて，特定のテーマで彼らに向けて教育・研修を実施することもある。具体的にどのような教育・研修を実施するのかを下記に紹介する。

　1）組織の危機的出来事への対応

　組織再編，リコール，災害，職場のメンバーの自殺・突然死など，組織で働く人々に大きな影響を及ぼす出来事が起きた時に，事後のケアをどうするのかに関するコンサルテーションを行うとともに必要な教育を行う。いずれの出来事においても，発生頻度がそれほど多くはないため，社内に知見やノウハウが蓄積されていない場合も少なくない。

　また，職場のメンバーの自殺の事後ケアであるポストベンションにおいては，事業場内で担当する産業医や産業看護職自身が当該社員と関わりがあり，ケアする立場でありながらケアされる立場ということもあり，ポストベンションに関するコンサルテーション，教育を実施しながら，彼らのケアをする必要もある。

　2）ストレスチェック集団分析活用

　ストレスチェックの集団分析の結果を持ってはいるものの活用できていない企業は多く，ストレスチェック集団分析活用についての教育・研修を実施する

機会は多い。対象者は事業場内産業保健スタッフ，人事・労務担当者，管理職などである。ストレスチェックの集団分析の方法，読み方のみならず，教育・研修受講者の組織内の役割・立場を考慮に入れ，知識・態度に関する準備性をアセスメントしながら，分析結果をどのようにアクションプランにつなげていくかの知見や経験が必要とされる。

3）職場復帰支援

職場復帰支援のガイドラインや体制整備のコンサルテーションを行った上で，ガイドラインを周知徹底しスムーズな運用につなげていくために，人事・労務担当者や管理職に対して，教育・研修を実施することがある。職場復帰支援には，労働関連法規や産業精保健の施策が深くかかわってくることも多く，法律や施策に関する知識も必要となる。また，研修実施の際には，人事・労務担当者や管理職の負担感やスキルレベルにも注意を払う必要がある。

4）ラインケア研修，セルフケア研修実施のための教育

事業場内の産業保健スタッフがラインケア研修やセルフケア研修を実施する際に，プログラム立案，コンテンツ作成，ファシリテーションに関してコンサルテーションを通して教育することもある。ラインケア，セルフケアに関して最新の知見を有しているだけでなく，事業場のメンタルヘルス施策の中にそれらの研修がどのように位置づけられ，どんな効果を期待されているのか，を事業場内産業保健スタッフとの対話を通して明確にしていくコンサルテーション能力が必要とされる。また，ラインケア研修，セルフケア研修実施の効果測定に関するコンサルテーションや教育を求められることもあり，サーベイ・リサーチ技法についての知識や経験が必要となる。

✛ 身につけるとできること：

他職種へのコンサルテーション，教育を通して，自らの専門性を他職種に伝えることにより，自らの専門性を高めることができると同時に他職種からの視点や知見を得ることができ，相互に学びあうことができるようになる。結果として信頼関係が構築され，連携，協働の質が向上する。また，産業心理職の活動の産業保健の中での位置づけが明確になり，活動範囲を広げ，貢献度を高めていくことができるだろう。

✚ **身につけるために：**

　他職種へのコンサルテーション，教育においては，職場をコミュニティとして捉える視点，すなわちコミュニティ心理学の視点が不可欠である。

　そして，事業場内の産業保健スタッフ，人事・労務部門など他職種の専門性や役割に関する理解と尊重が不可欠である。そのためには，他職種との日常的なコミュニケーションを通して，共通言語で対話ができるよう信頼関係を構築しておく必要があるだろう。また，根拠に基づくコンサルテーションや教育を実施していくためには，自らの専門性を高める努力も必要である。特に，組織のアセスメント，コンサルテーションに必要な産業・組織心理学の知見，労働関連法規，産業精神保健の施策に関する知識は常にアップデートしておく必要があるだろう。

✚ **さらなる学びのために：**

鶴 光代・津川 律子（編）（2018）．シナリオで学ぶ心理専門職の連携・協働―領域別にみる多職種との業務の実際　誠信書房

久田 満・丹羽 郁夫（編）（2022）．コミュニティ心理学シリーズ　コンサルテーションとコラボレーション　金子書房

〔大庭 さよ〕

B　組織対応領域──〔引用文献〕

〔B1〕

経済産業省（2006）．社会人基礎力に関する研究会—中間取りまとめ—　Retrieved June 5, 2023, from https://www.meti.go.jp/committee/kenkyukai/sansei/ jinzairyoku/ jinzaizou_wg/pdf/001_s01_00.pdf

経済産業省（2018）．我が国産業における人材力強化に向けた研究会（人材力研究会）報告書　Retrieved June 5, 2023, from https://www.meti.go.jp/report/whitepaper/ data/pdf/20180319001_1.pdf

北村　尚人（2018）．産業・労働分野に関係する法律・制度　野島　一彦・繁桝 算男（監修）　公認心理師の基礎と実践 第23巻　関係行政論（pp.192-204）　遠見書房

内閣官房　新型コロナウイルス感染症対策　Retrieved August 26, 2023, from https:// corona.go.jp/emergency/

野崎　篤志（2018）．調べるチカラ　日本経済新聞出版社

〔B2〕

Asch, S. E. (1951). Effects of group pressure upon the modification and distortion of judgments. In H. Guetzkow (Ed.), *Groups, Leadership, and Men* (pp.177-190). Carnegie Press.

Dawes, R. M. (1975). Formal models of dilemmas in social decision-making. In M. F. Kaplan & S. Schwartz (Eds.), *Human Judgment and Decision Processes* (pp.88-107). Academic Press.

Diehl, M., & Stroebe, W. (1987). Productivity loss in brainstorming groups: Toward the solution of a riddle. *Journal of Personality and Social Psychology, 53* (3), 497-509.

Festinger, L., Pepitone, A., & Newcomb, T. (1952). Some consequences of de-individuation in a group. *The Journal of Abnormal and Social Psychology, 47* (2, Suppl), 382-389.

Götz, F. J., Mitschke, V., & Eder, A. B. (2023). Conflict experience and resolution underlying obedience to authority. *Scientific Reports, 13*, 11161.

Janis, I. L. (1982). *Groupthink: Psychological Studies of Policy Decision and Fiascoes* (2nd ed.). Houghton Mifflin.

釘原　直樹（2020）．集団・組織と人の行動（グループ・ダイナミクス）　田中　健吾・高原 龍二（編著）　産業・組織心理学 TOMORROW（pp.1-17）　八千代出版

Kravitz, D. A., & Martin, B. (1986). Ringelmann rediscovered: The original article.

Journal of Personality and Social Psychology, 50（5）, 936-941.

Lewin, K.（1936）. *Principles of Topological Psychology.* McGraw Hill.

Milgram, S.（1974）. *Obedience to Authority.* Harper & Row.（ミルグラム, S.　山形 浩生（訳）（2002）. 服従の心理　河出書房新社）

縄田 健悟（2022）. 暴力と紛争の"集団心理"―いがみ合う世界への社会心理学からのアプローチ　ちとせプレス

大坪 庸介・玉田 詩織（2015）. 話し合いは極端な決定を生む　心理学ミュージアム　Retrieved April 5, 2023, from https://psychmuseum.jp/show_room/group_polarization/

Stasser, G.（1988）. Computer simulation as a research tool: The DISCUSS model of group decision making. *Journal of experimental social psychology, 24*（5）, 393-422.

Stasser, G., & Titus, W.（1985）. Pooling of unshared information in group decision making: Biased information sampling during discussion. *Journal of Personality and Social Psychology, 48*（6）, 1467-1478.

Tajfel, H., Billig, M. G., Bundy, R. P., & Flament, C.（1971）. Social categorization and intergroup behaviour. *European Journal of Social Psychology, 1*（2）, 149-178.

Uziel, L.（2007）. Individual differences in the social facilitation effect: A review and meta-analysis. *Journal of Research in Personality, 41*（3）, 579-601.

〔B3〕

上林 憲雄・厨子 直之・森田 雅也（2018）. 経験から学ぶ人的資源管理 新版　有斐閣ブックス

松山 一紀（2015）. 戦略的人的資源管理論―人事施策評価へのアプローチ　白桃書房

渡辺 栄里奈（2023）. 人事・労務部門の実務と役割. 産業ストレス研究, *30*（3）, 251-258.

〔B4〕

中央労働災害防止協会（2022）. 労働衛生のしおり　中央労働災害防止協会

HRPro　Retrieved November 30, 2023, from https://www.hrpro.co.jp/

北村 尚人（2016）. 職域におけるメンタルヘルス対策　金子 和夫（監修）津川 律子・元永 拓郎（編）心の専門家が出会う法律（新版）―臨床実践のために―（pp.125-144）　誠信書房

厚生労働省ホームページ　Retrieved November 30, 2023, from https://www.mhlw.go.jp/

こころの耳：働く人のメンタルヘルス・ポータルサイト　Retrieved November 30, 2023, from https://kokoro.mhlw.go.jp/

日本の人事部　Retrieved November 30, 2023, from https://jinjibu.jp/

リクルートワークス研究所　Retrieved November 30, 2023, from https://www.works-i.
com/

〔B5〕

McAllister, D. J. (1995). Affect-and cognition-based trust as foundations for
interpersonal cooperation in organizations. *Academy of Management Journal, 38*
(1), 24-59.

〔B6〕

Bridges, W., & Bridges, S. (2009). *Managing Transitions Making the Most of Change.*
(4th ed.) Da Capo Press.（ブリッジズ, W.・ブリッジズ, S. 井上 麻衣（訳）(2017).
トランジション マネジメント―組織の転機を活かすために　パンローリング）

Egolf, D. B., & Chester, S. L. (2001). *Forming Storming Norming Performing:
Successful Communication in Groups and Teams.* Kleinworks.（イゴルフ, D. B.・
チェスター, S. L. 尾川 丈一・髙橋 豊・中島 愛子・前田 幸子・佐分 徳枝・柴田
郁夫（訳）(2019). フォーミング ストーミング ノーミング パーフォーミング タ
ックマンのチームビルディングモデルの4段階　プロセス・コンサルテーション）

Schein, E. H. (1999). *Process consultation revisited: Building the helping relationship.*
Addison-Wesley.（シャイン, E. H. 稲葉 元吉・尾川 文一（訳）(2002). プロセス・
コンサルテーション―援助関係を築くこと―　白桃書房）

〔B7〕

桐村 晋次 (2019). 産業組織とは. 新田 泰男（編）産業・組織心理学（pp. 22-35）　遠
見書房

種市 康太郎・割澤 靖子 (2018). 産業・労働領域. 鶴 光代・津川 律子（編）シナリオ
で学ぶ心理専門職の連携・協働（pp.124-153）誠信書房

鶴 光代 (2018). 心理専門職のための連携・協働. 鶴 光代・津川 律子（編）シナリオ
で学ぶ心理専門職の連携・協働（pp.1-13）誠信書房

島津 美由紀 (2020). 職場のメンタルヘルスにおける連携―実践編：心理学的知見に基
づいた職場へのアプローチの実際　産業精神保健, *28*（特別号）, 74-78.

〔B8〕

堀 公俊 (2004). ファシリテーション入門　日本経済新聞社

島津 明人 (2012). EBM ガイドラインに基づくセルフケアマニュアルの作成. 川上憲
人（編）労働者のメンタルヘルス不調の第一次予防の浸透手法に関する調査研究

平成 23 年度総括・分担研究報告書（pp.59-21）

種市 康太郎（2015）．研修デザインのための専門技能．臨床心理学, *15*（3）, 333-336.

堤 明純（2012）．管理監督者教育の普及・浸透．川上憲人（編）　労働者のメンタルヘルス不調の第一次予防の浸透手法に関する調査研究．平成 23 年度総括・分担研究報告書（pp.11-58）

〔B9〕

和田 耕治（2018）．データをもとに産業保健活動の質を高める　和田 耕治・津野 香奈美（編著）産業保健と看護　産業保健の複雑データを集めてまとめて伝えるワザ（pp.13-16）　メディカ出版

津野 香奈美（2018）．データの集め方　和田 耕治・津野 香奈美（編著）産業保健と看護　産業保健の複雑データを集めてまとめて伝えるワザ（p.44）　メディカ出版

〔B10〕

金森 悟・島津 美由紀・渡辺 和広・梶木 繁之（2023）．職場のメンタルヘルス：ストレスチェック　職場環境改善　産業医学ジャーナル, *46*（3）, 3-12.

労働者健康安全機構・厚生労働省（2018）．これからはじめる職場環境改善〜スタートのための手引き〜　Retrieved May 31, 2023, from https://www.johas.go.jp/Portals/0/data0/sanpo/material/download/H30syokubakaizen.pdf

吉川 徹・吉川 悦子・竹内 由利子・佐野 友美・湯淺 晶子（2018）．いきいき職場づくりのための参加型職場環境改善の手引き：仕事のストレスを改善する職場環境改善のすすめ方（改訂版）　Retrieved May 31, 2023, from https://mental.m.u-tokyo.ac.jp/old/1595.pdf

〔B12〕

Asukai, N., Kato, H., Kawamura, N., Kim, Y., Yamamoto, K., Kishimoto, J., Miyake, Y., Nishizono-Maher, A.（2002）. Reliability and validity of the Japanese-language version of the Impact of Event Scale-Revised（IES-R-J）：Four studies on different traumatic events. *The Journal of Nervous and Mental Disease, 190*（3）, 175-182.

Kübler-Ross, E.（1969）. *On Death and Dying*. Routledge.（鈴木 晶（訳）（2020）．死ぬ瞬間　死とその過程について　中公文庫）

〔B13〕

市川 佳居・廣 尚典・阿久津 聡・西川 あゆみ（2022）．健康経営を推進する職場のためのEAPハンドブック　金子書房

World Health Organization, Commission on the Social Determinants of Health.（2008）.

Closing the gap in a generation: Health equity through action on the social determinants of health. WHO. Retrieved September 24, 2023, from https://www.who.int/publications/i/item/WHO-IER-CSDH-08.1

〔B14〕

厚生労働省 (2015). 労働者の心の健康の保持増進のための指針　Retrieved May 31, 2023, from https://www.mhlw.go.jp/topics/bukyoku/roudou/an-eihou/dl/060331-2.pdf

栗岡 住子 (2022). 事業場における産業ストレス対策の実践と評価：メンタルヘルス対策における PDCA に役立つ評価ツール　産業ストレス研究, *29* (3), 299-306.

縄田 健悟 (2020). 集団・組織と人の行動（グループ・ダイナミックス）：現代的課題　田中 健吾・高原 龍二（編著）産業・組織心理学 TOMORROW（pp.19-31）八千代出版

シャイン, E. H.・尾川 丈一・石川 大雅 (2017). シャイン博士が語る組織開発と人的資源管理の進め方　白桃書房

吉田 素文 (2014). ファシリテーションの教科書：組織を活性化させるコミュニケーションとリーダーシップ　東洋経済新報社

〔B16〕

下園 壮太 (2004). グループに対するケア　高橋 祥友・福間 詳（編著）自殺のポストベンション―遺された人々への心のケア（pp.81-96）医学書院

〔B17〕

山本 和郎 (1986). コミュニティ心理学―地域臨床の理論と実際. 東京大学出版会.

大林 裕司 (2016). 職場というコミュニティへの「入り方」　コミュニティ心理学研究, *20* (1), 18-24.

シャイン, E. H.・尾川 丈一・石川 大雅 (2017). シャイン博士が語る組織開発と人的資源管理の進め方―プロセスコンサルテーション技法の用い方　白桃書房

※ B11, B15 は引用文献なし。

C

研究領域のコンピテンシー

C1　日常的に研究（あるいは問題）意識を持ち，課題を分析，考察すること

日々の活動において研究（問題）意識，課題分析と考察を行っている

キーワード：科学的思考，クリティカルシンキング，認知的バイアス，疑似相関，
　　　　　相関関係，因果関係

関連する他のコンピテンシー：C2, C3, C6, C7

　研究の萌芽は，日々の活動の中で気付いたことや疑問に感じたことを科学的な視点から，客観的に分析・考察し，考えを深めることから始まる。科学的な視点から客観的に分析・考察するためには，人の持つ発想や思考の特性を知った上で，エビデンス（科学的根拠）に基づいた思考を身に付けることが必要である。このような科学的思考の際に役立つ，「適切な規準や根拠に基づく，偏りのない考え方」のことをクリティカルシンキングと呼ぶ。

　クリティカルシンキングの方法は様々あるが，ここでは特に科学的思考に重要な認知的バイアスやステレオタイプを意識すること，疑似相関を見抜くこと，相関関係と因果関係を明確に区別すること，について述べる。

1. バイアスやステレオタイプの存在を意識する

　そもそも，人の認知の特徴として，バイアスがあることを理解しておく必要がある。バイアスとはものごとに対する傾きや偏り，ゆがみを意味しており，「バイアスがかかる」とは偏った捉え方をしている状態を指す。認知の偏りである認知的バイアスには様々なものがあるが，ここでは特に，研究をスタートする際に気をつけるべきバイアスを取り上げる。

　人は，日々の活動の中で得た気づきや考え，興味・関心に対し，それらに似た事例や，自分の思考を支持・強化するような結果を多く集めようとする傾向がある。自分の気づきに関連する様々なデータを収集してより思考を深めていくことは望ましいことであるが，自分に都合のいい情報ばかりに目が行き，そうではない情報は無視してしまうことがある。このような認知的バイアスのことを確証バイアスと呼ぶ。確証バイアスに捕らわれないためには，クリティカ

ルシンキングによって，検証だけでなく反証をすることが重要である。すなわち，自分の説を支持する情報だけではなく，自説と反する情報をも意識的に集め，自分の説が成り立たない条件はないか，理由が証拠に基づいているか，そもそもの前提条件が適切か，論理的に矛盾はないかといったことを批判的に考えることが必要である。

　また，クリティカルシンキングはステレオタイプ的な考え方にも有効である。ステレオタイプとは，物事の見方を固定的なものに枠づけようとする観念のことをいう。たとえば，「血液型が A 型の人は几帳面で真面目である」というステレオタイプがある。これに反証し，クリティカルシンキングをするとしたら，A 型以外の B 型や O 型，AB 型の人が A 型より几帳面で真面目でないという情報を収集する必要性が思い当たる。もし，A 型が最も几帳面で真面目であることが示されたとしても，血液型占いが広く知られている日本固有の現象であるという可能性は排除できない。すなわち，この記述をさらにクリティカルに考えると，「A 型は几帳面で真面目」というステレオタイプのある文化の中で生活することによって，A 型の人が自分は几帳面で真面目なはずだという考えを後天的に刷り込まれ，無意識のうちに几帳面で真面目な振る舞いをするようになるという可能性も考えられる。そこで，日本以外の文化圏ではどうか，人種的に同じアジア人ではどうか，海外在住の日本人ではどうか，といったように，比較対象の視野を広げる必要がある。

　科学的思考のためには，認知的バイアスやステレオタイプに捉われず，様々な情報を偏りなく得て，それらを包括的かつ論理的に考えること，客観的データを元に分析された良質な情報を取捨選択することが重要である。

2. 疑似相関を見抜く

「高血圧の人ほど，会社内の役職が高い」といったように，血圧と役職という 2 つの変数の相関関係の理由が説明し難いものであった時，その 2 変数の背後には第三の変数が隠れていることがある。つまり，第三の変数が 2 変数それぞれに影響を及ぼしていることから，あたかも 2 変数に相関関係があるように見えている。このような相関のことを疑似相関という。この場合の例では，背後に年齢という第三の変数があり，年齢が高いほど血圧は高くなりやすく，ま

た役職も高くなる傾向にあることから,「高血圧の人ほど,役職が高い」とい
う見かけ上の相関が生じている。一見その関係性に説明がつかないように見え
る2つの変数の相関関係は,疑似相関である可能性がある,ということに注意
が必要である(なお,統計学的な分析上は,年齢の影響を除いた偏相関係数を
求めることで評価できる)。

3. 相関関係と因果関係を区別する

　相関関係とは,2つの変数の関連性のことを指し,一方が変化すればもう一
方も変化するという関係のことを言う。他方,因果関係とは,2つ以上の変数
の間に原因と結果の関係があることをいう。相関関係があることは,必ずしも
因果関係があることを意味しないが,因果関係は相関関係を包含している。

　我々はある2つの変数に関連性がある時,相関関係しかない場合にも因果関
係を想定しがちである。また,因果関係の原因と結果を逆に捉えることも多い。

　因果関係が満たすべき原則として,哲学者ジョン・スチュアート・ミル
(Mill, 1843)の三原則がある。ミルの三原則によれば,因果関係は,①原因X
が結果Yよりも時間的に先行すること(時間的先行),②原因Xと結果Yの
間に関連があること(共変関係),③他の因果的説明が排除されていること
(他の因果的説明の排除),の3つが満たされている必要がある。この三原則を
満たす例に,バンデューラ(Bandura et al., 1963)のボボ人形実験と呼ばれる,
子どもを対象とした,暴力番組の視聴と実際の暴力行為の因果関係を実証しよ
うとする実験がある。子どもたちにボボ人形というビニールを膨らませた人形
が出てくる映画を見せる。子どもたちはあらかじめ,暴力を見る実験条件と暴
力を見ない対照条件にランダムに割り振られている。実験条件に割り振られた
子どもには,お手本役の大人がボボ人形を攻撃的に扱い,投げたり蹴ったりす
るシーンを見せ,対照条件では大人は人形を攻撃しない。その後,暴力的な行
動を観察した実験条件の子どもは,ボボ人形を叩いたりする様子が観察され,
対照条件の子どもでは攻撃性は見られなかった。

　この実験は,まず,映画を先に見た後でボボ人形への攻撃を確認しているた
め,「時間的先行性」がある。そして,実験条件では攻撃性が認められ,対照
条件では認められなかったことから,「共変関係」がある。さらに,この結果

の原因として，暴力的な環境で育った子どもや，暴力が肯定されるような環境に育った子どもが実験条件に多かったため，攻撃性が見られたのではないかといった，「他の因果的説明」は，実験群と対照群への割り振りをランダムに行っている時点で排除されることになる。このことから，バンデューラは観察したモデル行動が子どもの攻撃行動を招いたと結論づけ，モデリングによる学習の存在を証明した（これらの成果は後の社会的学習理論の提唱に繋がっている）。

　このように，因果関係の検証には，最低限，ミルの三原則を満たす必要がある。逆に，三原則を満たさない関係性は因果関係があると結論付けることはできない。ただし，研究意識を持ち始める段階では，自身の気づきが因果関係であるのか相関関係に留まるのかを情報だけから判断することは難しいことが多く，それらの検証は実際の研究を行うことを通して初めて明らかとなることの方が多い。また，どのような検証をすれば因果関係を検証できるのかを考えることは，研究のデザインを考える際にも重要となってくる。

✛ 身につけるとできること：

　日常的な気付きや発見，興味・関心などについて，適切な情報収集を元に科学的に考察することができ，研究の仮説設定の基本が理解できる。

✛ 身につけるために：

　関連する情報を偏りなく集めるため，常に反証を意識することが重要である。情報を集めるためには，インターネットリテラシーを身に付け，信頼できる情報を収集し，得られた情報の質を吟味できるようになることが望ましい。具体的には，インターネットによる情報収集は，公の機関が提供する情報などを元にし，可能であれば学術論文を参考にするとよい。

✛ さらなる学びのために：

戸田山 和久（2011）.「科学的思考」のレッスン　NHK 出版

〔鈴木 綾子〕

C2　必要に応じて，文献や資料を調べること

個人対応，組織対応，もしくは研究活動に必要な知見を文献や資料から得ることができる

キーワード：文献調査，文献検索，文献レビュー
関連する他のコンピテンシー：C8

　個人対応や組織対応について検討するときや，研究活動を行う場合は，取り組むテーマに関して，既にどのような知見が存在しているのかという視点を持ち，関連する文献や資料を調査することが必要となる。その作業を的確に行うためには，主に，「文献や資料から知見を得ることの意義」，「必要となる文献や資料の選定方法」，「文献や資料を検索して入手する方法」，「文献や資料から知見を得る際に注意すべきこと」について把握しておく必要がある。以下ではこの4点についてまとめる。

1.　文献や資料から知見を得ることの意義

　個人対応や組織対応を行うなかで，対応が困難なケースについて検討することや，より良い対応方法を探求することがある。また，研究のアイデアが浮かび，新たな知見を得るために研究計画を立てようとすることもある。そのようなときに，まず，それらのテーマに関して，「これまでにどのようなことが明らかにされてきたのか」ということを調べる必要がある。なぜなら，これから自分が明らかにしようとしていることが，既に他者によって明らかにされている場合があるからである。そのため，まず，これから取り組むテーマに関する文献や資料を読み，幅広く先行研究の知見を得ることが必要となる。この作業を行うことにより，過去から現在までの研究の動向を確認することができ，自分がこれから行う研究の位置づけを明確にすることができる。

2.　必要となる文献や資料の選定方法

　研究を実施するにあたり，まずはテーマに関連する図書や論文を中心に目を通しておく必要がある。大塚（2018）は，図書の利点として，テーマに関する

幅広い情報を効率よく得られることや，図書の引用文献から，当該テーマに関する主要な論文を知る手がかりが得られることを挙げている。そのため，例えば，休職中の社員への対応方法や多職種連携など，個人対応や組織対応を行ううえで有用な知識や，研究テーマに関する知識を幅広く得る場合は，目的に合った図書を選定し，引用文献も含めた内容を把握することが重要である。

　一方，論文には，原著論文や総説論文，資料論文などがある。そのなかでも学会の雑誌の原著論文は，独自性のある研究成果が掲載されており，通常は査読も行われている。そのため，原著論文は最も信頼性の高い論文といえる。また，総説論文は，ひとつのテーマに関する研究が網羅されているため，効率的に知見を得ることができる有用性の高い論文である。

　小笠原（2003）は，テーマに関する文献や資料を収集する際は，まずは闇雲に集めておき，目を通したうえで必要なものを取捨選択していくことがコツであると述べている。そのため，文献や資料を収集する際は，原著論文や総説論文を重視して集めていくとともに，図書も含めて幅広く選定していくことが必要である。

3. 文献や資料を検索して入手する方法

　文献の検索については，図書館を訪れて蔵書を調べる方法もあるが，最も効率的な検索方法は，オンラインデータベースを使用することである。日本語の図書や論文は，CiNii Articles，CiNii Books，国立国会図書館雑誌記事索引（NDL-OPAC），医中誌 Web などで検索でき，英語の図書や論文は，PubMed，PsycINFO，PsycArticles などで検索できる。また，Google Scholar は，日本語および英語の図書や論文を検索することができる。なお，上記のうち，医中誌 Web，PsycINFO，PsycArticles は有料であるが，自分が所属している大学や研究機関がそれらのオンラインデータベースと契約している場合，費用負担なしで利用できることが多い。

　一方，通称「芋づる式」と呼ばれる文献の検索方法もある。まず，テーマになるべく近い内容で，かつ，最新の論文（仮に論文 A とする）を読む。次に，論文 A の引用文献欄に記載されている論文 B を読む。さらに，論文 B の引用文献欄に記載されている論文 C を読む。これをひたすら繰り返すことで，そ

のテーマに関連する論文を連鎖的に収集することができる。この一連の作業の
なかで何度も登場する論文は，そのテーマにおいて押さえておくべき重要な論
文といえる。

　図書や論文を検索し，読みたいものを見つけたら，次はそれらを入手するこ
とが必要となる。オンラインデータベースの場合，論文の PDF をダウンロー
ドできる場合もあるが，できない場合もある。また，図書の場合，最寄りの図
書館に希望する図書が所蔵されていないこともある。図書や論文をその場で入
手できない場合は，図書館（所属機関の図書館，または公立の図書館）のレ
ファレンスサービスを利用する。図書の場合は，図書貸出を依頼することで，希
望の図書を取り寄せてもらうことができる（有料）。論文の場合は，文献複写
を依頼することにより，複写された論文を入手できる（有料）。

4. 文献や資料から知見を得る際に注意すべきこと

　ある論文（仮に論文Ｄとする）の本文中に，その論文Ｄの著者が論文Ｅの
引用文を記載していたとする。この場合，論文Ｅの引用文だけを見て自分の
論文に引用すること（これを「孫引き」と呼ぶ）や，論文Ｅの引用文の内容
を鵜呑みにすることは適切でない。主な理由は２つある。１つは，引用文の中
に誤りが含まれている可能性があるからである。論文Ｅの引用文は，あくま
でも論文Ｄの著者による表記であり，論文Ｅの内容がすべて正しく表記され
ているという保証はない。もう１つは，引用文は著者の主観的な解釈を通して
引用されたものだからである。論文Ｅの内容を引用する際，論文Ｄの著者が
論文Ｅの文章を読み，頭の中で解釈した内容を要約して論文Ｄに引用文を表
記する。したがって，論文Ｅの引用文のニュアンスは，論文Ｅの本文中に実
際に書かれている内容が正確に反映されたものでない可能性がある。これらの
理由から，論文の本文中に書かれている引用文をそのまま引用することや鵜呑
みにすることは，いわゆる「伝言ゲーム」になるおそれがある。そのため，論
文の引用文に記載されている内容を用いたい場合は，原典を確認する作業が必
要となる。

✛ **身につけるとできること：**

　文献や資料を的確に検索でき，必要な知見を幅広く得ることができるようになれば，個人対応や組織対応について検討する際に，独善的な思い込みではなく，客観的な裏付けをもとに考えていくことができるようになる。また，取り組むテーマに関連する図書や論文を読み込むことにより，テーマに関連した知識が蓄えられるとともに，研究の独自性を導き出すための土台づくりをしっかりと行うことができる。

✛ **身につけるために：**

　研究成果は日進月歩で積み重ねられ，文献や資料も随時最新のものが発行されている。したがって，文献や資料は一度調べたら終わりではなく，取り組む研究テーマに関する最新の論文が出版されていないかどうか，普段からオンラインデータベースを使用してチェックする習慣をつけておくことが大切である。少しでも気になる文献を見つけた場合は，すぐに文献情報をメモしておき，必ず原典を入手して目を通す癖をつけることも重要である。また，定期的に図書館を訪れる習慣をつけておくと，図書館の職員の人と顔見知りになるため，文献探しで困ったときなどに気軽に相談できるようになるだろう。

✛ **さらなる学びのため：**

小川 俊樹・望月 聡（2018）．臨床心理学研究法特論　NHK 出版

津川 律子・遠藤 裕乃（2004）．初心者のための臨床心理学研究実践マニュアル　金剛出版

〔堀田 裕司〕

C3 必要に応じた適切な研究手法（量的研究・質的研究）の概要の理解

基本的な研究手法を理解できている

キーワード：研究手法，量的研究，質的研究
関連する他のコンピテンシー：C4, C5

　産業保健領域のような多職種連携の枠組みでは，協働する他の専門家に対して，心理職の貢献可能性について一定の根拠を示すとともに，支援対象者には，支援の選択と効果に関するアカウンタビリティを果たす必要がある（鈴木，2020）。このため，心理臨床活動では，エビデンス（科学的根拠）に基づく実践（Evidence Based Practice：EBP）が重視される。EBP は，研究と臨床実践の統合を目指したものである（Kazdin, 2008）。研究から得られた科学の知をどのように臨床実践の現場に活用するかと，臨床実践によって得られた臨床の知をいかに新たな研究に活かして科学的知見を蓄積していくかを同時に考える姿勢が心理職に求められている。こうしたエビデンスと心理臨床実践との関係性を重視した科学者―実践者モデルに基づいた心理臨床活動では，心理職は実践者であるだけでなく，研究者（科学者）として研究成果を発信することも必要となる。そこで本項では，実証研究の手法について基本的な考え方を紹介する。

1. 研究のタイプと研究手法

　研究を始めるにあたっては，先行知見を踏まえて研究対象とする事象を十分に理解し，適切で効果的な研究手法の選択が要求される。

　研究のタイプは，仮説検証型と仮説生成型の研究の 2 タイプがある。仮説検証型の研究は，研究課題に対する答えを事前に予測した仮説を立て，その仮説が正しいかどうかを演繹的に推論して，調査や実験によるデータから検証しようとするものである。一方，仮説生成型の研究は，自分が関心をもっている対象について，観察や面接を行うことで，多くのデータを収集することからはじめ，そこから何らかの一般的な法則や結論，理論的説明を構築していくもので

ある。研究のタイプとデータ収集法および研究手法は密接に関連しているため，どちらのタイプの研究を行うかによって，ふさわしいデータ収集法および研究手法の選択肢もある程度は決定されることになる。

　また実証研究は，扱うデータの種類によって，量的研究と質的研究とに分類される。一般的には，仮説検証型の研究では量的研究が，仮説生成型の研究では質的研究が行われることが多い。量的研究も質的研究も，心理学的構成概念をとらえるために対象を測定・評価することでデータを収集し，それらを分析することが可能となる。量的研究および質的研究における測定・評価とデータ分析法の関係は図に示した通りである（石井, 2021）。量的研究では量的データを収集し，統計的分析が行われるのに対して，質的研究では臨床面接等によるアセスメントや到達度評価のような教育評価指標を用いる手法によって言語報告や記述内容を中心とした質的データ収集を行い，その質的分析を行う。

2.　量的研究

　研究対象となる人ごとに異なる数値をもち，その数値によってその人の特徴を表すことができる量的データは，変数と呼ばれる。量的研究は，こうした変数を調査や実験などによって測定することによって行われる。

　変数は，身長や体重のように測定や観察することができるものだけではない。臨床心理学が対象とするストレス反応，モチベーション，パーソナリティなどは，直接観察したり測定したりすることが困難なものであって，様々な行動の背後に仮定される抽象的な構成概念である。量的研究では，心理学的構成概念は操作的に定義して測定可能なものにすることで量的データに置換する必要がある。

　一般的に心理学分野で扱われるデータは尺度によって測定され，尺度はどの程度の数学的変換が許されるかによって4つの基本的尺度タイプ（名義尺度，順序尺度，間隔尺度，比率尺度）に分類することができる。これらの尺度の種類によって適切なデータ分析が異なるため，違いを正確に理解することが量的研究を行う際には重要である。なお，上記4尺度のうち，適用可能な分析が重なることから名義尺度と順序尺度で表される変数は質的変数，間隔尺度と比率尺度で表される変数は量的変数と呼ばれる（松本, 2016）。

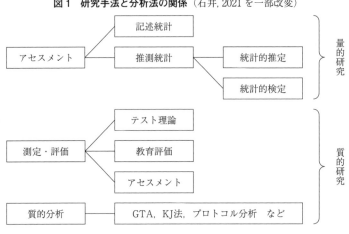

図1　研究手法と分析法の関係 （石井, 2021 を一部改変）

　量的研究のデータ収集法は，質問紙調査および実験が主となる。質問紙調査や実験においては，どのような変数についてデータ収集するかは仮説を立てる過程で決定され，適切なデータ収集，分析法が選択されることになる。量的研究で得られたデータは統計的に分析される。研究手法と分析法の関係は図に示した通りである（図1）。

3. 質的研究

　質的研究は，数値でその人の特徴を表すのではなく，人が発する言語そのものを用いて行われる。質的研究では，行動や態度などの非言語情報も言語化してデータとし，言語として分析する。現象を数値に変換することなく，「ありようをそのままに」とらえるので，生の情報が得られる利点がある一方で，現象は観察者の視点でとらえることになるため，データが主観的であるという指摘をされることもある（石井, 2021）。

　質的研究は，対象とする事象の事例性を同定することに加えて，事例性の中に普遍性を見出して理論化することを目的としており，事象は観察者と環境との相互作用から成り立つという社会構成主義的な立場を視座とするものである。

　質的研究のデータ収集法は，事例研究法に基づく面接や観察および自由記述が主な方法となる。どのような事象をどのような視点からとらえるかは，面接

したり事象を観察したりする過程で，事例性や普遍性の視点から模索しながら考えていくことになる。面接などで得られた質的データは，質的分析法を用いて分析される。質的分析法として使用頻度の高いものに，グラウンデッド・セオリー・アプローチ（Grounded Theory Approach：GTA），KJ法，プロトコル分析などがある（図1）。GTAおよびKJ法は，事象のコード化を行い，関連性を検討しながらいくつかのカテゴリーにまとめ，事象を説明するモデルを構築する分析手法である。プロトコル分析は，発話内容から得られる言語情報を分析することで，話者の認知過程を洞察する分析手法である。

✛ **身につけるとできること：**

　研究手法の違いについて理解することで，研究発表に必要な，量的研究・質的研究で扱うデータリテラシーが涵養される。それにより，科学者—実践者モデルに基づいた心理臨床活動を推進するために要求される臨床実践に基づいた研究発表が可能になる。

✛ **身につけるために：**

　心理職の臨床実践は，経験則に基づくものではなく，最新の科学的根拠を踏まえたものでなければならない。研究知見を正確に理解して臨床実践に活用することが求められ，また，臨床実践で得られる情報を研究発表することで，臨床心理学領域のエビデンスの蓄積に寄与することも求められる。こうした社会的要請に沿って自身の専門性を理解したうえで，先行研究を読むときには，結論だけでなくデータの内容や分析手法についての知識の理解にも努めたい。

✛ **さらなる学びのために：**

金井 篤子（編）（2021）．心理臨床実践のための心理学　ナカニシヤ出版

〔田中 健吾〕

C4　量的データを用いた研究論文を読み，内容を理解すること
量的データを用いた研究論文の目的，方法，結果を理解することができる

キーワード：仮説検証，仮説生成，IMRAD，記述統計，推測統計
関連する他のコンピテンシー：C5，C9

　科学者－実践者として活動することが求められる心理職は，実証的な知見を理解するためにしばしば量的データを用いた研究論文を読むことが求められる。そのためには量的研究法の論文にどのような型や構造があるのかを知っておくことが望ましい。また，典型的な量的データの分析方法を理解しておくことも理解の助けとなる。

1.　研究のタイプと量的データ
　科学論文のタイプは仮説検証型と仮説生成型に大別できる（C3参照）。量的データを用いた研究にも両方のタイプがあるが，相対的には前者のタイプが多い。

　仮説検証型研究は，先行研究や現象の観察などに基づいて立てた仮説を検証するためにデータが収集される。心理学においては調査や実験によって量的データ収集が行われることが多い。仮説はデータを用いて検証され，支持されるか否かが結論づけられる。

　一方，仮説生成型研究では，理論や仮説を作成するためにデータが収集される。心理学においては質的なデータが用いられることが多いが，調査や観察による量的データの収集が行われることや，ストレスチェックや人事評価のような蓄積された量的データが利用されることもある。データは探索的に分析され，理論構築や検証型研究に向けた仮説の生成に用いられる。

2.　論文の構造
　科学論文の多くはIMRAD形式で構成されている。IMRADとは導入（Introduction），方法（Methods），結果（Results），そして（And）考察（Discussion）の4部分による構造を指す。論文の読者の立場からは，求めて

いる領域の研究であるのかを導入で，データを得る手続きが妥当といえるかを方法で，データの傾向や関連性などの客観的情報を結果で，結果の含意や示唆に関する議論を考察で読み取ることになる。この構造を保ったまま，論文全体を短くまとめたものが要旨（Abstract）である。要旨は IMRAD に対応した項目を持った構造化要旨と項目のない非構造化要旨があるが，含まれる情報に大きな差はない。論文を読むときはまず要旨を参照し，全体の概要を把握した上で本文を読むかどうかを判断することが一般的である。

3. 記述統計と推測統計

　量的データの分析には統計解析が用いられる。統計解析は記述統計と推測統計[*1]に分類することができる。

　記述統計は得られた量的データを全体とみなし，その特徴を把握するために用いられる。1 変数の記述統計としては代表値（データの中心傾向；平均値，中央値など），散布度（ばらつき具合；標準偏差，四分位偏差など），分布の形状（ばらつきの偏りや尖り；歪度，尖度など），度数分布などが，2 変数の記述統計としては相関係数やクロス集計などが用いられる。表やグラフによって可視化されることも多い。

　推測統計は得られた量的データを母集団から無作為抽出された標本（サンプル）とみなし，母集団の特徴を推測するために用いられる。その手法は推定と検定に大別できる。推定は母数（母集団の平均値など）を特定の値や区間で推測するものである。研究では 95％信頼区間（Confidence Interval：CI）の形で示されることが多い。95％ CI は同じ方法でデータを 100 回集めたとき，95 回程度はその内に母数が含まれる区間を指し，区間が狭いほど推定の精度が高いということを意味している。検定は母数に関して検証したい差や傾向を否定する帰無仮説を立て，その帰無仮説が正しい場合に，標本より極端なデータが得られる確率である p 値を求め，その p 値が予め定めておいた有意水準（通常

---

　*1　推測統計には頻度論主義とベイズ主義の 2 つのアプローチがあるが，産業心理職が参照する領域においては現在のところほとんどの研究が前者を用いているため，本項目では後者には触れない。

表1　記述統計の例（N = 100）

時 期	M	SD
期 初	24.98	7.56
期 末	27.66	9.98

表2　推測統計（対応のある t 検定）の例

t	df	p	Hedges'g	95% CI
2.08	99	.04	.21	.01, .04

は .05 が用いられる）より低い場合に帰無仮説を棄却するという手法である。

　仮想例として，労働者の期初と期末の主観的幸福感が異なるかを検討した場合の記述統計を表1に，推測統計を表2に示す。日本で働く労働者全体を母集団として，100人を無作為抽出し，期初と期末に主観的幸福感について5件法10項目の回答を得，それぞれの尺度得点を算出したとする。記述統計ではこの100人の特徴を把握するために平均値（M）と標準偏差（SD）を示している。ここでは期初よりも期末の幸福感の平均値が高いことや，ばらつきも期末の方が大きいことが読み取れる。ただし，平均値は母集団の平均値の推定値となり，標準偏差は母分散の推定値である不偏分散の平方根が一般的に用いられるため，母集団に関する情報も示していると捉えることができる。推測統計では100人の標本を用いて母集団における期末と期初の幸福感に差があるかを対応のある平均の差の検定（t 検定）で検証している。この場合の帰無仮説は「（日本で働く労働者全体の）期初と期末の幸福感の平均値には差がない」である。結果の t 値は平均の差の程度を表す検定統計量であり，帰無仮説が正しい条件の下で何度も100人の調査を行った場合の t 値の分布である自由度（df）99 の t 分布に標本から得られた t 値がどれほど当てはまるかを表すのが p 値である。p値が .04 であるとは，帰無仮説が正しい場合に現在示されている差以上の標本が得られる確率が4%であることを示している。事前に定めた有意水準を .05 とすると，帰無仮説は棄却され期末の幸福感が期初のものよりも有意に高いと示されたことになる。

　表2には t 検定の効果量としてよく用いられる Hedges の g とその95%信頼区間も示している。一般に標本の大きさ（サンプルサイズ）が大きくなると検定統計量は大きくなり p 値は小さくなる。したがって，検証している効果（例では期初と期末という時期が幸福感に与える影響）の大きさを確認したい場合は異なる研究間でも比較できるよう標準化された効果量を参照することが必要

になる（大久保・岡田, 2012）。平均の差に関する効果量の目安としては，.2で小，.5で中，.8で大というガイドラインが提唱されている（Cohen, 1992）。信頼区間は検定統計量を含めて様々な値について求めることができるが，効果量の信頼区間があれば，影響の大きさだけでなくその精度も読み取ることができる。

4. メタ分析（メタアナリシス）

　検定はそのメカニズム上，帰無仮説が正しいのに棄却する過誤や，帰無仮説が正しくないのに棄却できない過誤の可能性が伴う。したがって，個別の量的データを用いた研究の結果を過信することはできない。しかし，同じ効果についての複数の研究があれば，メタ分析によって統合的にその効果を検証することができる。量的データを用いた研究を検索する場合は，まず該当テーマについてメタ分析が行われているかを調べることが効率的である。

✛ 身につけるとできこと：

　実践が基づくエビデンス（科学的根拠）の有無だけではなく，どのようにエビデンスが作られているかを理解することは現場への適切な応用につながる。

✛ 身につけるために：

　多くの研究論文を批判的に読むことが望ましい。量的データの処理が最適とはいえない論文も少なくないためである。用いられている方法について勉強し，自身で分析できるようになるなどの取り組みも有益であろう。一方で，日々新たに発表される全ての論文を読むことはできない。アメリカ心理学会（American Psychological Association）の臨床心理学部会が提示しているエビデンスに基づいた心理療法リスト（Society of clinical psychology, n.d.）などの二次資料を効果的に活用することも求められる。

✛ さらなる学びのために：

三浦 麻子（2017）．なるほど！心理学研究法　北大路書房
南風原 朝和（2002）．心理統計学の基礎―統合的理解のために―　有斐閣

〔高原 龍二〕

C5　質的データを用いた研究論文を読み，内容を理解すること

質的データを用いた研究論文の目的，方法，結果を理解することができる

キーワード：自然言語，仮説生成，内容分析，グラウンデッド・セオリー・アプローチ，テキストマイニング

関連する他のコンピテンシー：C4，C10

　質的データとは，自然言語，および経験の表現を指す。これらがどのように分析され，研究論文として報告されるのかを理解し，論文が示す結果，および結論を理解することが求められる。質的データの分析には多様なアプローチ，および手法が用いられるが，そのうちの主要なものを挙げることができると望ましい。

1.　質的データと質的研究

　質的データは定性データとも呼ばれる。アメリカ心理学会の質的研究論文報告ガイドライン（Levitt et al., 2018）においては，質的データは自然言語（単語），および経験の表現（例：社会的相互作用や芸術的プレゼンテーション）として定義されている。一般的にはインタビューや面接の音声データをテキストに書き起こしたもの，日記，あるいは文章などが分析の対象となる。質的研究は，これらのデータを注意深く検討し，その内容，意味，背後にある概念，あるいはそれらの関係性について考察することになる。

　質的データは量的データと比較して，少数の対象者から集められる反面，より豊富で詳細な，文脈を考慮した説明が含まれるという特徴がある。また，質的研究は，一般化された仮説検証のために行われるというよりは，データから得られる自由な発見を重視し，経験が起こった特定の歴史や環境を強調する傾向がある（Levitt et al., 2018）。したがって，ある研究テーマにおける新たなテーマ，概念，理論，および仮説を提示するために行われることが多い。

2.　質的研究の方法論

　質的研究の方法論を体系的に記述することは難しい。量的データを用いた研

究であれば，研究者間で合意の得られたエビデンス（科学的根拠）の水準があり，それらを導くことのできる研究デザイン，および統計学に基づくデータ分析手法がある。しかし，質的研究にはそれらが存在しない。データの分析手法だけでなく，依拠する理論的根拠，学問，あるいは科学に対するパラダイムも異なることがある（高木, 2009；川野, 2018）。先に紹介した質的研究論文報告ガイドライン（Levitt et al., 2018）においては，心理学で用いられる質的研究法の例として，ナラティブアプローチ（narrative），グラウンデッド・セオリー・アプローチ（grounded theory），現象学的アプローチ（phenomenological），批判的アプローチ（critical），談話的アプローチ（discursive），パフォーマンスアプローチ（performative），民族誌的アプローチ（ethnographic），合意に基づく質的研究（consensual qualitative research），事例研究（case study），精神分析的伝記（psychobiography），テーマ分析（thematic analysis）を挙げている。しかし，これで全てではなく，これらの修正版や亜型があったり，あるいは専門分野を移せばまた別のアプローチがあったり，ということが起こりうる。例えばデータサイエンス分野で用いられるデータマイニングの中では，テキストは形態素に切り分けられ，その出現頻度や共起の度合いを数量的に解析するテキストマイニングという手法が用いられる。国や文化圏による手法の流行の違いもあるかもしれない。例えば日本においては，KJ 法（川喜田, 2017）を用いた研究を目にしたことがあるだろう。

　以上を踏まえ，まずは自分の興味のある領域や研究テーマにおいて，どのような質的研究がよく行われているかを把握することが大切である。文献検索の際に，「質的研究」あるいは"qualitative"のような検索語を用いて，興味がある研究テーマにおいて採用されている質的研究の方法を複数確認し，自身が学ぶべき方法論を同定する必要がある。

3. 質的研究が活用される事例

　ここでは，質的研究が活用される事例として，出稼ぎ労働者（migrant worker）における非正規や任期付きなどの不安定な雇用（precarious employment）とメンタルヘルスとの関連を扱った研究の系統的レビューを紹介する（Ornek et al., 2022）。系統的レビューとは，既に出版された論文を網

羅的に集めて知見を質的に要約する研究手法の一つである（C8 参照）。

　この系統的レビューでは，1970 年 1 月から 2022 年 2 月までに出版された英語，ドイツ語，スペイン語，およびトルコ語で書かれた論文のうち，出稼ぎ労働者を対象とした観察研究（量的研究）と質的研究の両方を網羅的に集め，不安定な雇用とメンタルヘルスとの関連を検討した。その結果，全部で 66 編の研究論文が組み入れられ，そのうち 23 研究が質的研究を行っていた。質的研究におけるデータは主に半構造化面接を用いて収集され，フォーカスグループや一対一のインタビューが行われていた。1 研究あたりの参加者数は 8 名から 158 名で，参加者の募集は合目的的サンプリング（purposive sampling）が用いられていた。主な分析手法として，内容分析（content analysis），グラウンデッド・セオリー・アプローチ，テーマ分析が用いられていた。組み入れとなった研究では全部で 341 のコードが特定され，それらが 44 のカテゴリと 7 つのテーマに要約された。メンタルヘルスに関するテーマはすべての研究で扱われ，次いで一時的であること（temporariness），脆弱性（vulnerability），対人関係の不均衡（imbalanced interpersonal power relations），ディスエンパワーメント（disempowerment），権利の欠如（lacking workers' rights），および低収入（low income）がテーマとして挙がっていた。以上の結果から，著者らは出稼ぎ労働者が不安定な雇用によりメンタルヘルスの問題を抱えているという仮説が支持されたことに加え，彼らがどのような側面で困難に暴露されているのかを明らかにしたと主張している。将来への展望として，不安定な雇用がメンタルヘルスを損なうメカニズムの解明と，不安定な雇用を解消する方針が必要であると述べている。

　こうしてみると，質的研究は，量的研究で得られるエビデンスを裏付ける情報を提供するとともに，次の研究仮説の設定にも役立っていることが分かる。出稼ぎ労働者の語りから，不安定な雇用は，その脆弱さや権利の欠如が原因となってメンタルヘルスの悪化と関連している可能性を考えることができるのである。

✚ **身につけるとできること：**

　量的データを用いた研究で得られるエビデンスに加えて，その領域における

未解決の課題にはどのようなものがあるか，あるいはエビデンスを提供したり利用したりする人（利害関係者）がそれをどのように感じているのか，といった疑問に答えることができるようになる。実際に介入プログラムを提供するなど，臨床や実践におけるエビデンスの実装の際にも役立つ可能性がある。

中 **身につけるために：**

　質的データを用いて行われた研究（質的研究）の論文を網羅的に読むことが望ましい。先に述べたように，質的研究の手法は多岐にわたっており，依拠する理論や立場も異なることがある。したがって，先行研究における研究手法を確認し，自らが学ぶべき質的研究の手法を見通すことが役に立つ。また，量的研究と対比した場合の質的研究の特徴を押さえ，双方から得られる知見を補完的に扱うように気をつけるとよい。

中 **さらなる学びのために：**

Levitt, H. M., Bamberg, M., Creswell, J. W., Frost, D. M., Josselson, R., & Suárez-Orozco, C. (2018). Journal article reporting standards for qualitative primary, qualitative meta-analytic, and mixed methods research in psychology: The APA Publications and Communications Board task force report. *American Psychologist. 73* (1), 26-46.

〔渡辺 和広〕

C6　実践活動での疑問に応えるための仮説を設定し，適切な方法で研究を進めること

日々の実践活動から得られる疑問をリサーチ・クエスチョンに落とし込み，仮説設定することができる

キーワード：クリニカル・クエスチョン，リサーチ・クエスチョン，FINER, PICO・PECO, 仮説演繹法

関連する他のコンピテンシー：C1, C2, C3, C7, C8

日々の実践活動から得られる疑問（クリニカル・クエスチョン）を科学的な方法で検討するためには，クリニカル・クエスチョンをリサーチ・クエスチョンに変えることが必要である。

1．よいリサーチ・クエスチョンを選択する

よいリサーチ・クエスチョンとは，ハリー（Hulley et al., 2018）によれば，FINER の要件を満たすことである。すなわち，Feasible ＝実施可能であり，Interesting ＝興味深く，Novel ＝新規性があり，Ethical ＝倫理的に許容され，Relevant ＝実質的価値があることである。クリニカル・クエスチョンをリサーチ・クエスチョンに変える際には，文献調査によってそのクエスチョンが新規性を持ち，行う意義があるものであるかどうかを十分に検討しておく必要がある。また，現実的に研究を実施することが可能で，かつ倫理的にも許容されるものでなければならない。

具体的には，クリニカル・クエスチョンに関連する先行研究を系統的に収集し，これまでの研究で明らかとなっていること，明らかになっていないこと，先行研究の限界点等を調査した上で，どのようなリサーチ・クエスチョンを設定すれば FINER を満たすかを検討する。興味を持ったクリニカル・クエスチョンに関連する事柄を調べるうちに，既に同じような疑問に応える研究が存在していて新規性がないことが明らかとなることもあれば，新規性はあっても，その検討目的が個人的興味に留まり，実質的価値，つまり一般的に意義があるとは言えないこともある。また，意義がある事柄でも，十分なデータを集める

ことが現実的に難しい場合や，倫理的に受け入れられない場合などもよいリサーチ・クエスチョンにはならない。

2. リサーチ・クエスチョンを構造化する

リサーチ・クエスチョンは，抽象的な疑問を研究によって解明・証明することができるように，構造化する必要がある。構造化には，PICO・PECO という定式化されたテンプレートがよく利用される。

PICO とは，主に介入研究に用いられ，以下に示す語の頭文字をとっている。

・P（Patient/Participants）：研究対象者または研究対象となる問題

・I（Intervention）：介入，要因

・C（Comparison）：比較，対照

・O（Outcome）：結果，効果

すなわち，リサーチ・クエスチョンを「誰に，何をすると / 何によって，何と比較して，どうなるか？」という形に構造化する。

PECO とは，主に観察研究に用いられ，以下のように Intervention が Exposure に置き換わる。つまり，要因と結果の関係性を知りたい時に使われる。

・P（Patients）：研究対象者

・E（Exposure）：要因

・C（Comparison）：比較，対照

・O（Outcomes）：結果，効果

このように，PECO はリサーチ・クエスチョンを「誰の，どんな要因につい

表1 研究デザインのテンプレート（近藤, 2018 を一部改変）

PICOT	Population（対象集団），Intervention（介入），Control（対照群），Outcomes（アウトカム），Time Frame（観察期間）
PESICO	Person/Problem（対象となる人や問題），Environments（環境），Stakeholders（利害関係者），Intervention（介入），Comparison（比較対象），Outcomes（アウトカム）
SPICE	Setting（研究を行う場），Population（対象集団），Intervention（介入），Comparison（比較対照），Evaluation（評価）

て，何と比較すると，どういう結果か？」という形に構造化する。

　よく利用されるのは上記の PICO・PECO であるが，その他に表1に示すような PICOT，PESICO，SPICE などのフレームワークも知られている。

　このような構造化によって，クリニカル・クエスチョンをリサーチ・クエスチョンに具現化していく。

3. 仮説演繹法による理論的な仮説導出

　ここでは，仮説導出のためのより理論的な方法として，仮説演繹法について述べる。仮説演繹法とは，帰納法を始めとする非演繹法を用いて，経験的な事実から仮説を導き出し，演繹的にその仮説から実証可能な予測を行い，実験等によってその仮説を確かめ，仮説の確からしさを検証する手法である。仮説演繹法は，非演繹法と演繹法の両者を組み合わせて，科学的に仮説を検証する。

　例えば，「家庭環境に恵まれず，周囲の大人が粗暴な行動を示す子どもは暴力的な子どもが多いように見える」というクリニカル・クエスチョンを持っていたとする。クリニカル・クエスチョンに関連する文献調査等を行い，事実として，以下のようなデータを得るとする。

　・学習とは，直接経験した強化・罰によって成立する。

　・子どもはままごとなど，周囲の大人の模倣をした遊びを行う。

　これらのクリニカル・クエスチョンと事実とから，「（子ども自身が直接強化されて成立した学習だけではなく），他者の行動を観察することでも学習は成立する」というという仮説を非演繹的に導出する。この時用いた非演繹的方法はアブダクションと呼ばれる。アブダクションとは，個々の事象を最も適切に説明する仮説を導出する論理的推論のことをいう。仮説演繹法は，このような推論による仮説から，演繹的に「暴力行為を見せた子どもは暴力的な行動をとる」という予測を行い，それを検証する実験を行うものであり，科学的な実証とは，このような原理に基づいて行われている。

4. 仮説演繹法の留意点

　ところで，仮説演繹法は，科学的な実証方法ではあるが，仮説が支持される結果が得られたとしても，仮説が100％真理であることを証明するものではな

い。

　例えば，「AならばBである」という条件命題において，Aを前件，Bを後件，と呼ぶ。この時，Aが正しいかどうかを検証する時，

　・Bである。

　・したがってAである。

という推論は妥当ではない（「後件肯定の誤謬」として知られる）。先述の仮説の例に当てはめると，「子どもが暴力的な行動をとる」からといって，「暴力行為を見せられた」からだと断定することはできない。つまり，後件を肯定できた（子どもが暴力的な行動を取った）からといって，前件が正しいとは言えない（暴力行為を見せられたからとは限らない）。このように，科学的検証は，「論理学的には」正しいという保証はできない推論であり，検証した結果，仮説が支持されたとしても，仮説がより確からしさを増した，ということしか言えない。ただし，多くの検証がなされれば，それは「定説」として受け入れられていくことになる。

✤ **身につけるとできること：**

　クリニカル・クエスチョンを科学的な観点から実証可能なリサーチ・クエスチョンの形に具体化し，研究計画に必要な構造化をすることができる。

✤ **身につけるために：**

　系統的に文献検索ができ，科学論文を読みこなせるようになることが重要である。科学論文の形式は統一されているため，数を読みこなすことで論文のポイントをより早く的確に掴めるようになる。読む際には，論文に書かれていることを「理解する」だけでなく，先行研究ではどこまでわかっていて，何が明らかでないのか，先行研究の問題点はないか，文献調査の結果を総合的に「判断する」ことを心掛ける。

✤ **さらなる学びのために：**

福原　俊一（2015）．リサーチ・クエスチョンの作り方　第3版〜診療上の疑問を研究可能な形に〜　特定非営利活動法人　健康医療評価研究機構

〔鈴木 綾子〕

C7　対象に応じた適切な研究手法（量的研究・質的研究）を用いてデザインし，研究発表を行うこと

研究対象と仮説に応じて適切な研究デザインを行い，発表することができる

キーワード：研究手法，質問紙調査，実験，事例研究
関連する他のコンピテンシー：C3，C9，C10

　研究を始めるには，研究対象とする事象を設定し，より効果的な結果を導出するための研究デザインを選択することが要求される。研究デザインは，量的研究と質的研究の各デザインに大別される。量的研究では，主に調査と実験に基づく研究が，質的研究では，観察研究や事例研究（症例研究）あるいは介入研究が行われる。ここでは，研究対象に応じた研究手法について，研究対象の選定における基本的知識を概説するとともに，研究デザインの代表的なものとして，質問紙調査と実験および事例研究・介入研究について取りあげる。

1. 研究対象の選定

　研究デザインを検討する際に重要なことは，研究課題を解明するのに最適な対象を選定することである。産業心理臨床に関する研究では，課題はクライエントないし彼らを取り巻く職場環境や就労状況から生じることが多いため，通常はその課題が生じたクライエントや従業員群あるいは職場や組織が対象となる。

　対象が決定されれば，その対象から標本抽出するかどうかを検討する。標本（サンプル）による研究は，対象とする母集団の特徴が明確であり，かつ，その母集団の規模が大きく，全対象者を調べることができない場合に行われる（数間, 1997）。この場合，標本で得られた結果から，その母集団の傾向が推測されることになる。主として質問紙調査法や実験法を用いた量的研究がその候補となり，基本的には推測統計が必要とされる。

　標本を用いる研究では，研究課題に対応する母集団の特徴を明確にして，それを標本抽出基準とする。例えば，勤続年数3年未満，高ストレス該当者，研修実施前後のような特定の状況など，種々の条件についてそれぞれ母集団の範

囲を定義する。産業臨床現場では，組織成員やクライエントに対して提供されている介入方法および援助方略の内容は，組織によって多様であることが通例である。同様の状態あるいは同じカテゴリーの組織成員やクライエントであっても，研究課題によっては，属する組織が異なれば同一母集団とみなせないこともあるため，研究課題に合致するように，かつ母集団を最もよく反映するように，種々の標本抽出法にもとづいて標本を選ぶことが必要になる。

　一方，個人や集団・組織などの社会的単位を研究対象として，その生活過程の全体像や特徴的な諸位相に関する情報を収集して，記述的な方法を主として研究する質的研究では，必ずしも母集団と標本の考え方にとらわれない。現象学的な視座に基づいて，事象そのものから当事者にとっての経験の構造や意味を探求したり，社会や文化あるいは組織における文脈での対人相互作用によってもたらされる意味に注目したりすることで，臨床的に有用な情報を共有しようとする研究を志向することがある。この場合は，主として観察などによる事例研究や介入研究である質的研究が行われ，特定の個人や組織を対象とした単一事例研究（シングルケース・スタディ）の方法がとられることも多い。

2. 質問紙調査

　質問紙調査とは，個人の認知・行動や態度について回答者の自己報告によって，データ収集する方法の総称である（質問紙の形式は「紙」に限定されず，Web 回答や On-line 回答なども含む）。例えば，検証したい仮説に関連する年齢，職位などの属性項目や，生活習慣および心理測定尺度といった様々な質問への回答から，それらの関係を検討する目的で行われる。

　大量のデータを低コストで収集でき，過去の事柄や，客観的な行動観察では把握しにくいことも取り上げることができる長所がある。一方でデータは回答者の自己報告によるものであるため，回答者が意識していない内容については回答が得られないことや，社会的望ましさによって回答が歪む可能性などの欠点もある。

3. 実験

　実験とは，被験者の置かれる場面や状況などの条件に何らかの人為的統制を

加えて，その結果生じる心理的過程や行動についてデータ収集する方法である。仮説検証において因果関係を特定する必要がある場合などで，実験が行われる。介入研究も実験に準ずるものと考えられる。産業臨床現場では，実際に現象を統制して実験を行うことは困難なため，実情を反映した条件のもとで実験研究が行われることが多い。実験研究において，結果が真に研究者の検証したい事象を反映しているかについて，考慮すべき主要な内容は次の諸点である。1）研究対象の操作的定義を明確にすること，2）対照群と実験群を設定すること，3）プラセボ効果を考慮すること，4）測定対象の信頼性と妥当性を担保すること，5）倫理的問題を排除すること。

4．事例研究

　事例研究は，単一事例あるいは少数例を対象として行う研究を指すものであり，個人ないし集団単位における何らかの特徴や特殊性を事例という。

　一般に事例研究には2つのタイプがある（数間, 1997）。一般的なものは，単一事例あるいは少数例の個人や組織を対象として，対象が抱える特徴を含め，その全体がわかるように詳しく記述したものである。この場合には，1例であっても，そこに何らかの特徴や特殊性，すなわち事例性を認めた理由が存在する。それは，その対象を事例として取り上げた研究者の意図であり，経験則や先行研究からの示唆によって，従来の一般的な例とは異なるということである。したがって，取り上げた事例と一般的な例とを比較するという行為が背景にある。

　単一事例や少数例による事例研究では，このような比較は，研究者の主観を反映しやすい。そのため研究者が取り上げた事例について，何が特徴的で，どのように特殊なのかを明らかにする必要があるため，事例の共通点や一般例との相違点などを比較して記述することが行われる。その過程を通して，対象とする事象の事例性を明確にすることに加えて，事例性の中に普遍性を見出して理論化することが可能になる。このような仮説生成型の研究が，事例研究に値するものであり，単にだらだらと個人や集団の心理的変化を羅列して述べただけで，事例性や普遍性についての考察を欠いたものは，事例研究とは呼べない。

5. 介入研究

　事例研究のもう1つのタイプは，個人あるいは集団が抱える特殊な問題について，特定の方法によって解決し，その過程を詳述したもの，すなわち介入研究である。例えば，カウンセリングによる職場適応援助についての事例研究では，特定のクライエントを対象に，主訴についての問題解決過程が記述される。それは，クライエントの詳細なアセスメントに基づき，職場適応上の問題やその問題が維持する原因を把握したうえで，クライエントに応じた問題解決方略を立案・実行し，評価するという時系列が逐次記述される。この場合，問題がその原因によって維持されていることは，既知の事実ではなく，あくまで研究者の仮説であることには，注意を払うべきであろう。問題の維持原因として記述される内容は，心理アセスメントないし臨床的見立てという一定の手続きによって操作的に定義し，問題の維持原因を改善することによって，実際に問題解決に至るかどうかを検証したうえでなければ，真にその問題の維持原因であったかどうかは明確にはならない。こうした問題解決プロセスは，仮説検証型の研究過程と同一である。

✿　身につけるとできること：

　研究発表につながる研究課題を達成するためには，研究デザインを考え研究計画を立てることが必要になる。研究対象者の選定と種々の研究デザインを理解することで，研究課題に相応の適切な研究計画を立てることができるようになる。

✿　身につけるために：

　多様な実証研究に関する論文を読み，研究課題を解決するために，どのような研究デザインが採用されているかを知ることが望ましい。具体的には，論文の「はじめに（Introduction）」に書かれている問題を，「方法（Method）」でどのような対象を選定して，どのような研究デザインで解決して結果を述べているのかについて，データの内容や分析手法とあわせて理解できるようにしたい。

✿　さらなる学びのために：

西村 純一・井上 俊哉（2016）．これから心理学を学ぶ人のための研究法と統計法　ナカニシヤ出版

〔田中 健吾〕

C8　目的に合った文献や資料を，系統的に検索すること
研究目的にそった文献や資料を系統的に検索することができる

キーワード：文献データベース，検索
関連する他のコンピテンシー：C2

　科学は日進月歩であり，世界中で日々数多くの知見が論文や書籍という形で公表されている。このように千万無量の知見が存在する中で，研究者は自身の研究に関わる知見にたどり着く必要がある。本章では知見を収集する際に欠かすことの出来ない文献データベースの検索方法についてまとめる。ここでは代表的なデータベースとして日本語検索の CiNii Research，英語検索の PubMed の検索方法について取り上げる。なお，以降の説明は 2023 年 7 月時点の説明であることに留意されたい。そして，最後に先行研究のデータを統合する手法であるメタ分析を実施する際の系統的な文献検索について概説する。

1.　CiNii Research の検索方法
　国立情報学研究所が運営する CiNii Research は日本の論文だけでなく，書籍，博士論文，雑誌記事等の情報を網羅的に検索できる。図書館，大学や研究機関のリポジトリ，J-STAGE 等の他のデータベースと連動し，所蔵の情報や論文で閲覧可能なものであればフルテキストのリンクに接続することができる。
　詳細検索画面は図 1 である。上方のフリーワード欄にキーワードを入力すると登録されている情報からヒットしたものが表示される。その際，下方の検索設定が「すべて」にあると登録されているすべての情報からヒットした検索結果が表示される。そのため，論文に限った情報を得たい場合や，書籍のみの情報を得たい場合は，「すべて」の設定を変更することにより，検索結果を容易に絞ることができる。また，「タイトル」や「出版年」等の入力，特定のデータソースにチェックを入れることにより細やかな検索が可能となる。CiNii の概要や詳細な検索方法に関する説明は NII 学術コンテンツサービスサポートページを参考にされたい。

図1　CiNii Research の詳細検索画面

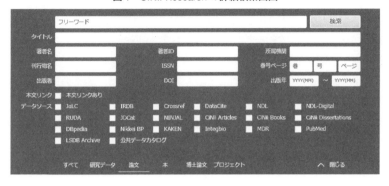

2. PubMed の検索方法

　PubMed はアメリカ国立医学図書館により運営され，MEDLINE のデータベースと連動し国際的な医学雑誌に掲載されている論文が豊富な点が特徴である。膨大なデータを蓄積しているため，簡易検索で1つのキーワードのみ入力して検索すると膨大な文献がヒットしてしまう。そのため，複数のキーワードの間に論理演算子を使用したり，Filter 機能を用いて情報を絞っていく必要がある。ここでは論理演算子と Filter 機能について簡潔に紹介する。

　論理演算子を使用した検索には，OR 検索，AND 検索，NOT 検索がある。OR 検索は入力したキーワードのいずれかを含む検索，AND 検索は入力したキーワードのすべてを含む検索，NOT 検索は複数入力したキーワードの直後のキーワードを除いた検索を行うものである。この論理演算子による検索は，一般的なものと同様で CiNii，PsycINFO 等でも使用することができる。PubMed の場合，詳細検索画面（デフォルト検索画面より「Advanced」をクリック）のキーワード入力欄横の設定ボタンによりこれらの論理演算子を簡単に指定できるようになっている。

　Filter 機能は検索結果からより情報を絞る際に用いる機能である。検索結果画面の左横に上から順に，「RESULTS BY YEAR」「TEXT AVAILABILITY」「ARTICLE ATRIBUTE」「ARTICLE TYPE」「PUBLICATION DATE」がある。「RESULTS BY YEAR」は現在ヒットした文献の年代幅が表示され，この年代幅を変更することで絞った検索が可能である。これと比較的近い機能

が「PUBLICATION DATE」で，この機能で出版時期を限定した検索ができる。また，「TEXT AVAILABILITY」は論文の利用可能性で絞り込むことができ，「Abstract」は要約や抄録が読める論文，「Free full text」は無料で全文が公開されている論文，「Full text」は有料，無料に関わらず全文が読める論文，で絞ることができる。「ARTICLE ATRIBUTE」は，論文の属性により絞り込む機能で「Associated data」にチェックを入れると，関連データを含む論文に絞り込むことができる。「ARTICLE TYPE」は，論文の種類により絞ることが可能で，例えば「Randomized Controlled Trial」「Meta-Analysis」「Review」等の文献の中で用いられる方法論で絞ることも可能である。さらに詳細な Filter を設定したい場合は，下方にある「Additional filters」をクリックすると新たな設定画面が開かれる。

　PubMed は奥深く本記事で紹介できている方法はごく一部に過ぎない。各大学の附属図書館には PubMed の検索方法に関するマニュアルが公開されているため，それらも参考にし検索に慣れていただきたい。

3. メタ分析での論文収集

　ここではメタ分析での文献収集について紹介する。メタ分析は系統的（システマティック）レビューと同義として使用されることもある。系統的レビューとは「クリニカルクエスチョンに対して，研究を網羅的に調査し，研究デザインごとに同質の研究をまとめ，バイアスを評価しながら分析・統合を行うこと」である（Minds 診療ガイドライン作成マニュアル編集委員会, 2021）。しかし，メタ分析を伴わない系統的レビューも存在するため，メタ分析は系統的レビューの統計解析部分に相当し包含関係にあると考えるのが一般的である。今回紹介するのは，ワーク・エンゲイジメント（以降 WE と記載）と通称 Big Five と呼ばれる 5 因子モデルのパーソナリティとの関連性についてメタ分析を行った Fukuzaki & Iwata（2022）の論文である（以降，本論文と記載）。本論文は WE に労働者の個人差であるパーソナリティがどの程度関連するのかを検証した研究である。

　メタ分析では，文献の検索手順と文献の選択基準や除外基準を明記する必要がある。まず，本論文では Schaufeli et al.（2002）が提唱した WE に焦点を当

てることを記載し，PsycINFO のデータベースを用いて WE が提唱された 2002 年から 2020 年の間に発表された論文を検索した。パーソナリティに関する検索のキーワードは，"work engagement" AND（"five-factor model" OR "Big Five" OR "neuroticism" OR "extraversion" OR "conscientiousness" OR "agreeableness" OR "openness to experience"）で行った。また，Filter 機能を使用し Peer-Reviewed にチェックを入れ，年号を 2002 to 2020 に設定した。そして，調査対象者を労働者の論文のみに限定した。

　次に，解析に用いる論文の選択基準として，(1) WE とパーソナリティとの相関係数が報告されている，(2) WE はユトレヒト WE スケールを使用して測定されている，(3) 調査対象者が臨床サンプルでない，(4) パーソナリティと WE が同時に測定されている。しかし，構造方程式モデリングを用いて潜在変数間の相関係数のみを報告した研究は除外する，以上の 4 つを設けた。そして，検索結果から得られたデータのすべての要約に目を通し，選択基準に沿う論文を抽出し解析に使用した。

✚ 身につけるとできること：

　重要なことは文献を収集すること自体ではなく，収集した先行研究を理解し自身の研究に活かすことである。そのため，短時間で文献を収集することができるようになることで研究をより効率的に進めることができる。また，本章で紹介したメタ分析や系統的レビュー等，系統的な論文検索が求められる方法論があり，これらを用いることで新たな知見を創出することも可能である。

✚ 身につけるために：

　データベースの文献検索は，数をこなすことにより短時間で検索できるようになる。そのため，普段からデータベースに簡単にアクセスできる環境を作っておき（例．自身の PC のブックマークに登録），日々の業務の隙間時間を使って検索するように習慣化しておきたい。

✚ さらなる学びのために：

山田 剛史・井上 俊哉（編）(2012)．メタ分析入門―心理・教育研究の系統的レビューのために― 東京大学出版会

〔福崎 俊貴〕

```
┌─────────────────────────────────────────────────────────┐
│  C9  量的データの分析方法を理解し，分析を行い，結果を考察す │
│      ること                                               │
│  統計解析法を用いた量的データの分析方法を理解するとともに，分析と │
│  その結果の考察を行うことが出来る                          │
└─────────────────────────────────────────────────────────┘
```

キーワード：報告ガイドライン，データ分析，推測統計
関連する他のコンピテンシー：C4, C10

　量的データを分析し結果を考察するためには，分析方法だけでなく研究手続き全体の理解も必要となる。そこで，まず量的データを用いた研究の一般的な流れを，次に心理職が用いる主な量的データの分析法を概観する。

1. 量的研究の報告ガイドライン

　一般に研究は論文の形で発表される。その論文の各部分にどのような情報を掲載するかをまとめたものが報告ガイドラインである。研究対象や方法によって，掲載を求められる情報は異なるため，様々な報告ガイドラインが作成されており，健康研究に関する報告ガイドラインを検索できる Web サイト（equator network, n.d.）もある。量的研究を報告する際に役立つガイドラインとしては，アメリカ心理学会が作成した JARS（Journal Article Reporting Standards）の量的研究デザイン（JARS-Quant；American Psychological Association, 2020）を挙げることができる。

　こうした量的研究デザインにおいて強調されるのは，データを収集する前に仮説を立て，計画された分析に基づいて必要なサンプルサイズを決定し，計画していなかった分析を行った場合にはそれを結果に明記することである。結果が分かってからの仮説設定や変更は HARKing（Hypothesizing After the Results are Known）や *p*-hacking と呼ばれ不正と扱われる。現場での実践においては，既に収集された二次データを用いた分析が行われることも少なくないが，その場合でも研究倫理を尊重したデータの扱いが求められる。

表 1　産業場面における適応例

分析	例
対応のない *t* 検定	役職の有無による幸福感の差
対応のある *t* 検定	時期（期初，期末）による幸福感の差
1 要因（対応なし）分散分析	部門（営業，研究，製造，事務）による幸福感の差
1 要因（対応あり）分散分析	時間帯（始業時，昼休憩時，終業時）による幸福感の差
2 要因（対応なし・あり）分散分析	役職の有無，時期，その組み合わせによる幸福感の差
回帰分析	幸福感への年収の関係
重回帰分析	幸福感への年収，残業時間，上司満足の関係
ロジスティック回帰分析	ストレスチェック受検への部門，残業時間の関係 → 次年度の受検予測の判別
判別分析	部門への採用時適性検査各得点の関係 → 次年度の配属案の判別
クラスター分析	来談者アンケートに基づいた来談者の主要なクラスターの推定
因子分析	採用時適性検査各得点のグループ化
主成分分析	ストレスフル・ライフイベントのグループ化（cf. 奥村, 2012）
構造方程式モデリング	ストレス要因，ストレス反応，社会的支援を含む統合的ストレスモデル

2.　主な量的データの分析法

　心理職が用いる主な量的データ分析法について概説する。また，産業・労働分野における適用例を表 1 に示す。

1）平均の差の比較

　平均の差の比較は原則として，結果指標である従属変数が量的変数，原因指標である独立変数が質的変数の場合に用いられる。

　t 検定は 2 群の平均値の差の比較に用いられる。2 群が同一個体（心理学においては多くの場合個人）の 2 回の測定などによって測定値間に対応を持つ場合には対応のある標本の平均の差の検定を行い，そうでない場合は対応のない標本の平均の差の検定を行う。

　対応のない標本の平均の差の検定は標本の等分散性によって Student の *t* 検定，Welch の *t* 検定を使い分けることが求められていたが，近年は等分散性に関わらず Welch の *t* 検定を用いることが推奨されている（Delacre, Lakens, & Leys, 2017）。

分散分析は1要因2水準（2群）以上や2要因以上の平均の差の比較に用いられるが，1要因の平均の差の比較には原則として分散分析を行わずに多重比較を行うことが推奨される（永田, 1998）。

2）線形回帰

線形回帰モデルは一般化線形モデルや階層線形モデルなどの高度な分析の基本形となる分析であり，応用範囲は広い。原則として従属変数および独立変数の両方が量的変数である場合に用いられるが，独立変数には質的変数を変換したダミー変数を用いることもできる。また，独立変数同士を乗じた交互作用項を独立変数に加えることもできる。

（単）回帰分析は1つの従属変数と1つの独立変数の関連を表す回帰式（従属変数 $= \alpha + \beta \times$ 独立変数 $+$ 誤差）の切片（α）と回帰係数（β）を推定する分析である。回帰式を用いれば独立変数の任意の値に対応する従属変数の推定値を求めることができる。

重回帰分析は，2つ以上の独立変数を用いる回帰分析である。重回帰分析は切片と偏回帰係数を推定する。偏回帰係数は他の独立変数の値が一定である場合の従属変数と独立変数の関係を示し，他の独立変数の関連性を除いた関連性を表すと解釈される。切片と偏回帰係数を用いた回帰式を用いれば各独立変数の値の組み合わせから従属変数の推定値を求めることができるが，異なる係数間の相対的な比較はできない。各係数の相対的比較を行う場合は標準偏回帰係数を求める。

3）分類・クラスタリング

分類は原則として従属変数に1つの質的変数，独立変数に1つ以上の量的変数を用いて行われ，従属変数のカテゴリに個体を分類するためのモデルを構築する分析を指す。2値の従属変数の分類としてロジスティック回帰分析が，2値以上の従属変数の分類として判別分析が用いられることが多い。

クラスタリングは原則として1つ以上の量的変数を用いて類似した個体を分類する新しい質的変数を推定する分析を指す。心理学においては階層的クラスター分析が用いられることが多い。

4）次元削減

分類やクラスタリングがデータにおける行，すなわち個体のグループ化に用

いられるのに対し，次元削減は列，すなわち変数のグループ化に用いられる。因子分析や主成分分析などの手法があり，心理学では心理尺度の開発に適用されることが多い。

　因子分析は各変数を従属変数と見なし，独立変数となる因子があると仮定し，因子と各変数との関連を推定する。主成分分析は各変数を独立変数と見なし，従属変数となる主成分があると仮定し，各変数と主成分の関連を推定する。どちらの分析も因子・主成分との関連の強さによって合計得点や因子得点・主成分得点を求めることで多変数の次元を縮約することができるが，仮定する構成概念を観測された変数の共通因子か合成された結果のどちらと考えるのかによって手法を使い分ける必要がある。

　5）構造方程式モデリング

　構造方程式モデリング（Structural equation modeling：SEM）あるいは共分散構造分析と呼ばれる分析は，複数の量的変数の関係を回帰分析と同様に方程式を用いたモデルで表し，各方程式の係数の推定を行う。複数の従属変数，複数の独立変数を1つのモデルに含めることができ，因子や主成分として扱われる潜在変数も用いることができるため，（重）回帰分析，因子分析，主成分分析などを統合した分析として扱われる。ダミー変数を用いれば，分散分析の一部も実現可能である。

✛ **身につけるとできること：**

　自分自身で日常の問題意識を検証できるようになれば，根拠に基づいた職場内外への提言ができるようになり，提言の幅も広がる。学会や職能団体で発表することができれば産業心理職全体にとっての貢献にもなる。

✛ **身につけるために：**

　常に仮説を立て，可能であればデータを収集し，分析する姿勢が求められる。

✛ **さらなる学びのために：**

脇田 貴文・浦上 昌則・藤岡 慧（2021）．心理学・社会科学研究のための調査系論文で
　学ぶR入門　東京図書

〔高原 龍二〕

C10 質的データの分析方法を理解し，分析を行い，結果を考察すること

グラウンデッド・セオリー・アプローチ（Grounded Theory Approach）や内容分析などの質的データの分析方法を理解するとともに，分析とその結果の考察を行うことができる

キーワード：リサーチ・クエスチョン，新規性，有用性，スーパービジョン，コーディング

関連する他のコンピテンシー：C5，C9

　質的データの分析手法は，依拠する手法によって大きく異なるため，まずは自らが行う分析手法を先行研究から同定できることが求められる。研究を行うためのリサーチ・クエスチョン（C6 参照）の設定やインタビューガイドの作成など，事前準備も必要となる。多くの質的分析では，得られたデータを小単位に分割し，ラベルや名前をつける作業（コーディング）を行う。結果は多くの場合，要約されたテーマやそれらの関連を表した図として表現することが求められる。結果の解釈，およびその後の考察は，何度もデータと向き合いながら進める必要がある。これらの手順は，その領域や分析手法に詳しい指導者にスーパービジョンを受けながら行うことが推奨される。

1. リサーチ・クエスチョンの設定

　産業心理職が活動する関連領域において質的研究を実施する際には，いかに優れたリサーチ・クエスチョン（研究実施上の疑問）を設定するかが重要である。方向性の定まった明確なリサーチ・クエスチョンを設定できれば，その研究はまず成功する（山本, 2018）と主張する研究者もいるほど，この作業は大切である。質的研究においては，データはどのように切り取ることも解釈することも可能であり，偶然で全く異なる結論へ到達する可能性もある（川野, 2018）。もちろん，それは質的研究の強みとも解釈できるが，限られた時間と資源の中で目標を達成するためには，自分が何を明らかにしたかったのかを明確にしておくことが役に立つ。難しいことに，質的研究におけるリサーチ・ク

エスチョンは，事前設定に誤りがあったことが判明するなどの理由でデータ収集後に修正される場合がある（山本，2018）。これは量的研究にはない特徴である。調整を行いつつ，常にリサーチ・クエスチョンを念頭において分析することが求められる。

　質的研究に限らず，優れたリサーチ・クエスチョンには，新規性と有用性が担保されている必要がある。つまり，これまでの研究知見ではその疑問に答えられないこと，そして明らかになった疑問は，研究や実践に役立つことが主張できる必要がある。このためには，先行研究を網羅的に調べ，何が明らかで何が明らかでないのかを把握する必要がある。また，実践上の経験も参考に，その領域でどのようなことが求められているのかを知ることも必要である。既に分かっていること，あるいは分かったところであまり役に立たないことを検討する研究にしないためにも，質的研究のリサーチ・クエスチョンは注意して設定するべきである。

2. 必要な準備

　質的研究には，そのほかにも実施前にするべき重要な準備がいくつかある。質的データの多くは，研究参加者に一定程度構造化された面接を行い，音声データとして収集される。音声を収集するレコーダー等の機器の準備をするとともに，面接における質問を決める必要がある。一般的には，インタビュアーが質問を体系的に実施できるようにインタビューガイドを作成し，面接の進行に合わせて柔軟に応答を変えながらも，重要な質問は漏らさずするように注意しなければならない。質問の内容は，当然のことながらリサーチ・クエスチョンとの整合性を保つことが必要である。また，研究参加者が多くなると，インタビューを複数のインタビュアーで担当することがあるかもしれない。その場合には，インタビュアー間の質を均質にするための事前のトレーニングを計画することも考慮しなければならない。

3. データのコーディングとカテゴリ化

　C5「質的データを用いた研究論文を読み，内容を理解すること」でも述べたように，質的研究法の分析方法は多岐に渡り，体系的に記述することは難し

い。各手法の具体的な手順については成書に譲る。ここでは，内容分析，テーマ分析，およびグラウンデッド・セオリー・アプローチをはじめとする多くの質的研究で行われるコーディングについて述べる（出貝ら，2014；川野，2014；山本，2018）。

　コーディングとは，データから小単位の重要なデータを取り出し（これを切片化と呼ぶ分析手法もある），それにラベルや名前など何らかのコードを付与することを指す。例えば，業務で利用する会議室が不足している現状についてインタビューを行ったデータから「予約しようと思っていてもできない」というデータを抜き出し，これに「予約制度への不満」というラベルをつける，といったコーディングが考えられる（神戸ら，2012）。コーディングが進むと，次第に同じコードが付与されるデータが出てきたり，似通ったコードが現れたりする。次のステップは，これらのコードを抽象化してカテゴリ（概念）を作成したり，カテゴリ間の関連について検討したりすることである。

　コーディングやカテゴリ化は，データ収集と並行して繰り返し行われる。質的研究の参加者数は，一般的には量的研究の参加者よりも少なくなる。参加者から得られるデータを切片化し，カテゴリ化していくと，データの収集や分析をこれ以上実施しても新たなカテゴリやその関係性に変化がなくなり，現象を十分説明できる状態となる（神戸ら，2012）。これを理論的飽和と呼び，この時点でデータ収集と分析が完了する。結果は一般的に，要約されたカテゴリやその関係性を図や表にして報告する。

4. スーパービジョンを活用する

　上記で説明した準備や実践の手続きは，複雑で難易度が高く，熟練が必要なものである。自分が目標に向かって前進しているのかが分からなくなることも多く，孤独な作業となりがちである。そのため，質的研究を始める際は，臨床実践と同様に，指導者によるスーパービジョンを受けることが役に立つ。

╋ 身につけるとできること：

　研究に限らず，産業心理職が質的データに触れる機会は多い。例えば，研修を実施した際に取得されるアンケートの自由記述は，定性的評価としてプログ

図1　質的研究の流れ

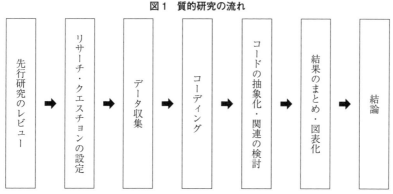

注：複数の質的研究の手法にある程度共通する大まかな流れを示したもの。実際には異なる手順を踏んだり，手順が繰り返されたりすることがある。具体的な手順については別途確認が必要である。

ラムの効果評価の指標となることもある。こうしたデータを（研究として耐えられるほど厳密な方法でなくても）特定の手法に基づいて分析できれば，新たな気付きを得たり，来年度の修正箇所を議論したりすることができる。

☥ 身につけるために：

各分析手法の具体的な手順については，成書を参照して習得することが必要である。また身近にある質的データにどのようなものがあり，それらを分析すると実践上の疑問の解消に役立てられそうか考えてみることも，質的データの分析に対する動機づけを高める上で役立つ可能性がある。質的研究のスーパービジョンが受けられる環境を整備することも有益かもしれない。

☥ さらなる学びのために：

木下 康仁（2003）．グラウンデッド・セオリー・アプローチの実践：質的研究への誘い　弘文堂

Glaser, B. G., & Strauss, A. L. (1967). *The Discovery of Grounded Theory : Strategies for Qualitative Research.* Aldine Transaction. （グレイザー, B. G.・ストラウス, A. L. 後藤 隆・水野 節夫・大出 春江（訳）(1996)．データ対話型理論の発見；調査からいかに理論をうみだすか　新曜社）

松村 真宏・三浦 麻子（2014）．人文・社会科学のためのテキストマイニング 改訂新版　誠信書房

〔渡辺 和広〕

C11　データや統計をまとめて組織支援に活かすこと

データを集計・分析し，研修や職場環境改善の計画や評価に用いることができる

キーワード：組織資源，仮説設定，尺度水準，混合研究法
関連する他のコンピテンシー：C3，C6，C12，C17，C18

　組織支援では，対象となる「組織」の「情報」を整理し，当該組織の強みと課題を把握することが起点となる。組織とは，特定の目標を達成するために構成された集団であり（Daft, 2001），その構造，機能の維持向上が組織支援と位置付けられる。適切な組織支援を提供するためには，対象となる組織の構造や機能等を的確に評価し，支援が必要な課題を整理する必要がある。また，段階的に対策を展開するためにも，その組織の優れた点や強み，即ち組織資源を把握し，活用することも重要である。これらの評価は，的確な支援内容を検討する根拠であるとともに，支援の前後で組織の課題がどのように変化するか，つまり，その支援の効果を検証し，より的確な支援となるように見直しを図るための基礎データにもなる。ここでは，組織の情報の収集，分析に基づく支援計画の立案について概説する。

1. 対象と目的の明確化

　組織支援のためにデータを収集，分析するには，目的と対象集団を明確にする必要がある。組織支援の対象となる集団には，「職場」のような企業等の事業活動の遂行を目的とする集団だけでなく，特定の知識や技能を身につけることを目的として集められた「研修を受ける集団」など，幅広い組織が想定される。しかし，どのような組織に対しても一律に必要な情報を網羅できる包括的な評価手法はなく，目的によって収集すべき情報が異なるため，まず，対象集団を特定し，支援の目的を整理することが求められる。組織支援の目的は，研修による支援や職場環境改善の支援，メンタルヘルス不調による長期休業からの職場復帰のコンサルテーション等が代表的である。

　研修を受講する集団を対象とする場合は，その研修が焦点を当てる知識や技

能の習熟度を評価し，研修の受講が知識・技能を向上させる成果を挙げている
かを確認する効果評価が目的となりえる。効果を評価するためには，研修の受
講前にも研修の焦点となる知識や技能を予め評価し，研修の受講後も同様の評
価により，知識や技能の変化を確認する必要がある。一方，長期間に及ぶ研修
等を受講する場合には，同程度の期間の実務経験を経ることで，研修を受講し
ていなくても，研修で焦点を当てる知識や技能を自然と習得できるとする批判
があるかもしれない。このような批判を避けるためには，調査のデザイン（計
画）を改良し，研修を受講する集団とは別に「対照群」を設けることも有用で
ある。「対照群」は，研修を受講する「介入群」とは別に，研修は受講せずに，
研修と同じ時期に自然経過を観察するための集団である。介入群も対照群も同
じ調査項目で評価し，研修を受講した介入群は，研修を受講していない対照群
よりも，対象となる知識や技能が顕著に（統計学的に有意に）向上したことを
確認できれば，上述の批判には当たらない。対照群は，研修を受講する以外は，
介入群と同様の条件（性別や年代，勤続経験，職務等）の集団であることが望
ましい。

　職場環境改善の支援では，職場の職業性ストレスや心理的ストレス反応等の
ネガティブな状況や状態の改善を目的とする場合だけでなく，職場の働きやす
さやワーク・エンゲイジメント等のポジティブな状況や状態の向上を目的とす
る場合も想定できる。これらの目的の違いによって評価すべき項目が異なるこ
とは明らかである。特に，参加型の改善活動を支援する場合には，対象となる
職場の労働者が，目標を設定し，対策を検討する一連の意思決定に必要な情報
を収集する必要がある。これらの意思決定を支援するためには，目標や対策に
直結する負担やニーズの評価だけでなく，職場の強み（組織資源）を把握し，
強みを活かし，無理なく対策を展開できるような配慮も求められる。また，上
述の「研修を受講する集団」の評価と同様に，職場環境改善の効果を評価する
ことも欠かせない。職場環境改善は，段階的で継続的な活動となることが多く，
定期的な評価を繰り返すことにより，目標や対策を見直すことも視野に入れた
調査の計画が必要である。これらの組織支援の目的も，PICO・PECO（C6参
照）により具体化することで，分かりやすく，評価しやすい調査の計画を立案
できる。PICO・PECOの各要素を検討する場合には，問題解決療法で用いら

表1　目標設定のルール（Mynors-Wallis, 2005）

要素	概要
S：Specific	具体的で明確である
M：Measurable	測定・評価できる
A：Achievable	実現・達成できる
R：Relevant	目的や課題と関連している
T：Timed	時間・締切が設定されている

れる目標設定のノウハウである SMART なルール（Mynors-Wallis, 2005）も有用である（表1）。

2. データの収集と評価

　実効的な組織支援を展開するためには，適切な状況の把握が必要であるが，組織を対象とするデータを取り扱う場合には特有の留意が必要である。組織支援では，既往歴や現病歴等の健康情報や労働時間や欠勤・休暇取得日数等の労務情報，職歴や職位等の人事情報等，様々な情報を突き合わせて，それぞれの情報の尺度水準（C3 参照）に応じた分析方法を選択することが求められる。組織支援のための評価項目には，当該集団に所属するメンバーの個別のデータから集団の状態を推定する場合も多い。このような性質を持つデータでは，個人のデータと同じ解析方法では正確な知見が得られない場合がある。そこで，個人と集団という複数の水準を考慮したマルチレベルモデルの使用も求められる。例えば，同じ集団であっても，必ずしも個々のメンバーのデータは同じ値とは限らず，集団内にもばらつきが生じている。また，実践場面では，介入前から集団間で効果の指標の平均値が異なることは少なくない。集団によって，介入の効果（介入前後の変化量）が異なることも多い。マルチレベルモデルでは，これらの個人差や集団差を考慮して，組織支援の効果を評価することができる。

✛ 身につけるとできると：

　適切な方法でデータを収集し，分析することにより，組織の状況・状態を視覚化し，現状に適したコンサルテーションができる。例えば，ストレスチェッ

クの集団分析においても，職場ごとの課題や目的に応じた再分析により，職場の現状をより詳細に議論できる情報を提供できる（例えば，真船, 2022）。また，日常的に取得される人事・労務情報をデータとして活用することにより，過重労働対策に関する議論を促すこともできる。さらに，研修等でも，科学的に検証された効果を周知することで，新たな参加への動機づけを高めることが期待される。このような効果評価は，様々な組織支援の改善にも役立てられる。

　データに基づいた組織支援は，支援対象である組織のメンバーだけでなく，異なる専門性を有する多職種間の情報共有と議論にも重要である。データに基づく合理的な議論は，産業医，産業看護職，衛生管理者，人事労務担当者等からなる産業保健スタッフ等の専門性の相違を補い，多様性を活かすために有用であるデータに基づいて検証された科学的根拠は，後進への引き継ぎや関係者への説明責任の履行，他の組織への応用も容易にする。

⊕ を身につけるために：

　統計解析の基本的な知識として，データや指標の性質を把握することが必要であるが，多様なデータを扱うため，異なる分野の専門家等との連携も欠かせない。多様なデータには，定量的なデータだけでなく，面接記録や会議録等をはじめとする定性的なデータも含まれるため，定量的な統計解析だけでなく，質的な分析手法を組み合わせた混合研究法も有用である。また，対策の企画立案，実施，データ収集，解析等，あらゆる機会で，対象者の意見を確認し，組み入れる工夫も重要である。

　組織支援にデータを活用するには，日常的に観察，記録，確認する習慣が欠かせない。定型的な記録はコード化（数値化）することを意識できることが望ましい。得られたデータは，ヒストグラムや散布図等で分布を丁寧に確認し，解釈の限界も合わせて説明できることが望ましい。データは，正解ではなく，あくまで議論の契機を提供するツールであることには十分な留意が必要である。

⊕ さらなる学びのために：

村井 潤一郎・柏木 惠子（2018）．ウォームアップ心理統計 補訂版　東京大学出版会
清水 裕士（2014）．個人と集団のマルチレベル分析　ナカニシヤ出版
島津 美由紀・真船 浩介（2012）．セルフケアの技法と研修の実務　産業医学振興財団

〔真船 浩介〕

C12　データや統計をまとめて個人支援に活かすこと

データを集計・分析し，個人面接や教育の計画や評価に用いることができる

キーワード：主観的情報，客観的情報，データ解析，ストレスチェック
関連する他のコンピテンシー：C11，C17，C18

　個人支援を行う場面としては，研修・教育などを通して個人の行動変容を促す場合や，相談・面談対応などを通して気づきや行動変容，職場適応支援を促す場合など，複数想定されよう。いずれの場合も，どのようなデータ（主観的情報，客観的情報など）を活用して個人支援場面に臨むかについて，あらかじめ計画を立てた上で，支援を行い，実際の支援後には，どのように活用できたか，また，できなかったかについての評価を適切に行うことが重要と言える。このことで，新たな知見が蓄積され，さらなるデータの活用に活かしていくことが可能になると考えられよう。

　ここでは1次予防，2次予防，3次予防のそれぞれの観点からデータや統計をどのように個人支援に活かすことができるかについて述べる。

1. 研修・教育

　1次予防に関わる場面では，メンタルヘルス研修の実施の際に，ヘルスリテラシーの向上や，個人の気づき，ストレス対処などの個人支援を行う際に，データを活用することが想定される。具体的には，研修の参加者の動機づけを高めることや，参加率をあげること，参加後の満足度や，研修内容についての活用度をあげることなどを目的に研修を計画し，研修場面でデータを活用することなどがあげられる。活用するデータとしては，メンタルヘルスやストレスに関わる国内外のデータ，また，所属する組織のメンタルヘルスの特徴や，ストレスチェックの集計結果などの統計データをまとめ，結果とともに，そこから読み取れること，課題感などを伝えることなどが考えられる。例えば，研修を実施する対象において，働き方が変化し，在宅勤務が増えてきたことでコミュニケーションの低下が課題となっている場合に等には，社内のデータを集計・

活用し，在宅勤務日数別のメンタルヘルスや健康状態の特徴を集計することで，よりメンタルヘルスへの関心を高め，個人のヘルスリテラシー向上や行動変容につながる可能性も考えられる。

2.　個人面接

　従業員からの相談対応・面談対応などの2次予防に関わる場面においても，データを活用することが想定される。このような場面においては，あらかじめ，人事情報や勤務情報・健康診断結果などの定量的データに加えて，過去の面談記録や職場・人事から声などの定性的データなどを集めておくことで，本人へのアセスメントがより行いやすくなるとともに，職場適応への支援がより行いやすくなることが考えられよう。個人支援に活かすデータとしては主に以下の種類があげられる。アセスメントなどの面談時に活用するだけではなく，面談の実施後や，フォローアップ後に，どのような変化が見られたかについてデータを活用して確認していくことも重要といえる。

　1）人事／勤務情報等からのデータ・情報：性別・年代・所属・役職などの属性に関わる情報，業務内容，労働時間，職場状況などの労働状況について，あらかじめ入手し把握しておくことなどがあげられる。

　2）健康管理部門での情報：これまでの産業保健スタッフの対応記録や，職場巡視等で得られた職場環境の状況に関する情報などの定性的データも参考にできるとよい。また，健康診断や問診票の結果，ストレスチェックの結果などの定量的データについてもあれば事前に確認しておくとよいだろう。

　3）所属組織に関わる情報：所属組織の特徴や，職場上司からの声など把握しておくことで，本人を取り巻く環境の把握につながるといえる。

　4）ウエラブルデバイスなどからの情報：対象の従業員がウエラブルデバイスなどを活用している場合には，日々の活動記録や，睡眠，運動など，メンタルヘルスとも関連の多い生活習慣に関わるデータなど，収集し，面談時にも活用しながら，行動変容につなげることも考えられよう。データを活用することで自身の行動が可視化されるとともに，ストレス対処などの行動実施後に変化がみられるかどうかの効果評価の指標として活用することも可能である。さらには，面談実施後も，従業員が継続して対策を実施続けるための補助としても

活用できることも考えられよう。

3. ストレスチェック

　データを個人支援に活かすもうひとつの場面として，ストレスチェックにおける面談場面があげられる。特に，補足的面談など，産業保健スタッフが声をかけて面談を実施する場合などでは，従業員の面談実施へのモチベーションが低いケースもあり，ストレスチェックなどのデータを有効に活用することで，本人の関心を引き出し，行動変容につながりうることも考えられる。

　また，ストレスチェック結果を解説する際，結果が本人の認識と一致しない場合などは，どのような点が一致していないと感じるか，その背景には何が考えられるかなど，話を進めていくきっかけにもなりえる。逆に，本人の自覚する状況や状態とストレスチェック結果が類似している場合には，どのようなところが一致していると感じているか，その背景には何が考えられるかなど，話を進めていくことでより深い気づきにつながる可能性も考えられよう。ストレスチェックによる結果は，あくまでも，実施時期に本人が記載した自己式の調査であることから，結果の活用には一定の限界はあると考えられる。これらを踏まえた上でも，標準データとの比較で自身の結果が示されることや，可視化しにくいストレス要因・ストレス反応などが定量的な数値で示されることは，面談の際の有用なツールとして活用できるといえよう。

4. 3次予防の視点から

　3次予防に関わる場面では，職場復帰支援のプロセスにおいて，活動記録表や健康状態，メンタルヘルスに関わる自記式のチェックリストに記載するなどにより，データを個人支援に活かすことが想定される。プロセスの過程においてチェックリストや活動記録表を活用することで，対象者自身の生活習慣，行動の振り返りや気づきにつながるだけでなく，データを産業保健スタッフと共有することで，関係者間での理解にもつながること，また，改善の度合いを確認するための効果指標としても活用することができる。また，職帰支援プログラムを計画する際には，プロセス中にどのような支援，および連携を行うとより効果的か，また，復帰後どの程度フォローを行うかなど，様々な文献やメタ

分析の結果（Mikkelsen & Rosholm, 2018）などを参考に検討することで，より効果的な個人支援につながると考えられよう。

✣ **身につけるとできること：**

　個人支援のスキルに加えて，データを活用し正しく読み取る力をつけることで，データや統計情報を活用した支援計画を立てることができるようになる。また，個人のアセスメントに際して，より多面的な情報を活用することで，本人および本人を取り巻く環境へのスムーズな理解や支援につながることが考えられる。さらには，その効果評価にデータを活用することで，継続的かつより効果的な支援に結び付けていくことができるようになる。

✣ **身につけるために：**

　統計データの扱い方や読み取り方についての知識を身に着けておく。また，個人支援を行う中では，個人の課題に加え，背景にある職場環境の課題を把握する視点を持つとともに，組織支援を行う中では，組織の課題とともに，組織を構成する一人一人の個人の特徴を把握する視点を持つなど，個人要因と組織要因の双方を検討する視点をバランスよく持つことが重要と言える。

　個人の支援に際しては，なるべく多くの種類のデータを集めることでより多面的・複合的な視点で関わることできるメリットがある一方で，情報過多となり処理しきれないことが懸念としてあげられる。情報を集約したり比較したりしながら適切に活用していくためにも，集計・統計のスキルを身につけておくことが重要といえよう。

✣ **さらなる学びのために：**

山田　剛史・村井　潤一郎（2004）．よくわかる心理統計（やわらかアカデミズム・わかるシリーズ）　ミネルヴァ書房

島津　明人・種市　康太郎（編）（2016）．産業保健スタッフのためのセルフケア支援マニュアル—ストレスチェックと連動した相談の進め方—　誠信書房

〔島津　美由紀〕

C13　自主的に研究会・学会に参加し，発表している
研究会や学会の大会に参加し，口頭発表やポスター発表を行っている

キーワード：研究会・学会，発表
関連する他のコンピテンシー：C9，C10，C14，C19

　研究をデザインし，データを取得・分析してまとめた結果は，学術的な学会での発表や論文などで公表することが望ましい。本節では，このうち，学会発表についてまとめる。

　学会発表は研究会や学会などの学術的な場で行われ，発表者のプレゼンテーションのあと，聴衆とのディスカッションが行われる。学会発表の形態は，大きく口頭発表とポスター発表に分けられる。いずれも，事前に抄録を作成し，発表したい研究会や学会にエントリーし，採択されることが必要である。自主的に研究会や学会に参加し，発表するためには，次の3点が必要になる。

1. 学術的な研究会や学会などのコミュニティに加入する

　学会発表を行うには，自分の専門分野や興味・関心のある学術的な研究会や学会などを探し，会員申請を行い，会員として認められることが前提となる。通常，研究会や学会に入会するには，入会申込書を送付し，年会費の納入や，場合によっては理事会や幹事会等の承認を経ることが必要になる。入会の際，推薦者を求められることがあるので，その場合はその研究会や学会の会員になっている指導教員や知り合いの先生などに推薦者になっていただくよう依頼するとよい。なお，多数の研究会や学会が存在するため，どこに入会すればよいか迷うときは，指導教員や先輩に相談したり，自分の興味のあるテーマの講習会が開催されていたり，関心の高い論文が掲載されたりしている研究会や学会を候補として考えるとよいだろう。

2. 抄録を書く

　抄録は，学術的な書式に従って執筆する。標準的には，「題目」，「著者名（所属）」，「目的」，「方法」，「結果」，「考察」，「引用文献」の順に記載する。以

下，それぞれの項目について特に重要な事項を記す。

1）題目

題目は研究内容を適切に反映した簡潔なものとする。具体的には，参加者，独立変数，従属変数，調整変数などの主要な変数，縦断研究や介入研究など研究デザインなどについての情報を含めるとよい。

2）目的

通常，目的の前に，本研究の目的に至る背景を記載する。背景では，本研究を実施する動機や研究史，社会的意義などを取り上げ，関連する先行研究を引用し，今までに明らかになっていることやまだ明らかになっていないこと，結論に矛盾がある点などについて論理的に述べる。このような背景を踏まえ，本研究では何を明らかにしようとするのかという目的を明確に述べる。また，仮説がある場合には，仮説も記述する。なお，目的は原則として現在形で記述する。

3）方法

方法には，調査などを行った時期，参加者，使用した調査票，実施手続き，分析方法などを，原則として過去形で記載する。また，実施時に行った倫理的配慮や倫理審査委員会の承認番号なども記載する。どのような人々を対象に実施した研究であるのかを明確にするため，「参加者」には人数（性別の内訳），平均年齢（*SD*），職種，業種などの基本的な情報を記載する。「調査時期」には，調査を行った時期を明記する。「調査票」には，使用した調査票が測定する概念，尺度名（文献引用），教示文，質問項目例などを記載する。「実施手続き」には，調査や面接，介入などの実施手続きを明記する。「分析方法」には，どのような解析方法を用いてどのような解析を行ったか，使用したソフトウェアは何か，などについての情報を記載する。なお，ここでは質問紙調査を前提にした方法の書き方を記載したが，研究デザインにより「方法」で記載すべき内容は異なってくる。

4）結果

結果では，分析から得られた客観的事実を正確に述べる。目的との整合性を意識して，過不足なく結果を述べる。結果についての解釈を行うのは「考察」であるため，結果には解釈は書かないようにする。結果の表記には図表を用い

ることができるが，抄録は記載できる文字数に制限があるため，基本的に抄録に図表を掲載することは難しい。なお，結果は原則として過去形で記述する。

5）考察

考察は，得られた結果に対する解釈を記述する箇所である。ただし，解釈には先行研究や理論などの根拠が必要になるため，自分勝手な解釈は行わないようにする。仮説を設定しているのであれば，仮説が支持されたか，支持されなかったとしたらそれはどのような理由によると考えられるか，などについて記述する。なお，考察は原則として現在形で記述する。

3. 発表を行う

研究会や学会での発表は，大きく口頭発表とポスター発表に分けられる。

1）口頭発表

決められた時間内で自身の研究発表と質疑応答を行う。通常，発表時には座長が付き，タイムキープや質疑時の司会を担当する。発表時間を厳守し，十分な質疑応答の時間が取れるように心がける。口頭発表ではパワーポイントで作成したスライドを用いることが多いため，聴衆が理解しやすいスライドを作成する技術も求められる。スライドも，抄録と同じく，原則として「題目」，「著者名（所属）」，「目的」，「方法」，「結果」，「考察」，「引用文献」の順に掲載する。特に「結果」については，図表を使用し，視覚的に見やすく，聴衆が理解しやすいスライドを作成するように心がける。

2）ポスター発表

ポスター発表は，一般に，自身が作成したポスターをパネル等に展示し，それを用いて聴衆の前で発表し，聴衆とのディスカッションを行う形式をとる。ポスターのサイズについては，通常研究会や学会により指定があるため，それに従う。ポスターも，抄録と同じく，「題目」，「著者名（所属）」，「目的」，「方法」，「結果」，「考察」，「引用文献」を掲載することが基本である。ポスター発表は口頭発表とは異なり聴衆とのディスカッションを長く行えることがメリットの1つである。

✝ 身につけるとできること：

　研究会や学会での発表ができるようになる。発表の準備をしたり，発表の時に他の方々とディスカッションしたりすることで，自身の研究テーマについて深く掘り下げることができるようになり，また，新たな研究テーマの発想にもつなげることができる。発表を通して聴衆とコミュニケーションを取ることで，新たな研究上のネットワークが構築されることもめずらしくない。

✝ 身につけるために：

　まずは，発表に耐えうる研究が実施できるような教育や訓練を大学院等で受けることが求められる。その他，研究を発表するための基礎となるプレゼンテーション力やコミュニケーション力も身に付けられるとよいだろう。

　なお，本節は研究発表を想定して記載したが，事例発表を行う場合は，個人が特定されないよう最大限の配慮を行うことはもちろん，発表に際してクライエントの同意を得るなど，適切な手続きを踏まえることが重要である。

✝ さらなる学びのために：

日本心理学会（2022）．執筆・投稿の手引き 2022 年版　日本心理学会　Retrieved June 5, 2023, from https://psych.or.jp/manual/

日本臨床心理士会（2009）．日本臨床心理士会倫理綱領　Retrieved June 5, 2023, from https://www.jsccp.jp/about/pdf/sta_5_rinrikouryo20170515.pdf

〔大塚 泰正〕

C14　少なくとも，1編以上の査読付き論文を発表している

学術雑誌に論文を投稿し，ピアレビューによる論文審査を経て掲載されている

キーワード：研究論文，事例論文，科学者−実践者モデル
関連する他のコンピテンシー：C13，C20

　心理職が産業・労働分野で活躍するためには，実践者としての技能に加えて，研究成果を踏まえたエビデンス（科学的根拠）に基づく心理実践を目指す姿勢も求められる。エビデンスに基づく実践は，科学者および実践者の両視点を有す心理援助の専門家を目指す科学者−実践者モデル（C3参照）に支えられている。そうした科学的視点に立つ心理実践には，査読付き論文を発表する過程が大いに役立つであろう。

　また，産業・労働分野では，心理職以外の専門職である産業医や産業看護職，企業の人事担当者等の他職種との協働が多い。多職種との連携が求められる心理職にとって，自身の心理実践を客観的かつ論理的に説明する力は重視される。そうした論理的思考力は，査読付き論文を発表する過程で醸成されうるだろう。この項目では，1編以上の査読付き論文を発表するための方法論について概説する。

1.　論文の種類

　論文には，量的研究論文，質的研究論文，さらに両者を組み合わせた混合研究による実証研究の論文等があり，種類は様々である（アメリカ心理学会，2023；C3参照）。研究論文の構成は，一般的に問題（序論），方法，結果，考察，結論の各部分を含むことが望ましい（日本心理学会，2022）。

2.　研究を進めるための手続き

　研究を進めるためには，以下のような手順が想定される。
1）日常もしくは臨床現場での問題意識から，研究テーマを見出す。
2）複数の先行研究を批判的に読み，研究の展開，問題点を明らかにする。

3）研究テーマを明らかにするために適した研究手法（量的研究, 質的研究
　等）を選択する。

4）研究計画を立案し, 研究倫理を踏まえた上で, それを実行する。

5）得られたデータを解析し, 結果について考察する。

6）学会発表や学術雑誌へ投稿する等して, 研究成果を発表する。

詳細な手続きについては, 津川・遠藤（2004）を参照されたい。

3.　研究倫理

　研究者は, 研究参加者の負担を最小限に留めるために, 研究計画を練る段階
で, 倫理的問題を熟考しておく必要がある。そのためには, 研究倫理審査委員
会での承認, インフォームド・コンセントの遵守, 不正行為の禁止, 研究参加
者の保護, 守秘義務の遵守を研究上で明確にしておく（アメリカ心理学会,
2023）。また, 多くの学術雑誌では, 研究を開始する前に, 研究計画が所属機
関等で研究倫理審査委員会の承認を得ていることを求める。加えて, 投稿論文
の本文中には, 研究倫理審査委員会からの承認について記載する場合が多い。

　また, 学術雑誌に掲載される論文は, 未発表のものであることが望まれる。
日本心理学会（2022）によると, 二重投稿とは, 同一または類似した内容の学
術的著作物について, 同一の著者や連名者が複数回投稿することを指す。二重
投稿に当たるか否かは, 各学術雑誌の編集委員会で判断し, 二重投稿と認めら
れた論文は即時却下される。

　その他, 論文で出典を明示せずに他者の文章等を引用・利用する行為は盗用
（剽窃）とみなされる。そのため, 他者の研究業績や実験, 理論, 仮説等を引
用もしくは利用する場合, そのことを本文で言及し, それらが記載された論文
や資料等の出典を明示する必要がある（日本心理学会, 2022）。また, 著者が過
去に発表した文章, データ等の一部や全てについて, 以前発表したことを明示
せずに再利用し, 新しい業績かのように発表した場合も不正行為とみなされる。

　さらに, 研究成果の公表の際, 著者の利益相反（conflict of interest：COI）
を報告する場合が多い。なお, 利益相反とは, 専門職の職業上の行動に悪い影
響を与えたり, 専門職が関係する人に被害を及ぼす可能性のある利益のような
ものを指す（アメリカ心理学会, 2023）。また, 利益相反が生じる場合には, そ

のことを開示する必要がある。

4. 論文原稿の構成と執筆要項

　学術雑誌に投稿する論文原稿には，通常は次のような項目を含む。つまり，(1) 論文タイトルとタイトルページ，(2) 著者の氏名と所属先，(3) ランニングヘッドとページ番号が記載されたページヘッダー，(4) アブストラクト，(5) 本文，(6) 引用文献リスト，(7)（論文によっては）図表，付録等である（アメリカ心理学会, 2023）。

　心理学領域の研究においては，日本語論文の書き方は日本心理学会の『執筆・投稿の手引き』（日本心理学会, 2022）に基づく場合が多く，英語論文の場合は，アメリカ心理学会の出版する『American Psychological Association（APA）マニュアル』（アメリカ心理学会, 2023）に則ることが多い。ただし，学術雑誌によっては，執筆のための規程が異なる可能性があるため，投稿予定の学術雑誌の執筆要項を確認しておく必要がある。

　上述の執筆要項には，論文の種類（原著論文等），論文の形式（用紙のレイアウト，文字サイズ等），論文全体の字数制限，見出しや句読点の書き方，引用の方法，図表の記載方法等が指定されることが多いため，必ず一読した上で原稿を作成する。

　なお，日本語論文のうち，英文アブストラクトの記載を求める学術雑誌もあるため，その場合はネイティブの専門家による校閲を受けた英文を提出すると良いだろう。

5. 査読のプロセス

　著者が研究論文を学術雑誌に投稿すると，まずは編集部側が論文の審査（査読）に進むか，不採択とするかを検討する。その後，審査に進む場合は，論文を審査する査読者に原稿が渡る。査読者による審査の後，再度編集部側が審査結果を整理し，投稿論文が「採択」や「要修正」，あるいは「不採択」や「再査読」かを決定する。「要修正」の場合は，査読者からの指摘等に対して，著者が原稿の修正を行い，査読者に向けた回答を編集部へ送る。なお，「要修正」の過程は，何度か繰り返されることがある。その後，再度編集部が採択か否か

を判断し，無事「採択」となった場合は，出版作業が開始される。その他，「再査読」の場合は，修正した論文を改めて投稿の上，再度査読の過程を経る。なお，査読が完了するまでの時間は，原稿の長さやその内容，査読者の人数によって異なる（アメリカ心理学会, 2023）。「不採択」の場合は，査読者のコメントを参考にして，修正した論文を他の学術雑誌へ投稿することも多い。

✛ 身につけるとできこと：

1編以上の査読付き論文を発表することは，自身の実践活動をより客観的に深く考察することに繋がりうる。そして，活動の課題が明確になれば，今後の実践活動へのヒントを得られることがあるだろう。さらには，多くの文献を読むことで，知識の精緻化や最新の知見獲得が期待できる。副次的には，論理的思考が育まれ，自身の実践活動をより明確に言語化する技術が磨かれるだろう。

✛ 身につけるために：

1編以上の査読付き論文を発表するためには，日頃から自主的に研究会または学会に参加および発表することによって，論文執筆の素養となる知識や視座が得られる可能性がある。また，習慣的に研究論文や書籍を読むことによって，知識の改訂や研究論文の書き方の理解に繋がるだろう。その他，同僚や他職種との交流の中で，研究のアイディアや新たな課題を見出す可能性もあるだろう。

✛ さらなる学びのために：

森岡 正芳・大山 泰宏（編）(2014). 臨床心理職のための「研究論文の教室」研究論文の読み方・書き方ガイド　臨床心理学増刊　第6号　金剛出版

津山 律子・遠藤 裕乃 (2004). 初心者のための臨床心理学研究実践マニュアル 第2版　金剛出版

〔川人 **潤子**〕

C15　研究グループを組織し，研究を行うこと
研究テーマを設定し，専門家を集めて研究を行うことができる

キーワード：クリニカル・クエスチョン，リサーチ・クエスチョン，協働
関連する他のコンピテンシー：C1，C6，C16

1.　研究を始める（企画する）
　産業保健における実践に関する知識やスキルは，様々な経験の集積によって導かれる。集積の手段としては，学会発表や学術論文の公表があるが，この作業により，自らの経験を公のものにでき，学術研究の進歩に寄与できる。では，実践現場の経験を，どのように研究として形にすればよいだろうか？
　本章では，(1) 研究テーマを設定し，(2) 研究グループを組織してから，データを収集する（まとめる）ことを推奨する。データを集めてから，事後的に研究テーマを設定し，研究グループを組織しても，良い研究とはならない。時間，労力，費用が浪費されるだけでなく，倫理的に配慮された研究ではないためである。

2.　研究テーマを設定する
　研究テーマは，自らの研究が，その領域の研究の発展段階において，どのフェーズに該当するかによって異なる。近藤（2018）は，研究の種類を「記述」「理論（仮説）生成」「仮説検証（探索的）」「仮説検証（検証的）」「介入・応用」の5つのフェーズに沿って分類している。初期段階の研究領域では，それまで知られ（気づかれ）ていなかった事実の発見について「記述」するだけでも，学術的な価値がある。次の段階は，理論（仮説）を生み出す「理論（仮説）生成」であり，それらの仮説を簡易・既存データで探索する「仮説検証（探索的)」段階に移行する。その後，仮説検証を目的にデータ収集をする「仮説検証（検証的)」段階に移行し，その仮説を実践や政策などに応用する「介入・応用研究」へと至る。自分の行う研究が，上述した5つのフェーズのどこに位置しているのかを考慮し，研究テーマを設定する。
　その際，「良い研究テーマ」を設定することが重要である。「良い研究テー

マ」の定義は研究者によって異なるが，少なくとも，良いリサーチ・クエスチョンを立てることを意識すると良い（リサーチ・クエスチョンの詳細についてはC6を参照）。リサーチ・クエスチョンは，漠然とした実践上の疑問（クリニカル・クエスチョン）を実践研究に結びつけるための第一歩であり，研究の骨組みとなる（近藤, 2018；福原, 2015）。

リサーチ・クエスチョンは，その構成要素の頭文字を取った「PECO」や「PICO」で表現すると明確になり，研究計画が具体的になる（詳細はC6を参照）。たとえば，「企業従業員において，在宅勤務をする場合とオフィス勤務をする場合とで，ストレス反応の程度に違いはあるか？」「医療従事者において，セルフケア支援を行う群と行わない群との間に，抑うつの程度に違いはあるか？」のようにリサーチ・クエスチョンを構造化することで，研究計画がより具体的になる。

3. 研究グループを組織する

産業心理職は，実践活動を日常業務の中心としている。そのため，1人の心理職が，必要な知識やスキルをすべて持ち合わせることは，難しいことが多い。また，研究者であっても，産業保健の研究テーマは学際的であることから，1人で研究を完結できることはまれである。そのため，産業保健研究は，研究テーマに応じてグループを組織し，メンバーが協力し合いながら，リサーチ・クエスチョンを検証することが多い。

グループで研究する際に最も重要なのは，メンバーの役割を明確にすることである。研究責任者のもとに，現場との連絡窓口，データ収集，統計解析，（介入研究の場合には）プログラム開発やプログラムの実施などの役割を，必要に応じて設定する。それぞれのメンバーは，研究目的，研究対象，研究方法を理解し，倫理審査に必要な講習をあらかじめ受けておく必要がある。

研究責任者は，各メンバーの背景や強みを把握し，メンバーに期待する役割を明確に伝える。必要に応じて，研究ミーティングを開き，メンバー相互の協働を促すための工夫を行う。研究費の適正な使用にも留意する必要がある。

研究成果を論文で発表する際には，共著者の決定にも留意が必要である。日本医学会（2022）の「医学雑誌編集ガイドライン」では，以下の4条件をすべ

て満たしたものを共著者としている。

1）論文の構想，デザイン，データの収集，分析と解釈において相応の貢献をした。

2）論文作成または重要な知的内容に関わる批判的校閲に関与した。

3）発表原稿の最終承認をした。

4）論文のいかなる部分においても，正確性あるいは公正性に関する疑問が適切に調査され，解決されることを保証する点において，論文の全側面について責任があることに同意した。

　なお，共著者としての4条件は満たしていないものの，研究の実施に貢献した人には，謝辞に記載することで対応する。科学研究費などの研究助成を受けて行った研究では，謝辞にその旨を記載する。

　心理学領域の雑誌でも，医学系雑誌とほぼ同様の共著者条件が提示されている。たとえば，日本心理学会（2022）では，「執筆・投稿の手びき」において，「連名者は，その論文の内容に責任を持つ協力者に限られ（単なる補助者，部分的協力者は，連名者とはせず，必要があれば「表題ページ」の脚注において謝辞を述べる），研究貢献度に従って順に並べることを原則とする」と記載されている。

✚ 身につけるとできこと：

　産業保健領域の研究は学際的であることから，心理職や研究者が1人で行うには，限界がある。そのため，研究チームを組織することで，より大規模なデータ，多様な対象者，フィールドにアクセスできるようになるほか，自分では有していない研究手法を用いて，研究することも可能になる。たとえば，産業心理職が行うセルフケア研修の効果評価を行う際，経済学の専門家が加わることで，経済的側面からも効果を検証できるようになる。また，労働者の生活習慣（身体活動量など）をウェラブル機器で継時的・客観的に測定する際，情報科学やデータサイエンスの専門家が加わることで，より精緻なデータ解析が可能になる。

✛ 身につけるために：

　自分の関心のあるテーマについて，誰がそのキーパーソンなのかを調べ，その研究動向を追うことで，最新の情報を得やすくなる。また，関心のあるテーマの周辺領域にも注意を向けることで，自分の研究テーマを拡張し，新しい共同研究者を見つけることにもつながる。

　多様な背景や専門性を持つメンバーと協働する際，対象の概念化，用語の使い方，研究方法などの「お作法」が異なることがある。この場合，他の専門領域の「お作法」を否定するのではなく，違いを認め，尊重する態度が重要である。たとえば，メンバー各自の専門内容を学び合う勉強会は，各メンバーが持つ問題意識や強み，課題を共有する良い機会となる。こうした工夫により，メンバー間の協働が促進され，チームとしてのコンピテンシーが高まり，より良い研究成果につながることが期待される。

✛ さらなる学びのために：

福原 俊一（2015）．リサーチ・クエスチョンの作り方　第3版　健康医療評価機構
近藤 克則（2018）．研究の育て方　医学書院
中村 好一（2021）．基礎から学ぶ楽しい学会発表・論文執筆 第2版　医学書院

〔島津 明人〕

C16　労働者を支援するために必要な学際的な視点を持つこと

一つの専門領域にこだわることなく労働者支援に必要な専門性を広く取り入れることができる

キーワード：労働者，支援，組織，個人，ウェルビーイング，学際性
関連する他のコンピテンシー：A7, A8, B7, C1, C2, C13

　労働者を適切に支援するためには，労働者個人だけではなく，その労働者を取り巻く職場の環境ならびに家庭・個人生活等の職場外の状況などを包括的に捉える生物心理社会モデルの考え方が必要である。その上で，支援の対象者が何を求め，何が必要であるかを的確に把握し，その内容に応じて適切なタイミングで支援を提供することが求められる。

　産業保健領域では，心理職は自身の専門である臨床心理学や産業・組織心理学を主軸とし，労働者の心身の健康状態を包括的に捉え産業医学，人間工学，環境科学，経営学，社会学，法学などの専門家と連携するとともに基礎知識を蓄積し，それらの知識を適切に活用するコンピテンシーが必要となる。さらに，産業医や保健師などの産業保健スタッフ，人事・労務管理部門との連携を図るコミュニケーションに関わるコンピテンシーも必須である。

1. 支援対象となる労働者の状況を帰属する組織の視点から理解する

　労働者に何らかの心身の健康問題，例えばメンタルヘルス不調をきたした場合，その原因や経過，仕事・家庭生活への影響，緩解のプロセスは個人個人で異なる。原因が過重労働や裁量権の少なさなどの特定可能な職場ストレス要因のみであれば，その要因を除外あるいは軽減することで早期の回復が見込める。しかし，多くの場合，それ以外の職業・生活上の因子にも目を向ける必要がある。ここでは長時間労働によるメンタルヘルス不調を例に必要なコンピテンシーについて論じる。

　産業の現場では，労働時間にかかわるメンタルヘルス不調が良く取りざたされる。確かに極端な長時間労働や過剰な休日出勤はメンタルヘルス不調を直接引き起こす原因となり得るが，労働時間が長いからと言って必ずしもメンタル

ヘルス不調に陥るとは限らない（Watanabe et al., 2016）。労働時間が関連して
メンタルヘルス不調に陥るようなケースでは，長時間労働を強要する組織の規
範，極端な成果主義，封建的な人間関係などの組織の体質が問題となることが
ある（小野, 2018）。このような場合，心理職のみでは必ずしも組織を改善する
見込みは期待できないため，人事・労務管理担当者や産業保健スタッフと協働
で組織の体質を改善し，従業員の心理的安全性を確保する対策を立てることが
必要である。内部の関係スタッフで解決が難しい場合は，社外の弁護士，社会
保険労務士などの外部の専門職や組織環境の改善に経験がある経営学者などの
専門家へのコンサルテーションも考慮する必要がある。上記では長時間労働に
よるメンタルヘルス不調の原因を組織に起因する問題としてとらえたが，他に
下記のようなことにも目を向けると良い。

2. 支援対象となる労働者の状況を家庭・個人生活の視点から理解する

長時間労働が家庭・個人生活に与える影響として，労働者が適度なワークラ
イフバランスが保てなくなることが考えられる。労働者の家庭生活（結婚，育
児や介護）にしわ寄せが起こり，家庭内での不和やいさかい，孤立・孤独に陥
りメンタルヘルスを悪化させる可能性がある。ワークライフバランスが保てな
くなると心身の健康ばかりでなく，生きがいやウェルビーイングにも悪い影響
を与える。こうした問題を解決するためには家族がどのような関係になってい
るかを家族中心の視点から理解するよう努め，家族心理学や家族社会学の専門
家の意見も聴取し，組織において適切なワークライフバランスを取り戻す対策
を考案する必要がある。

長時間労働は労働者の睡眠活動にも直接影響を与える。長時間労働は睡眠時
間を短縮させ，睡眠不足を引き起こす。このような状況が続くと，健康を害す
るレベルの睡眠負債が発生し，メンタルヘルス不調につながる場合もある。あ
る研究では，長時間労働そのものではなく，長時間労働によって睡眠時間が6
時間未満に短縮した労働者でのみ抑うつが上昇したことが報告されていること
から，適切な睡眠時間の確保は優先されるべき事項と考えられる（Nakata,
2011）。

近年，コロナ禍により労働者の労働・生活パターンが大幅に変化し生活リズ

ムが崩れる者が増加した。生活リズムを整える上では睡眠時間の確保，睡眠のパターンを整える（具体的には睡眠負債を2時間未満にする）などの指導が必要である（中田, 2023）。心理職においても睡眠に関する基礎知識を学ぶことによりメンタルヘルス不調に陥る可能性のある労働者を予防できる可能性がある。

　以上，長時間労働とメンタルヘルス不調の関連を例に，自分の専門領域にこだわることなく必要な専門性を広く取り入れるコンピテンシーについて参考になる考え方を記載した。

✛ 身に着けるとできること：

　産業心理職が支援対象となる労働者に実際に関わる場面では，すでにその労働者は深刻なケースとなっていることも少なくない。それゆえに対処することに多くの時間が割かれ，根本的な解決に至らないこともある。本項ではメンタルヘルス不調を例に，労働者支援に活用できるコンピテンシーとして学際的な視点を持つことにより，必ずしも自身の専門ではない領域の考え方・知識・技術を積極的に取り入れることを推奨した。また，それらの知識が広がることにより，問題発見や問題解決が迅速になると考えられる。さらに，他職種や他の専門家との連携により，これまで解決が困難であったケースへ対処できる能力も向上させることが可能となる。

✛ 身につけるために：

　自分の専門に固執しすぎると，視野が狭くなり，対象となる労働者に必要な支援を提供できない場合がある。それを予防するためには，日頃から自分の専門とする学会だけでなく，関連学会やセミナーなどに参加することにより知識を醸成し，活用できるように心がける必要がある。また，学会等において産業心理職でお互いの悩みや成功体験を共有することで，一人で悩まずに済むことにつながる。その意味ではネットワークを利用してお互いに相談し合える掲示板なども作成するなど工夫すると良い。

✛ さらなる学びのために

近藤 克則（2022）. 健康格差社会 第2版　医学書院
島津 明人（編著）（2020）. 職場のポジティブメンタルヘルス3　誠信書房

〔中田 光紀〕

C17　研究成果を実践につなげる視点を持ちながら活動を行うこと

先行研究から得られた知見をもとに，実践での活用を想定した活動を行うことができる

キーワード：EBP（Evidence Based Practice），PECO，PDCA
関連する他のコンピテンシー：B11，B15，C6，C11，C12，C18

　産業保健分野では，労働安全衛生マネジメントシステム（OSHMS）や健保事業の実施計画（データヘルス計画），職場における精神的な安全衛生指針（ISO 45003）等，PDCAを基本とした評価と実践の枠組みが整備されている。また，経済産業省が推奨する健康経営においても，健康経営戦略マップの作成に加えて，組織評価基準（KPI/KGI：Key Goal Index/Key Performance Index）の設定が必須となっている。このように，組織を測る基準を明確に定めて各種取組の効果を測定する流れは，今や企業組織における一般的な流れとなりつつある。また，組織活動では費用対効果が重視されるため，研究成果を実践に結びつけるエビデンス（科学的根拠）に基づく実践（Evidence Based Practice：EBP）の概念は馴染みやすいものといえる。

　研究成果を組織の実践的活動につなげる視点を持つためには，関連する研究領域への理解に加えて，目の前の現場を理解し，研究成果を柔軟に取捨選択，適用していく力が求められる。ここでは，研究成果に関する知識，確認方法，現場への適用，取組の評価に役立つ知識について述べる。

1．"必要な先行研究とは何か"という視点

　産業・労働分野で働く心理専門職として必要な"エビデンス"には，1）心理教育（情報提供）のベースとなる基本的知識，2）個人/組織のアセスメント指標に関する情報，3）1）および2）を実践に活かす際の有効な方略についての知見などがある。1）～3）のそれぞれについて，先行研究や最新の知見・動向について理解を深めることが求められる。以下，塗師本（2022）のレビューで紹介される産業・労働分野の各種理論を一部抜粋して紹介する。

　1）心理教育（情報提供）のベースとなる基本的知識：研修資料作成や個別

相談活動等の実践においては，最新の知見を踏まえて情報提供することが求められる。個人や組織の健康リテラシーを高めるために必要な情報を理解し，活用できることが重要となる。

　〔個人に関わる知見の例〕　ストレスと心身の反応・疾病との関係性，生活習慣病，睡眠，運動，食事等の健康・医療に関する基礎知識。生物心理社会（Bio-psycho-social）モデルをベースとした最新の知見。長時間労働や NIOSH 職業性ストレスモデルなどの産業・労働分野に関わる研究，理論モデル等。

　〔組織 / 集団に関わる知見の例〕　仕事の要求度－コントロール（サポート）モデルや要求度－資源モデルなど，ストレスチェックの集団分析に関連した背景モデル。組織の生産性，心理的安全性，チェンジマネジメントなど集団を理解する際に役立つ理論モデル等。

　2）個人 / 組織のアセスメント指標に関する情報：個人や組織に関わるアンケート調査やスクリーニング検査について，尺度構成，信頼性・妥当性についての情報。個別面談時に使用するスクリーニング検査（精神的健康度，抑うつ尺度，疲労蓄積度調査等）や健康経営において求められる指標（プレゼンティズム，アブセンティズム，ワーク・エンゲイジメント），ストレスチェック関連指標（高ストレス者判定基準，集団分析判定基準）等。場面に応じた最適尺度の紹介だけでなく，閾値の設定や尺度開発の背景を含めた解説が求められる場合も多い。

　3）実践に活かす際の有効な方略に関する情報：各種介入プログラムについては，PICO・PECO（C6，C11 参照）の視点から実践的手段を選べることが重要である。具体的には，介入内容だけでなく，介入の費用対効果やプログラムの提供方法（対面ベースか ICT ベースか），プログラムの時間や頻度，だれが講師をするか（専門家か非専門家か），どのような形式で実施するか（単一プログラムか複合プログラムか），プログラムの提供順序等について，先行研究を参照しながらアドバイスできることも重要である。

2.　先行研究を確認する

　先行研究を確認する際は，エビデンスレベルを踏まえて文献を整理しておくことが望ましいが，日々の業務に加えて常に最新の研究成果を確認することは，

時間的にも費用的にも限界がある。そのため，既に公表されている各種ガイドラインや指針等に目を通しておくことは，領域の概要をつかむうえで有効な手段となる。効率よく情報を収集するためには，情報源としての1）「1次情報」と2）「2次情報」を上手に組み合わせて，活用することがポイントとなる。

1）1次情報：原著論文など，1つ1つの研究結果がまとめられたもの。

2）2次情報：メタ分析や総説論文，ガイドラインなど，原著論文をまとめたもの。多くの文献レビューを経て作成された資料。

たとえば，日本では「労働者のメンタルヘルス不調の第一次予防の浸透手法に関する調査研究」（川上, 2012）において，ラインケアおよびセルフケアに関するEBMガイドラインが作成・公表されている。また，WHO（2022）においても「職場のメンタルヘルス対策ガイドライン」が公表されるなど，国内外における各種ガイドラインの整備が進みつつある。

なお，学会活動への参加などによって最新の情報を補足したり，過去の裁判例から「判例」を追うこともエビデンス収集として重要な作業となる。

3. 研究成果をそのまま転用できるのか

セルフケアやラインケアに関する教育プログラムは，時間・対象・手段において，研究概要をそのまま現場に転用することが困難な場合が多い。たとえば，前述のEBMガイドライン（川上, 2012）では，セルフケア研修を企画する際は2＋1（2回の研修と1回のフォローアップセッション）を実施することが推奨されているが，通常業務を維持しながら全ての職場で計3回の研修を実施することは時間的にも費用的にも困難な場合が多い。また，研修を実施する現場が工場なのか事務系の職場なのかといった対象者の属性によっても，教育手法が馴染む場合と馴染まない場合など違いが生じる。時には，他の研修や企画と組み合わせたり，対面の研修ではなく参加型のイベントを企画したり，リーフレット等を活用した情報提供を行ったりするなど，関連領域の知見を意識しつつも，現場にとって馴染みやすい方法に置き換える工夫が必要となる。このように，先行研究のポイントを抑えながらも組織内で取り組みやすい形に落とし込む作業は，EBPの視点からも重要とされており，現場とのバランスをとるために必須の作業となる。なお，各種取り組みについては，評価指標を定め

て，都度その効果を確認することが重要となる。

4. 実践で役立つ知識

近年，PDCA に基づく組織活動の推進により，組織において「従業員アンケートの実施」を求められる機会が増加している。たとえば，プレゼンティズムやアブセンティズム，ワーク・エンゲイジメント等は，人事労務や経営的な側面（人的資本の情報開示，健康経営等）においても，組織評価指標として注目が高まっている。また，年１回のストレスチェックに限らず，短期間のパルスサーベイや各種人事調査の実施等，アンケートをベースとした介入や施策への需要も高まっている。その意味では，調査に関わる背景知識として，実験法や調査法，観察法，検査法，面接法（構造化面接，半構造化面接）といった研究法に関わる知識を深めておくことは，心理専門職としての強みとなる。

✛ **身につけるとできること：**

研究成果を実践につなげる視点を持ちながら活動できると，様々な組織課題に対して，より効果的かつ実用的な提案を行うことが可能となる。また，専門職としての役割が明確となり，組織での活躍の機会も増加する。

✛ **身につけるために：**

学術雑誌や学会参加を通した情報収集と専門性の向上に加えて，社会情勢など世の中の動向を掴むことが求められる。必要とされる情報領域は幅広いため，産業保健専門職が複数いる場合は役割分担をしながら，チームとしての活動を大事にすることが重要となる。また，知り得た情報を共有するための管理手段・保管先等，運営面での工夫を検討することも必要となる。

✛ **さらなる学びのために：**

名郷 直樹（2005）．EBM キーワード 中山書店

塗師本 彩（2022）．特集 働く人の心の健康と障害—職場環境とメンタルヘルス 日本労働研究雑誌, *745*, 14-24.

〔馬ノ段 梨乃〕

C18　研究成果を行政施策につなげる視点を持ちながら活動を行うこと

先行研究から得られた知見をもとに，行政施策での活用を想定した活動を行うことができる

> **キーワード**：エビデンス（科学的根拠），ガイドライン，白書
> **関連する他のコンピテンシー**：C11，C12，C17

　産業保健に関する研究成果を実践に活かす場面の一つに，行政施策への貢献がある。これは，研究成果を個々の従業員や組織に向けて適用するだけでなく，地域，自治体，国，さらには世界レベルでの実践活動に向けて適用する活動を言う。具体的な活動として，行政研究（厚生労働科学研究など）への参加や報告書の作成，ガイドライン・マニュアルの作成，政策レポートや白書の執筆・監修，政府や行政の委員会・審議会活動や提言作成，施策のモデル事業の推進，などが挙げられる。いずれの活動に従事する場合でも，科学的根拠を正しく理解し，それらの根拠を適切に運用するコンピテンシーが必要となる。

1. エビデンス（科学的根拠）を理解する

　産業保健領域では，日々，様々な内容と質の研究が生み出されている。これらの成果を行政の施策につなげる際，科学的に根拠があり質が担保された研究にもとづくことが求められる。その理由として，(1) 行政では，（強制力の強弱は異なるものの）法律，通達，ガイドライン，条令などによって施策が推進されるため，施策が及ぼす影響力が大きく，かつその範囲が広いこと，(2) 行政施策は公金によって実施されるため，支出根拠をより明確に示す必要があること，などが挙げられる。

　では，科学的に根拠のある研究とはどのようなものだろうか？　参考となる考え方に「エビデンスに基づく医療（Evidence Based Medicine：EBM）」がある。EBMの意義の一つは，様々な医療情報を評価するための方法を提示している点にある。従来は，各領域の権威者が自らの臨床経験に基づいて述べる意見が大きな影響力を有していた。これに対して，EBMは，その判断の根拠

を明示し，その質を吟味することで，「何をどこまで言ってよいか」を区別するための基準を明確化した。その代表がエビデンスのレベル（水準）である。たとえば，米国のAHCPR（Agency for Health Care Policy and Research, 1993）は，EBMにおけるエビデンスのレベルとして，Ia（無作為化比較試験のメタ分析），Ib（少なくとも1つの無作為化比較試験），IIa（少なくとも1つの比較試験），IIb（少なくとも1つの準実験的研究），III（非実験的記述研究），IV（専門委員会，代表的権威者の意見や臨床試験）の6区分を設定している。

　しかし，職場のストレス対策を行政が推奨する場合，研究デザインだけで推奨の程度を判断するのは現実的ではない。たとえ無作為化比較試験の結果でも，結果の信頼性に関わる内的妥当性の評価が不十分だと，本来推奨すべきでない対策を推奨したり，推奨すべき対策を推奨しない場合が生じるためである。そこで，GRADE（Grading of Recommendation Assessment, Development and Evaluation）システム（Atkins, Eccles, Flottorp et al., 2004）では，研究デザインとエビデンスの「質（推定結果に対する確信がもてる程度）」を分離し，質に影響を与えるグレードダウン5項目（研究の欠点，結果が不一致，エビデンスが間接的，不精確，報告バイアス）と，グレードアップ3項目（効果の程度，交絡因子のため効果・影響が過小評価，用量—反応関係の存在）を考慮したうえで，推奨のレベル（推奨度）を決めている。

2. 科学的根拠を適切に運用する

　産業保健研究の進展により，エビデンス水準の高い研究が多く行われるようになった。たとえば，個人向けストレス対策（セルフケア）については，効果評価研究の成果が国内外で蓄積され，どのような対策を行えば，セルフケア能力の向上やストレス反応の低下につながるかについての科学的根拠が整理されるようになった。

　しかし，これらの科学的根拠を参照するだけでは，対策を実際に事業場で実施することは難しい。なぜなら，どのような工夫が事業場での実効性の向上に役立つかについての情報が不足しているからである。そのため，職場でのストレス対策では，科学的根拠にもとづく内容を，適切な形式で運用することが必

要である（Kristensen, 2005）。このことは，「面白く，楽しい」対策であっても科学的根拠が乏しい内容や，科学的に有効性が高くてもその運用が適切でない場合は，本当に「効果的な」対策とは言えないことを意味している（島津, 2014）。

　このような背景を踏まえ，厚生労働省の研究班「労働者のメンタルヘルス不調の第一次予防の浸透手法に関する調査研究」（主任：川上憲人東京大学教授［当時]）では，個人向けストレス対策（セルフケア）の効果を無作為化対照試験ないし比較対照試験によって評価した研究，およびそれらの研究をメタ分析した研究をレビューして，セルフケアを普及・浸透させるためのガイドラインを新しく作成した（島津, 2014）。ガイドラインには，労働者のストレス反応の低減に有効と判断された対策を，事業場でどのように計画・準備し，どのように実施すればよいかについてのポイントが提示されている。研究班では，ガイドラインで提示された内容を，事業場で実施するためのポイント（留意すべき点，工夫点）を手引きとしてまとめたマニュアルも作成している。マニュアルの活用により，ガイドラインの内容をより手軽に，かつ正確に実施できるようになることが期待されている。

✧

✪ 身につけるとできること：

　科学的根拠を正しく理解し，適切に運用するコンピテンシーの活用例として，上述したセルケア教育のガイドラインの作成を挙げたい。このガイドラインは，

図1　ガイドラインの流れ

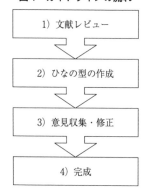

```
1) 文献レビュー
      ↓
2) ひな型の作成
      ↓
3) 意見収集・修正
      ↓
4) 完成
```

図1に示す手順を経て作成された。国内外の無作為化比較試験および比較対照試験の原著論文を収集し，プログラムの内容および形式（プログラム提供者，セッション数，1回あたりのセッション時間，セッション間のインターバル，実施形態，介入期間，ブースターセッションの有無）について評価したうえで，ひな型を作成し，関係者や専門家らの意見収集・修正を経て完成した。その他の活用例として，政策レポートや白書の執筆・監修（例：厚生労働省, 2019），政府や行政の委員

会・審議会活動や提言の作成（例：島津・川上, 2014），施策のモデル事業の推進，などが挙げられる。

✛ 身につけるために：

最新の文献情報に定期的にアクセスする習慣，出版された研究を批判的に読む視点現場や行政のニーズを収集し，科学的根拠を運用する態度が期待される。

✛ さらなる学びのために：

島津 明人（編著）（2014）．職場のストレスマネジメント：セルフケア教育の企画・実施マニュアル　誠信書房

島津 明人（2023）．働くことを通じたウェルビーイングの推進：産業保健心理学にもとづく実証研究と実践活動　桑原 武夫・清水 唯一朗（編）　総合政策学の方法論的展開（pp.201-220）　慶應義塾大学出版会

〔**島津 明人**〕

C19　研究会・学会などで役割を果たし，組織的に貢献している

研究会や学会などの活動（委員会活動等）における役割を持ち，貢献している

キーワード：研究会・学会，役割
関連する他のコンピテンシー：C13, C15, C16, C18

　研究会や学会の会員になると，さまざまな役割を依頼されることがある。代表的なものには，研究会や学会の代表（会長や理事長などと呼ばれることもある），理事や評議員，編集委員会や研修委員会などの委員長や委員，研修会や年次大会などの実行委員などである。これらの役割は，会則などの規定に基づき，選挙権を有する会員による選挙で決定されることもあれば，会員相互の合議や推薦などにより決定されることもある。研究会・学会などで役割を果たし，組織的に貢献するためには，次の4点が必要になる。

1.　研究会や学会などのコミュニティに加入する

　まずは研究会や学会などのコミュニティに加入することが必要である。コミュニティへの加入については，C13を参照されたい。

2.　研究会や学会に参加して，他の会員とコミュニケーションを取る

　定期的に開催される研究会や学会に参加し，他の会員と積極的にコミュニケーションを取ることが望ましい。参加する際は，大学院生であっても，自作のものでもよいので，所属や連絡先等が記載された名刺をあらかじめ用意しておき，研究会や学会で他の方々と積極的に名刺交換を行い，自分のことを他の会員に知っていただけるようにするとよいだろう。研究会や学会時の他の会員とのコミュニケーションは，学会発表など会場内で展開される学術的な場だけでなく，プログラム間の休憩時間などでも展開される。例えば，ある会員の研究発表を聞き，質問があるときや，さらに深く内容を聞きたいときなどは，発表会場を出たところで発表者に声をかけ，その後しばらく個別に話をすることもできるであろう。

　また，多くの研究会や学会では，会員に限らず参加者相互の交流を促すための懇親会が開催されている。懇親会は通常立食形式で行われ，相互交流がしやすいテーブルの配置になっている。飲食を伴うため，別途参加費が必要になるが，ベテラン・若手など多様な方々が参加するため，例えば書籍でしか名前を見たことがない先生など，普段は話すことができない先生方と直接話をすることができる貴重な場でもある。また，他大学の大学院生など，同じような立場の方々と横のつながりを作ることもできる。懇親会は誰か知り合いがいないと参加しにくいと思われるので，そのような場合は指導教員や先輩，あるいは同期と一緒に参加するとよいかもしれない（もちろん1人で参加してもまったく問題はない）。

3. 役割を引き受ける

　研究会や学会内で，特にその会の主要なメンバーと知り合いになると，委員や係などを依頼されることがある。もちろん，メインの大学院の研究などで手一杯のときなどは無理に役割を引き受ける必要はない。しかし，声をかけていただいたのは，研究会・学会や，声をかけていただいた方々に期待されていることの証でもあるので，可能な限り引き受けていただいたほうがよいように思われる。

　ただし，大学院生や組織に所属する若手職員などが役割を引き受けるときは，指導教員や上司などしかるべき方に，そのような役割を引き受けてよいか必ず確認する。この確認を怠ると，あとあと何らかの理由で指導教員や上司などとトラブルになる可能性もあるので，十分注意する。

4. 役割を遂行する

　役割が与えられたら，期待された役割を果たすよう努める。はじめて与えられる役割の多くは，会の運営や事務作業など，雑務的な印象が強いものが多いかもしれない。しかし，通常そのような役割は1人で行うわけではなく，多くの人々と協働することになる。この協働の中で，研究会や学会内外の多くの方々と深く関わる機会を持つことができる。そのため，単に研究会や学会に参加するとき以上に，多くの方々と深い関係を築くことができるようになる。大

学院生の場合，著名な先生方だけでなく，他の大学院生や，少し年上の社会に出ている先輩などとも触れ合える機会が持てることもメリットの1つであろう。大学を超えてこのような方々と出会い，さまざまな話を伺うことで，今後の自分自身の人生の選択に，大きな変化が生じるかもしれない。

✛ 身につけるとできること：

役割を通して，研究会や学会への所属感が増すことで，同じ興味・関心を持つ仲間が増えることが最大のメリットかもしれない。将来的には，仲間と組織の運営にコミットしたり，新たな研究会などを立ち上げたり，共同研究を開始したりすることにもつながるだろう。

✛ 身につけるために：

自分から研究会や学会に参加し，多くの人々と関わっていきたいという姿勢が何よりも重要である。役割が与えられた後は，役割を遂行する責任感や，他者とのコミュニケーション力，周囲の人々を動かすためのマネジメント力なども求められるだろう。また，役割を引き受けると多重役割で負荷が過重になる可能性もあるため，適切なセルフケア力も必要である。

〔大塚 泰正〕

C20 少なくとも，3編以上の査読付き論文を発表している

学術雑誌に論文を投稿し，ピアレビューによる論文審査を経て3編以上が掲載されている

キーワード：学位，キャリア，昇進，科学者－実践者モデル
関連する他のコンピテンシー：C14

　論文を執筆・投稿し，査読を経たうえで雑誌に受理され，掲載されることは，研究領域のコンピテンシーを最もよく表現する事象の1つである。加えて，論文を複数発表することは，そのコンピテンシーを継続して発揮し，研究活動に貢献していることの証左である。

1. 継続して論文を発表することの意義

　このコンピテンシーは，研究領域のコンピテンシーの最後に位置付けられている。まずは，査読付きの論文を，それも複数発表する，ということが非常に達成の難しいコンピテンシーであり，すべての産業心理職に必ずしも求められるわけではないことを前提としておきたい。

　そのうえで，このコンピテンシーの重要性について述べる。論文が査読を経て受理・掲載されるには，その領域の専門家である査読者にその新規性，および有用性を認められる必要がある。そのためには，この領域で解説してきた他のコンピテンシー：先行研究のレビュー，研究仮説の設定，研究デザインと分析手法の決定，論文報告上のルールの理解，そして研究が持つ実践上の意義の主張，のすべてを備えている必要がある。これを達成するのは簡単ではない。また難しいことに，上記をようやく達成し，論文を1本発表したとしても，その領域における学術的貢献は微々たるものである。研究には多くの限界が含まれ，結論を導くには到底十分でない。知見を確固たるものにするには，継続して研究を行い，より優れた研究デザインを採用したり，複数の研究を統合したりする必要がある。研究を通じて貢献するには，継続した研究活動が必要となる。

　論文を複数発表することのもう少し直接的なメリットもある。博士号を取得

することを計画している者は，複数の査読付き論文があることが修了要件とし
て設けられているかもしれない。また，アカデミアにおけるキャリア形成を考
える者にとっては，昇進への直接的な要件となりうる。J-GLOBAL と
researchmap に登録のある日本の研究者 14,014 名（人文社会系，理工系，生
物系，総合系を含む）の業績等の属性情報を用いた興味深い研究（藤原, 2018）
では，初めて論文が掲載されてから Scopus に掲載される論文が 1 本増加する
たびに，教授に昇進する確率が有意に増加（1%）することが報告されている。
一方で，論文発表に空白期間がある場合は，特に研究開始から 5 年未満，また
は研究開始から 20 〜 30 年の期間に空白が生じると教授に昇進する確率が顕著
に低くなることが報告されている。

2.　研究と実践のどちらも大切であると気づけるようになる

　産業心理職の専門家の中には，アカデミアでのキャリア形成を考えていない
者もいるだろう。そうした者にとっては，このコンピテンシーは必ずしも重要
とは感じられないかもしれない。そうした者にとって筆者の考えるこのコンピ
テンシーの意義は，科学者－実践者モデル（scientist-practitioner model）が
心理職の理想像である，ということに尽きる（Overholser, 2010）。筆者自身も
研究に携わりながら実践活動を続けるうちに，研究領域で身に着けたコンピテ
ンシーがなければ，実践上の課題を上手くこなせる見込みがないという実感が
育った。計画をもとに活動を行った結果を検証し，次の活動に生かすという仮
説検証型の取り組みは実践上でも基本となる。組織において PDCA サイクル
の考え方が根付いている産業・労働分野は，心理職が活躍する他の領域と比較
しても，その親和性が高いと考えられる。研究にも実践にも両方取り組む中で，
この重要性に気づけるかもしれない。

3.　査読のプロセスに参加し，学術の発展に貢献する

　論文を複数発表し，その領域の研究活動に通じてくると，査読のプロセス
（C14 参照）に著者以外の立場として参画する機会があるかもしれない。すな
わち，査読者として他の研究者が執筆した論文を読み，査読レポートを書く，
ということである。初めのうちは，どのように査読を行うべきなのか，迷うか

もしれない。査読者は学術出版において非常に重要な役割を担っているにも関わらず，査読者としてのノウハウを学ぶ機会はほとんどない。ここでは，出版倫理に関わる問題について協議・勧告を行う非営利団体 The Committee on Publication Ethics（COPE）が発表している，論文査読者が順守すべき基本的な倫理ガイドラインを紹介する（The Committee on Publication Ethics, 2013）。このガイドラインでは，査読の種類，査読者としての心得，査読の進め方，査読レポートの準備などが解説されている。

　キーポイントとして挙げられているのは下記の点である。

・査読者は，学術記録の誠実さ（integrity）を担保する上で重要な役割を果たす。

・査読プロセスは，学術コミュニティの信頼と積極的な参加に大きく依存しており，関係者全員が責任を持って倫理的に行動することが求められる。

・学術雑誌には査読に関する透明性のある方針を提供する義務があり，査読者には倫理的かつ責任ある態度で査読を行う義務がある。

・学術雑誌と査読者との間の明確なコミュニケーションは，一貫性のある，公平で，タイムリーな査読を進めるうえで不可欠である。

　ここで取り上げられているのは，査読プロセスにおける守秘義務を守ること，利益相反に注意することなどの常識的な事項がほとんどである。また，適時性（Timeliness）についても触れられている。査読を引き受けられそうな場合にだけ査読を受けること，事情により期日が守れなくなった場合などは直ちに編集部へ連絡することなど，学術雑誌とのコミュニケーションを円滑に行うことの重要さが述べられている。査読を引き受ける際は責任を感じるものだが，何か問題が発生した場合は抱え込まずに速やかに相談することが大切である。

✛ 身につけるとできること：

　研究領域のコンピテンシーを継続して発揮し，研究活動に貢献することによって，アカデミアにおけるキャリア形成に生かすことができる。実践においても，研究における考え方を生かした活動を展開することができるようになる。

✛ 身につけるために：

　研究活動の重要性を理解し，困難な場面に遭遇した場合でも研究活動を完全

にやめないことが求められる。

〔渡辺 和広〕

C　研究領域——〔引用文献〕

〔C1〕

Mill, J. S.（1843）. *A System of Logic, Ratiocinative and Inductive.* Cambridge: Cambridge University Press.

Bandura, A., Ross, D., & Ross, A.（1963）. Imitation of film-mediated aggressive models. *Journal of Abnormal and Social Psychology, 66*（1）, 3-11.

Zechmeister, E. B., & Johnson, J. E.（1992）. *Critical Thinking: A Functional Approach.* Pelmont: Brooks Cole.（ゼックスミスタ, E. B.・ジョンソン, J. E.　宮元 博章・道田 泰司・谷口 高士・菊池 聡（訳）（1996）. クリティカル・シンキング—入門編—　北大路書房）

〔C2〕

小笠原 喜康（2003）. 大学生のためのレポート・論文術—インターネット完全活用編—　講談社現代新書

大塚 泰正（2018）. 研究の方法論①：量的研究　小川 俊樹・望月 聡（編）　臨床心理学研究法特論（pp.43-59）　NHK 出版

〔C3〕

石井 秀宗（2016）. 量的アプローチと質的アプローチ（計量心理学）　金井篤子（編）　心理臨床実践のための心理学（pp.19-28）　ナカニシヤ出版

Kazdin, A. E.（2008）. Evidence-based treatment and practice: new opportunities to bridge clinical research and practice, enhance the knowledge base, and improve patient care. *American Psychologist, 63*（3）, 146.

松本 良恵（2016）. 量的研究の考え方. 大橋 靖史・神 信人（編）　実践的な心理学の学び方（pp.69-80）　ナカニシヤ出版

鈴木 伸一（2020）. 公認心理師は社会にどのように貢献できるか　季刊公認心理師, *1*, 48-55.

〔C4〕

Cohen, J.（1992）. A power primer. *Psychological Bulletin, 112*（1）, 155-159.

大久保 街亜・岡田 謙介（2012）. 伝えるための心理統計—効果量・信頼区間・検定力—　勁草書房

Society of clinical psychology（n.d.）. Psychological treatments. Retrieved April 14, 2023, from https://div12.org/psychological-treatments/

〔C5〕

川喜田 二郎（2017）．発想法：創造性開発のために 改版　中公新書

川野 健治（2018）．第 2 回多職種のための投稿論文書き方セミナー：質的研究とは何か．小児保健研究, *77*（6）, 638-640.

Levitt, H. M., Bamberg, M., Creswell, J.W., Frost, D.M., Josselson, R., & Suárez-Orozco, C.（2018）. Journal article reporting standards for qualitative primary, qualitative meta-analytic, and mixed methods research in psychology: The APA Publications and Communications Board task force report. *American Psychologist, 73*（1）, 26-46.

Ornek, K. O., Waibel, J., Wullinger, P., & Weinmann, T.（2022）. Precarious employment and migrant workers' mental health: A systematic review of quantitative and qualitative studies. *Scand J Work Environ Health, 48*（5）, 327-350.

髙木 廣文（2009）．質的研究とはどんな研究なのか：量的研究と質的研究　看護研究, *42*（1）, 69-74.

〔C6〕

Hulley, S. B., Cummings, S. R., Browner, W. S., Hearst, N., Grady, D., & Newman, T. B.（2001）. *Designing Clinical Research: An Epidemiologic Approach.* Lippincott Williams & Wilkins.

近藤 克則（2018）．研究の育て方　医学書院

〔C7〕

数間 恵子（1997）．研究のすすめ方．数間 恵子・岡谷 恵子・河 正子（編）　看護研究のすすめ方・よみ方・つかい方 第 2 版（pp.23-88）　日本看護協会出版会

〔C8〕

CiNii（2021）．CiNii 全般― CiNii について　NII 学術コンテンツサービスサポート　Retrieved August 14, 2023 from https://support.nii.ac.jp/ja

Fukuzaki, T., & Iwata, N.（2022）. Association between the five-factor model of personality and work engagement: A meta-analysis. *Industrial Health, 60*（2）, 154-163.

Minds 診療ガイドライン作成マニュアル編集委員会（2021）．Minds 診療ガイドライン作成マニュアル 2020 ver. 3.0.　公益財団法人日本医療機能評価機構 EBM 医療情報部　Retrieved October 20, 2023, from https://minds.jcqhc.or.jp/docs/various/manual_2020/ver3_0/pdf/all_manual_2020ver3_0.pdf

Schaufeli, W. B., Salanova, M., González-romá, V., & Bakker, A. B.（2002）. The measurement of engagement and burnout: A two sample confirmatory factor analytic approach. *Journal of Happiness Studies, 3*, 71-92.

〔C9〕

American Psychological Association (2020). Quantitative design reporting standards (JARS-Quant). Retrieved April 5, 2023, from https://apastyle.apa.org/jars/quant-table-1.pdf

Delacre, M., Lakens, D., & Leys, C. (2017). Why psychologists should by default use Welch's t-test instead of Student's t-test. *International Review of Social Psychology, 30* (1), 92-101.

equator network (n.d.) Reporting guideline. Retrieved April 5, 2023, from https://www.equator-network.org/reporting-guidelines/

永田 靖 (1998). 多重比較法の実際. 応用統計学, *27* (2), 93-108.

奥村 泰之 (2012). 中級者による初心者のための「探索的因子分析」. 公益社団法人日本心理学会 心理・医学系研究者のためのデータ解析環境Rによる統計学の研究会 第4回研究集会 Retrieved May 10, 2023, from https://www.docswell.com/s/icer/K34P85-2022-05-24-123321

〔C10〕

出貝 裕子・中西 美千代・田中 順子 (2014). 実践編「看護師Aさんが質的研究にチャレンジしたら・・・」 泌尿器ケア, *19* (2), 181-187.

神戸 雅一・堀 友彦・武岡 智・角谷 恭一・平岡 正寿 (2012). 業務分析への質的研究方法適用の検討 人工知能学会第二種研究会資料. *KSN-010, 3*

川野 健治 (2018). 第2回多職種のための投稿論文書き方セミナー：質的研究とは何か. 小児保健研究, *77* (6), 638-640.

山本 則子 (2018). グラウンデッド・セオリー・アプローチ (GTA) 日本認知症ケア学会誌, *16* (4), 734-741.

〔C11〕

Daft Richard L. (2001). *Essentials of Organization Theory and Design* (2nd ed.). South-Western Publishing.

Mynors-Wallis, L. (2005). *Problem-solving Treatment for Anxiety and Depression.* Oxford University Press.

真船 浩介 (2022). 働きやすい職場づくりのポジティブアプローチ 産業保健と看護, *14* (2), 129-135.

〔C12〕
Mikkelsen, M. B., & Rosholm, M. (2018). Systematic review and meta-analysis of interventions aimed at enhancing return to work for sick-listed workers with common mental disorders, stress-related disorders, somatoform disorders and personality disorders. *Occupational and Environmental Medicine, 75* (9), 675-686.

〔C14〕
American Psychological Association (2019). *Publication Manual of the American Psychological Association* (7th ed.) Washington, D. C.: American Psychological Association.（アメリカ心理学会　前田 樹海・江藤 裕之（編）(2023). APA論文作成マニュアル第3版　医学書院）
日本心理学会 (2022). 執筆・投稿の手引き（2022年版） Retrieved August 7, 2023, from https://psych.or.jp/wp-content/uploads/2019/02/The-JPA-Publication-Manual.pdf

〔C15〕
福原 俊一 (2015). リサーチ・クエスチョンの作り方 第3版　健康医療評価機構
近藤 克則 (2018). 研究の育て方　医学書院
日本医学会 (2022). 医学雑誌編集ガイドライン　Retrieved June 2, 2023, from https://jams.med.or.jp/guideline/jamje_2022.pdf
日本心理学会 (2022). 執筆・投稿の手引き（2022年版） Retrieved August 22, 2023, from https://jams.med.or.jp/guideline/jamje_2022.pdf

〔C16〕
小野 浩 (2018). 日本の労働時間はなぜ減らないのか？――長時間労働の社会学的考察　日本労働研究雑誌, *677*, 15-27.
中田 光紀 (2023). 労働者の睡眠関する課題. 日本疫学会（監修）／三浦 克之・玉腰 暁子・尾島 俊之（編）疫学の事典（pp.316-317）　朝倉書店
Nakata, A. (2011). Work hours, sleep sufficiency, and prevalence of depression among full-time employees: a community-based cross-sectional study. *Journal of Clinical Psychiatry, 72* (5), 605-614.
Watanabe, K., Imamura, K., & Kawakami, N. (2016). Working hours and the onset of depressive disorder: a systematic review and meta-analysis. *Occupational and Environmental Medicine, 73* (13), 877-884.

〔C17〕

塗師本 彩（2022）．特集 働く人の心の健康と障害 職場環境とメンタルヘルス 日本労働研究雑誌，*745*，14-24.

川上 憲人（2012）．労働者のメンタルヘルス不調の第一次予防の浸透手法に関する調査研究 平成21-23年度総合研究報告書 厚生労働省厚生労働科学研究補助金労働安全衛生総合研究事業

World Health Organization（2022）. WHO Guidelines on mental health at work, 28 September 2022. Retrieved August 23, 2023, from https://www.who.int/publications/i/item/9789240053052

〔C18〕

Atkins, D., Eccles, M., Flottorp, S. et al. (2004). Systems for grading the quality of evidence and the strength of recommendations I: Critical appraisal of existing approaches The GRADE Working Group. *BMC Health Services Research, 4* (1), 38.

Clinton, J. J. (1993). Agency for Health Care Policy and Research: improving health care through guidelines and outcomes research. *Hospital Formulary, 28* (11), 933-942.

厚生労働省（2019）．令和元年版労働経済の分析―人手不足の下での「働き方」をめぐる課題について― Retrieved June 7, 2023, from https://www.mhlw.go.jp/wp/hakusyo/roudou/19/19-2.html

Kristensen, T. S. (2005). Intervention studies in occupational epidemiology. *Occupational & Environmental Medicine, 62*, 205-210.

島津 明人（編著）（2014）．職場のストレスマネジメント：セルフケア教育の企画・実施マニュアル 誠信書房

島津 明人・川上 憲人（2014）．これからの職場のメンタルヘルス：産業保健心理学からの2つの提言 学術の動向，*19*（1），60-65.

〔C20〕

藤原 綾乃（2018）．研究発表空白期間がアカデミア昇進に与える影響分析～研究者の属性に関するイベントヒストリー分析～ 文部科学省科学技術・学術政策研究所 NISTEP DISCUSSION PAPER. No.155.

Overholser, J. C. (2010). Ten criteria to qualify as a scientist-practitioner in clinical psychology: An immodest proposal for objective standards. Journal of Contemporary Psychotherapy: On the Cutting Edge of Modern Developments in *Psychotherapy. 40* (1), 51-59.

The Committee on Publication Ethics（2013）. Ethical guidelines for peer reviewers （English）.

※ C13，C19 は引用文献なし。

キーワード索引
（太字は「キーワード欄」に掲載）

執 筆 者 紹 介

（五十音順　＊は編者）

阿部 桂大（あべ けいた）― B12, B16
ティーペック株式会社 こころのサポート部大阪・名古屋 EAP センター 室長

市川 佳居（いちかわ かおる）― B11, B15
レジリエ研究所株式会社 代表取締役

馬ノ段 梨乃（うまのだん りの）― B13, C17
株式会社島津製作所　人事部健康・安全センター

榎本 正己（えのもと まさき）― A15, B6
株式会社ジャパン EAP システムズ 代表取締役社長

大塚 泰正（おおつか やすまさ）― C13, C19
筑波大学人間系 教授

大庭 さよ（おおば さよ）― B9, B17
メンタルサポート＆コンサル東京 代表

川人 潤子（かわひと じゅんこ）― C14
香川大学大学院医学系研究科 准教授

清原 直彦（きよはら なおひこ）― A7
一般財団法人広島県集団検診協会　ハートサポートチーム

楠 無我（くすのき むが）― A6, B5
I-QUON 株式会社 代表取締役

＊小林 由佳（こばやし ゆか）― 概説, A3, A5
法政大学現代福祉学部　准教授

島津 明人（しまず あきひと）― C15, C18
慶應義塾大学総合政策学部 教授

＊島津 美由紀（しまず みゆき）― B7, B10, C12
ソニーピープルソリューションズ株式会社健康開発部 統括課長

鈴木 綾子（すずき あやこ）― C1, C6
公益財団法人鉄道総合技術研究所人間科学研究部人間工学研究室 主任研究員

高橋 愛貴子（たかはし あきこ）― A8
東京海上日動メディカルサービス株式会社

*高原 龍二（たかはら りゅうじ）— B2, C4, C9
大阪経済大学経営学部 教授

竹内 康子（たけうち やすこ）— B1, B14
株式会社島津製作所人事部健康・安全センター

田中 健吾（たなか けんご）— C3, C7
大阪経済大学経営学部 教授

*種市 康太郎（たねいち こうたろう）— はじめに, B4, B7, B8
桜美林大学リベラルアーツ学群 教授

中田 光紀（なかた あきのり）— C16
国際医療福祉大学大学院医学研究科 教授

長見 まき子（ながみ まきこ）— A9, A12
関西福祉科学大学健康福祉学部 教授

廣川 進（ひろかわ すすむ）— A10
法政大学キャリアデザイン学部 教授

福崎 俊貴（ふくざき としき）— C8
鳥取大学大学院医学系研究科 准教授

坊 隆史（ぼう たかし）— A2, B3
東洋学園大学人間科学部 准教授

堀田 裕司（ほりた ゆうじ）— C2
就実大学教育学部 講師

松浦 真澄（まつうら ますみ）— A1, A16
東京理科大学教養教育研究院 教授／医療法人社団こころとからだの元氣プラザ産業保健部

真船 浩介（まふね こうすけ）— C11
産業医科大学産業生態科学研究所産業精神保健学研究室 講師

三浦 由美子（みうら ゆみこ）— A4, A14
MIURA マネジメントサポートオフィス 代表

湯佐 真由美（ゆさ まゆみ）— A13, A17
株式会社リクルートキャリアコンサルティング

若井 貴史（わかい たかふみ）— A11
長岡病院心理課／哲学心理研究所 所長

渡辺 和広（わたなべ かずひろ）— C5, C10, C20
北里大学医学部公衆衛生学 講師

産業心理職のコンピテンシー

2023 年 12 月 20 日　第 1 刷発行

編著者　　種　市　康　太　郎
　　　　　小　林　由　佳
　　　　　高　原　龍　二
　　　　　島　津　美　由　紀

発行者　　中　村　裕　二

発行所　　㈲ 川　島　書　店
　　　　　〒 165-0026
　　　　　東京都中野区新井 2-16-7
　　　　　電話 03-3388-5065
　　　（営業・流通センター）電話＆FAX 03-5965-2770

© 2023
Printed in Japan　　　印刷・製本　モリモト印刷株式会社

落丁・乱丁本はお取替いたします　　　　振替・00170-5-34102
＊定価はカバーに表示してあります
ISBN978-4-7610-0958-8　C3011